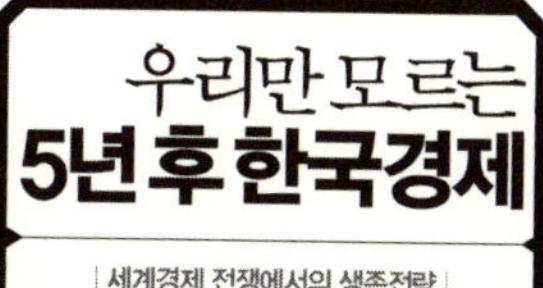
우리만 모르는
5년 후 한국경제
세계경제 전쟁에서의 생존전략

우리만 모르는 5년 후 한국경제

조명진 지음

세계경제 전쟁에서의 생존전략

한국경제신문

● 파토(PATO)

바르샤바조약기구가 소멸되었을 때, 많은 사람들은 나토(North Atlantic Treaty Organization)의 존재 자체가 무의미해졌다고 생각했다. 비록 소련과 바르샤바동맹국에 의한 군사적 위협은 없어졌지만 유럽주둔 미군은 감축된 상태로 그대로 잔류하고 있다.

동시에 나토는 작전 반경을 유럽 밖으로 뻗치면서 친서방 또는 친미의 범세계적 집단안보체제인 '파토(PATO, Pro-American Treaty Organization)'로의 확대일로에 있다. 이런 맥락에서 미국은 유럽 밖의 친미 국가인 일본, 호주, 한국을 나토와 협력관계로 이끌고, 이를 통하여 범세계적 집단안보체제의 구축을 도모하고 있다.

● 신 양극체제(New Bipolar System)

파토(PATO)의 경쟁 국가들로는 먼저 상해협력기구(SCO) 회원국을 들 수 있다. 그리고 이란, 시리아 같은 아랍의 반서방 국가들과 베네수엘라, 콜롬비아, 페루, 브라질 같은 남미의 반미 성향의 국가들이 포함된다. 여기에 아프리카에서 중국의 영향권 하에 있는 수단, 앙골라, 잠비아, 남아공 등도 PATO권과 대립 양상을 보이고 있다. 이와 같은 거대한 두 세력의 대립 현상은 21세기 국제질서의 새로운 패러다임인데 이를 '신 양극체제'라 부른다.

● 금융 안보(Financial Security)

금융위기의 원인들을 분석해보면, 자유시장 경제 체제에서 시장의 역할과 정부의 역할 사이에 요구되는 균형이 깨졌음을 알 수 있다. 균형을 잃은 세계 금융시장에서 살아남기 위해서는 중심을 잡아야 한다. 국가적 금융 손실은 국가 운명과 직결되기 때문에 중장기적인 금융 안보 전략이 필요하다. 1997년 아시아 외환 위기에서 보았듯이 환율은 '경제적 시한폭탄(economic time bombs)'이다. 무역 전쟁에서 이용될 수 있는 무기는 환율이다. 중국은 수년간 인위적으로 자국 환율을 낮게 유지하여 중국산 제품의 가격 경쟁력을 지키는 데 이용해 왔다. 환율이 보호주의적인 무기로 이용되고 있는 것이다. 만약 중국이 관세로 자국 경제를 보호하려고 든다면 WTO가 개입하게 된다. 하지만 위안화를 평가절하하면서 국제경제 우위를 점유하는 것에 대해서는 나머지 국가들은 중국에 아무런 조치도 취할 수가 없다.

'환율정책을 남용하는 국가'에 대해서 관여할 수 있는 국제적 기구를 창설하자는 목소리가 커지는 이유가 바로 여기에 있다. 올해 서울에서 개최되는 G20 정상회의에서는 물론이고 앞으로도 G20은 이를 위한 사전 조율 작업을 해나갈 것이다. 이 같은 상황은 이미 전쟁은 치열히 전개되고 있는데, 싸우면서 룰을 만들자는 것과 같다. 실질적인 전쟁에도 제네바 협정 같은 룰이 있다. 그런데 환율 전쟁은 허점투성이의 제도가 있을 뿐 룰이 존재하지 않는 적자생존의 게임이다. 흔히 국제 금융시장의 안정을 위해서 캐리 트레이드와 관련된 투기는 근절되어야 한다고 말한다. 헤지펀드들은 이자율이 낮은 국가 화폐를 빌려 높은 이자율의 화폐에 투자해 천문학적인 이익을 남기는데, 이 과정에서 경제력이 약한 국가들은 자국의 화폐가치가 요동치는 걸 지켜보다 경제 위기를 맞게 된다. 그런데 이런 투기행위를 근절하자는 주장은 말뿐이지, 실제 이를 규제할 국제적 규제 장치는 존재하지 않는다.

아이슬란드의 부도는 너무 많은 양의 돈이 한 나라에 들어가서 은행들이 대출을 과도하게 해준 경우이다. 헤지펀드 같은 투기자들이 그 돈을 갑자기 회수할 경우 그 나라는 파산을 맞게 되는 것이다. 아시아 외환 위기가 같은 현상이다. 국가마다 캐리 거래(carry trade)를 막기 위해서 자국 환율을 통제할 수 있는 권한이 있다. 아이슬란드 중앙은행은 자국 화폐의 절상을 막아 유로화에 대해서 평가절하를 할 수 있었으나, 아이슬란드 중앙은행이 조치를 취하는 것보다 시장이 먼저 움직였기 때문에 부도를 맞은 것이다. 시장은 정부보다 빠르다. 지금까지 그랬고, 규제 장치가 마련되지 않는 한 앞으로도 그럴 것이다. 시장은 어떤 정부든 이길 수 있다고 믿는다. 정부도 시장을 제압할 수 있다고 믿는다. 이렇게 상충된 입장이 시장 세력의 자본이동에 대한 세밀한 분석을 통해서 금융 안보 정책 수립의 필요성을 증대시키고 있다.

- **네비 파워(Navi Power)**

하버드대 조지프 나이(Joseph S. Nye Jr.) 교수는 "국제무대에서 권력은 3중 체스판과 같다"고 주장하면서 권력을 군사력과 경제력 그리고 아이디어 등 세 가지 측면에서 보고 있다. 현시점에서 군사력으로 미국을 능가할 국가는 없다. 하지만 경제력 측면에서는 미국의 우위가 사라지고 있는 것이 사실이다. 세 번째 체스판은 '소프트 파워(soft power)'다. 이것은 생각의 힘, 효과적인 외교의 힘, 한 나라가 국제적으로 얼마나 매력을 갖고 있느냐 하는 것이다. 금융위기 이후 경제대국으로서 중국의 부상에 대한 주제가 세계 경제 뉴스의 주된 메뉴다. 그러나 제조업이 활력을 띠고, 증시는 활발히 운영되지만 세계적인 보험회사와 신용카드회사가 없는 중국은 아직 세계 개인투자자들에게 그다지 매력적이지 않다.

중국이 세계 금융 패권을 잡기 위해서 필요한 것은 중국에 대한 국제 신용도다. 이 신용도는 외화 보유고나 고급 제품생산력에서만 나오는 것이 아니라, 민주주의적 가치, 문화적 정신 유산에 대한 관심, 인권 존중 등을 포함하는 복합적인 요소들에서 나온다. 이 복합적 요소를 나는 '네비 파워(navi power)'라 칭한다. '방향을 찾는다'와 '복잡한 상황을 다룬다'는 뜻을 동시에 지닌 'navigating'의 줄임말 네비와 파워의 합성어다. 네비 파워의 핵심은 '균형(balance)'이다. 국민들에게 현 위치를 알려주고 목적지까지 혼동 없이 도달할 수 있는 정부의 총체적 역량이 바로 '네비 파워'다. 국제 정치에서 네비 파워는 '설득력(assertiveness)'이고, 금융과 경제에서는 국제 '신용도'에 해당된다. 구체적으로 정의하면, 네비 파워는 효과적 외교능력, '존중할 만한(respectful)' 생각의 힘과 같은 소프트 파워에 '지속성 있는(sustainable)' 경제력과 '명분 있는(justifiable)' 해외 군사력 투입 능력(military projection power beyond border)의 하드 파워를 합친 개념이다. 네비 파워는 앞으로 전개될 금융 패권의 키워드다.

금융위기 이후 변화하고 있는 패권 구도

금융위기는 세계가 경험한 냉전 종식이나 9.11에 의한 테러와의 전쟁과는 다른 차원의 국제 질서를 태동시키고 있다. 금융위기는 그동안 식량과 에너지에 적용되었던 안보의 범위를 확대시켜 '금융 안보'라는 새로운 개념을 낳았다. 각 국가가 자국 화폐에 대해서 관여하고 조정할 수 있었던 과거의 패턴과는 달리 이제는 외부 요소들에 의하여 화폐와 부동산 가치가 결정되는 시대가 되었다. 바로 금융 거래의 전산화라는 기술 혁명이 자유시장 경제의 범위를 확장시킨 것이다.

국경을 뛰어넘은 자본의 자유로운 이동은 유럽 통합의 4가지 목표 중의 하나이다. 유럽통합의 궁극적 목표는 단일화된 시장 내에서 '4가지 자유(four freedoms)', 즉 '상품', '자본', '서비스', '노동력'의 자유로운 이동을 보장하는 것이다. 나는 2008년 출간한 《3개의 축》에서 유럽과 미국을 제1축으로 함께 분류했는데, 그 주된 이유는 미국과 유럽의 자본 이동이 한 나라에서처럼 이루어진다는 점이었다. 실제로 미국발 금융위기의 여파는 미국에 국한되지 않고, 영국, 독일, 프랑스 등 유럽에 직접적인 영향을 끼쳤다.

하지만 이 책의 시각은 세계 패권 구도를 《3개의 축》의 연장선에서 보지 않는다. 왜냐하면 금융위기라는 변수로 인해서 '3개의 축'으로 나뉘었던 세계가 '신 양극체제'의 출현으로 이어지고 있기 때문이다. 나토(NATO)를 주축으로 한 친서방세계인 일명 '파토(Pro-American Treaty Organization, PATO)'와 제3축으로 분류했었던 중국과 러시아의 공조가 상해협력기구(SCO)를 통해서 대립 양상을 나타내고 있다.

다시 말해 이 책에서는 금융위기 이후의 세계를 파토와 친 SCO 두 진영으로 나누어 다룬다. 동시에 이전 저서에서 제2축으로 분류했던 이슬람 세계는 친서방 이슬람 국가들은 파토에, 반서방 이슬람 국가군은 친 SCO로 분류했다. 이 양 진영 간에 주도권을 잡기 위한 다각적인 시도들이 금융과 안보 측면에서 목격되고 있다.

따라서 이 책에서는 두 진영의 패권 경쟁을 '금융'과 '안보' 두 차원에서 분석한다. 이를 위해서 금융위기에 대한 재조명을 통하여 미국과 유럽 경제체제는 어떤 특징을 지녔으며, 이를 어떻게 강화하여 국제무대에서 기득권을 유지하고 있는지를 다룬다. 기존의 기축통화인 달러와 새로운 기축통화 후보인 유로를 통해서 어떻게 국제적 위상을 공고히 하는지, 그리고 군산복합체가 이들 관계를 돈독히 하는 데 어떤 역할을 하는지를 살펴본다. 더불어 유럽발 재정위기가 국제 금융 질서에 어떤 영향을 주고 있는지를 조명해봄으로써 장래 세계 경제 질서의 새로운 구도를 전망한다.

또한 중국과 러시아를 주축으로 한 상해협력기구(SCO)의 태동 배경과 전이 과정을 조명하고, 금융위기 이후에 화교 자본과 친 유태 자본의 대결, 러시아의 반유태 정서 등을 통해서 SCO의 결속 배경을 살펴본다. 더불어 SCO가 파토에 필적할 만한 세력 규합을 위해서 어떤 형태로 국제 사회에서 영향력을 증대시키고 있는지를 조망해본다.

그리고 파토(PATO) 진영과 친 SCO로 양분되어가는 세계에서 양 진영의 이해가 충돌하는 아프가니스탄, 아프리카, 코카서스, 발칸반도 그리고 한반도에서 이 대립구도가 의미하는 바들을 분석한다. 그리고 이를 토대로 신 양극체제에서 한국이 택할 수 있는 길이 무엇인지를 제안한다.

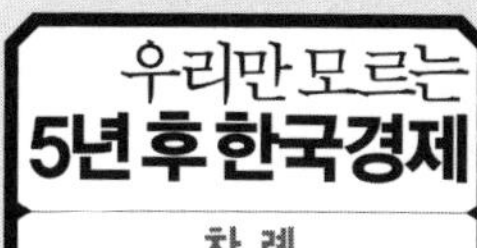

ECONOMIC WARFARE
IN A NEW BIPOLAR SYSTEM
우리만 모르는
5년 후 한국경제
차 례

제2장 미국과 EU의 금융 환경

차례 ____ II

제3장 상해협력기구의 용트림

제1장

신 양극체제에서의 경제 블록

경제는 시장의 역할과 정부의 역할 사이에 균형을 필요로 한다.
지난 20년간 미국은 그 균형을 잃었다. 미국뿐만 아니라 전 세계
도 함께 균형을 잃었다.[1]

ECONOMIC WARFARE
IN A NEW BIPOLAR SYSTEM

금융위기는 어디에서 시작되었는가

자유시장의 거대한 구멍

기업이 파산하는 것은 이윤을 내지 못하기 때문이고, 은행이 문을 닫는 것은 빌려준 돈을 돌려받지 못하거나 빌린 돈을 갚지 못해서다. 그런데 문제는 부실기업은 자유시장의 원리에 의해 망하는데, 운 좋은 부실 은행들은 감당 못할 손실을 내고도 구제 대상이 된다는 사실이다. 구제 논리는 간단하다. 은행이 파산하면 예금한 납세자인 국민이 돈을 찾을 수 없기 때문에 국민을 보호하기 위해서 세금(공적 자금)으로 은행을 구제해야 한다는 것이다. 언뜻 일리 있는 말처럼 들리지만 경영 부실을 초래한 은행이라도, 초대형 금융업체이고 정치권에 줄을 잘 서고 있는 은행이라면 경영에 실패하더라도 구제받을 수 있다는 점이 놀랍다. 이것은 바로 작금의 미국을 두고 하는 이야기이고, 구체적으로는 미국의 금융위기 한파 때 살아남은 골드만삭스를 지목한 표현이다.

미국 금융혼란의 직접적 피해는 대출이자 상환 능력이 없는 주택소유자들이다. 이들의 주택은 압류 대상이다. 이들도 납세자 아닌가? 그런데 금융기관은 미국 정부의 구제 대상이지만 이자를 못 갚는 주택소유자는 구제 대상 밖이다. 더 어처구니없는 일은 미국 금융기관의 부정 대출로 인하여 다른 국가 은행들이 파산할 지경이 되어 해당 정부들이 구제에 나서게 됐다는 것이다. 미국의 손실이 타국에까지 악영향을 미치는 이러한 상황이 어떻게 가능하단 말인가? 바로 우리는 '금융 국제화의 단점(Downside of Financial Internationalization)'을 목격하고 있다.

이런 이유에서 미국 정부 입장에서는 패니매와 프레디맥을 구제할 수밖에 없었다. 왜냐하면 외국 중앙은행들의 자금이 모기지와 모기지 관련 증권으로 투자되어 있기 때문에, 이 두 모기지업체가 '자유시장의 원리'에 의해 망하게 되면 미국의 이중적자를 떠받치고 있는 해외자금이 더 이상 들어오지 않을 것이라는 위기감에서 내려진 구제 조치였다.

문제는 리먼브라더스의 몰락을 방관한 부시 행정부가 골드만삭스와 모건스탠리를 구제했다는 사실이다. 미국 금융시장의 붕괴를 예측한 누리엘 루비니 뉴욕대 교수는 2008년 9월 29일자 주간지 〈타임〉에서 "이 두 은행의 비즈니스 모델은 근본적으로 결함을 지니고 있기 때문에 몇 달 안에 문을 닫게 될 것(Goldman and Morgan Stanley will be gone in a matter of months, because their business model is fundamentally flawed)"이라고 전망했었다.

전 연방준비이사회 의장 앨런 그린스펀은 미국의 금융위기를 한 세기에 한 번 일어날 '금융 쓰나미'라고 부르며 그가 믿고 따라온 "자유시장 경제 원리에 허점이 있다(There is a flaw in free-market ideology that he followed)"고 인정했다. 그린스펀은 자신의 재임 기간에 벌어진 일에 대해서는 본인의 책임이라고 인정하지 않고, 미국이 신봉해온 자유시장경제 체제에 대한 불완전성만을 지적한 것이다. 참고로 1999년 2월 15일자 주간지 〈타임〉은 표지에 그린스펀과 재무장관 로버트 루빈 그리고 재무차관 래리 섬머스를 게시하면서 이들을 '세계를 구할 위원회(Committee to Save the World)'라고 이름 붙였지만, 10년 뒤인 2008년에 이들은 세계 경제를 망친 인물들로 낙인 찍혔다.

모기지 대출 금융기관들에게 경영 자율을 관대하게 허용하고 무리한 대출을 방치한 측면은 분명 연방준비이사회의 최고 수장으로서 책임져야 하는 부분이다. 그러면 여기서 그린스펀이 인정한 자유시장 경제의 허점은 무엇을 말하는 걸까?

예견된 사태 : 신용 '경색'에서 신용 '위기'로

1987년 레이건 행정부는 규제완화를 이끌 인물로서 그린스펀을 연방준비이사회 의장에 임명했다. 전임자인 볼커 의장은 규제의 중요성을 강조해온 인물이었기에 레이건 대통령은 더 이상 그가 적임이라고 여기지 않았다. 2001년 노벨 경제학 수상자인 스티글리츠는 그의 책 《Freefall》에서 그린스펀이 그 자리에 임명되지 않았어도 규제완화 정책을 맡을 사람들은 많았다고 회고한다. 더불어 스티글리츠는 미국이 규제완화 정책을 택하게 된 국제적 배경에는 "소련에 대한 체제 우위에 대한 확신이 자유시장경제에 대한 과신으로 흘렀다"고 분석한다.

스티글리츠는 금융위기를 불러온 은행들의 잘못된 처신, 규제기관의 실패, 연방준비이사회의 느슨한 통화정책을 언급하며, 그 주체는 금융시장과 규제 기관들이라고 지목한다. 그리고 버블이 있었는데, 그 버블은 서브프라임 모기지 같은 악성 대출과 그 대출에 연관된 상품으로 지탱되었던 것이라고 진단하고, 결국 금융위기는 총체적 시스템의 문제로 귀결된다고 결론짓는다.[2]

서브프라임 모기지라는 뇌관이 터질 것은 이미 예견된 일이었지만 그 파장을 예측한 사람은 없었다. 그 뇌관은 한국의 신용카드회사가 무소득자에게도 카드를 발행했다가 신용불량자를 대량 양산했던 것과는 비교도 안 될 정도로 강한 파괴력을 지니고 있었다. 왜냐하면 담보 능력이 없거나 집을 살 자격 요건이 안 되는 사람들에게 대출을 허용했고, 또 다시 그 집을 담보로 신차 구입과 대학등록금 대출, 심지어 휴가비용까지도 대출해주었던 것이다. 게다가 미국의 대형금융기관들은 부채담보부증권(Collateralized Debt Obligation, CDO)과 국채 신용부도스와프(Credit Default Swaps, CDS)와 같은 금융 상품을 만들어 이익을 챙겼다. 이러한 '파생상품(derivatives)'을 워렌 버핏은 이미 2003년에 '대량 금융살상무기(Weapons of Financial Mass Destruction, WFMD)'라고 부르며 경고한 바 있다.

이처럼 이미 예상된 일이 월스트리트에서 벌어진 것인데, 문제는 금융 혼란의 파급 정도가 예상을 초월하기 때문에 사태를 '신용 경색

(Credit Crunch)'에서 '신용 위기(Credit Crisis)'로 등급을 높여야 했다. 결국 다른 나라의 신용 문제를 월스트리트식 잣대로 등급 매기는 것에만 익숙해왔던 월스트리트는 스스로에게 '신용 불량' 딱지를 붙이게 된 꼴이 됐다. 밝혀진 대로 무디스 같은 신용평가 기관은 골드만삭스가 투자한 기관에 대해서는 후하게 평가했다. 이는 평가기관으로서 객관성과 중립성을 저버린 처사로 편의에 맞게 금융기관과 공모했던 것이다.

금융위기의 배경 : 달러 패권에 대한 환상

2008 회계연도 기준으로 미국의 재정적자는 4,550억 달러로 사상 최고치를 기록했다. 전년의 1,620억 달러에 거의 3배에 육박하는 수준이다. 2010회계연도 재정적자 규모는 이보다 훨씬 증가한 1조 3400억 달러로, GDP의 9.1%나 차지한다. 게다가 향후 10년간 누적 재정적자 규모는 6조 2700억 달러에 달할 것으로 전망된다.[3]

재정적자를 줄이는 최선의 방안은 재정 지출을 억제하는 것이다. 그러나 9·11 이후 잠재적 테러위험에 대비하기 위한 안전비용이 늘어남으로써 경제 전반의 비용 상승을 가져왔다. 그렇다면 미국이 이토록 기하급수적으로 불어나는 막대한 적자를 방치할 수 있는 이유는 무엇일까? 한마디로 여전히 달러가 세계의 기축통화이고 미국이 기축통화국이기 때문이다. 이라크 침공을 비롯한 미국의 대외정책의 근간은 기축통화로서 달러의 위상에 기초한 미국의 영향력을 미국적 경제, 금융시스템을 통해 유지하는 것이다. 다시 말해 달러의 무제한적인 발행이 미 행정부가 취할 수 있는 특권이자 유일한 방책인 것이다. 경제학자 존 케네스 갤브레이스 교수는 이런 미국 금융시스템을 "처벌되지 않는 사기(innocent fraud)"라고 빗대기도 했다.

미국의 재정을 어렵게 하는 또 하나의 원인은 개인저축의 현저한 저하 현상이다. 1979년 GDP의 10%를 차지하던 미국의 개인 저축액은 지난 20여 년간 꾸준히 줄어 거의 0%에 가깝다. 이렇게 된 이유는 바로 정부의 강력한 소비 장려 정책 때문이다. 주택담보 대출에 대해서도 세금을 공제해줌으로써 집을 소유하는 한 소비를 지속적으로 할 수 있게 해주었다. 말하자면 국민을 빚쟁이로 만드는 데 정부가 일조한 셈이다. 낮은 이자율과 느슨한 규제장치가 미국의 주택 버블을 키운 것이다. 즉, 미국 소비자가 계속해서 소비할 수 있었던 이유는 소득이 증가했기 때문이 아니라 부동산 호황 등 자산 가격 상승에 따른 '부의 효과' 때문이었다. 미국인들은 모기지로 산 집을 마치 현금자동인출기처럼 여기게 되었다.

미 행정부는 이중 적자에 시달리는 와중에서 7000억 달러에 이르는 천문학적인 공적 자금을 투입하면서 금융위기라는 산불을 진화하려고 했는데, 발등에 떨어진 불을 보고 있는 월스트리트와 미국 경제인들은 회의적인 반응을 보였다. 중요한 문제는 과연 이 같은 구제책이 실효를 발휘할 수 있냐는 것이다.

2008년 노벨 경제학상 수상자인 폴 크루그먼 교수는 2008년 10월 26일자 〈뉴욕타임스〉 기고에서 미 연방정부가 패니매와 프레디맥을 인수하면 모기지 이율이 내려가 주택소유자들의 개인파산의 두려움을 없애줄 것이라고 예상했는데, 연방정부 당국자들은 이 두 모기지 대출기관의 채무에 대해 미국 정부가 전적인 신용과 신뢰를 갖고 있다는 사실을 부인하고 나섬으로써 모기지 이자율이 높아지고 있는 기현상을 초래하고 있다고 비판했다. 크루그먼 교수는 "이번 금융위기는 결코 잡을 수 없으며, 상황은 걷잡을 수 없는 방향으로 가고 있다(The situation is manifestly not coming under control. Things continue to fall apart)"라고 우려를 표했다.

▌탐욕스러운 모든 것의 합작품

2008년 10월 19일자 〈뉴욕타임스〉는 "서브프라임 모기지에 의한 미국 주택시장 붕괴의 원인은 느슨한 정부 규제, 비뚤어진 파생금융 상품, 과다한 부채, 지나친 탐욕이며, 여기에 관련된 사람들은 금융가, 대출자, 주택개발업자, 정치인, 관료다"라고 지적했다. 다시 말해 복잡하게 얽힌 대출환경과 대출 이권을 노린 이해당사자들의 합작품이라는 말이다.

6,100억 달러 규모의 리먼브라더스의 파산은 2001년 엔론 사태 이후 미국 역사상 최대의 부도사건이다. 참고로 이 액수는 대한민국이 부도났을 때 IMF에 구제 신청한 금액 570억 달러의 10배가 넘는 금액이다. 엔론 경영진의 회계 분식과 내부자 거래로 인한 화이트칼라 범죄가 저질러졌을 때, 이를 미연방수사국(FBI)이 조사하는 데는 4년이 걸렸다. 물론 중요 단서가 될 만한 서류들이 소각된 상태에서 진행된 수사였다. 하지만 미국의 금융위기는 그 규모가 다르다. 거기다가

FBI의 대 테러부서가 급팽창한 관계로 현재 기업범죄를 전담하는 수사관 수는 261명뿐이다.

미국 금융위기의 핵심 수사 대상이 되는 4곳(패니매, 프레디맥, 리먼 브라더스, AIG)에 대해서 적어도 한 곳에 100명의 수사요원이 투입되어야 6개월에서 8개월 안에 수사 결과가 나온다고 한다. 하지만 과연 이 4곳을 포함한 이번 금융위기를 자초한 해당 금융기관들과 헤지펀드 간에 파행적 자금 이동이나 담합이 있었다는 증거와 내부자 거래에 최고 경영진들이 관여했다는 사실을 제대로 밝혀낼지는 미지수다. 실제로 오마바 행정부 들어 대표적인 헤지펀드회사들의 대표들을 의회 청문회에 부른 것과 미국증권감독원(SEC)이 부채담보부증권(CDO) 거래와 관련하여 골드만삭스를 사기혐의로 고소한 것 이외에 수사는 별다른 진척이 없다.

2010년 5월 22일 블룸버그(Bloomberg) 통신에 따르면, 미연방 검찰은 AIG에 대해서 기소하지 않을 것이라고 밝혔다. 특히 AIG 회장 조지프 카사노는 보험회사의 붕괴에 연관되어 지난 2년간 조사를 받아왔는데, 미 법무부는 증거불충분으로 AIG의 임원들이 모기지 채권의 부실 위험을 담보 받는 데 들어간 비용인 국채신용부도스와프(CDS)의 가치를 투자자들에게 잘못 알려줬는지에 대해서 증거 불충분으로 기소할 수 없다고 발표했다.[4] AIG의 구제 금융 총액은 1,823억 달러로서, 재무부에서 698억 달러, 연방비준이사회에서 600억 달러, 그리고 나머지 525억 달러는 AIG가 소유한 모기지 관련 자산에서 동원되었다.

이렇게 볼 때 그린스펀이 말한 '자유시장 경제의 허점'은 이번 금융위기를 부른 금융계의 도덕적 해이와 대출의 정치화를 두고 한 말인 것이다. 즉, 자유방임적 시장운영 원칙이 도덕적 해이로 흐려지면서 '방만'으로, 그리고 방만한 경영이 달러가 기축통화임을 과신한 정치적 영향에 의해 대출의 원칙을 무시하는 '방종'으로 흘러간 것이다.

규제인가 자율인가

규제(regulation)란 인위적인 것이어서 때로는 비효율의 상징이 되기도 한다. 예를 들어, 지하철을 타는데 승객이 타야 할 객차의 선택을 승객의 자율(self-regulation)에 맡기지 않고 직원들이 일일이 정해준다면, 인력의 소모뿐만 아니라 불필요한 상황이 벌어지게 된다. 같은 이치로 슈퍼마켓에서 소비자가 계산대를 고르는 방식 자체를 직원들이 통제한다면 이 또한 비효율적인 것이 될 것이다.

시장의 '보이지 않는 손(invisible hand)'에 의해서 가격이 결정된다는 시장 자율화의 원리는 자유시장경제의 미덕이자 특징이다. 집합행동과 게임이론의 대가로, 2009년 노벨 경제학상을 수상한 인디애나 대학의 오스트롬 교수는 "정부의 규제로 시장실패를 보완할 수 있다는 이론이 항상 적용되는 것은 아니다. 이해 당사자들이 스스로 감시와 규제를 강화한다면 시장 실패는 방지할 수 있으며, 항시적이고 지속적인 상호작용이 가능한 제도가 형성되면 정부의 외부규제는 굳이 필요하지 않는다"고 주장한다. 즉, 자발적으로 형성된 규칙이 있다면 외적 규제는 불필요하다는 이론이다. 하지만 이는 1990년대 이후 외환시장과 2000년 이후 모기지와 국가부채를 금융 상품화한 독단적이고 투기적인 시장 세력에게는 적용되지 않는다. 왜냐하면 금융 거래의 근간은 신용인데, 투기 세력들은 신용이라는 규제되지 않는 자유시장경제의 허점을 교묘하게 이용하며 이득을 챙겨왔기 때문이다.

오스트롬 교수는 "시장은 거래 당사자들의 자유와 책임을 강조하고 최적의 결과를 이끌어낸다. 정부의 역할은 당사자들이 공정한 거래를 할 수 있도록 환경을 조성하는 일에 한정되어야 한다"고 시장과 정부의 역할을 구분한다. 하지만 이와 같은 주장은 지금의 탐욕적이고 무책임한 세계 금융시장에서는 이상론에 불과하다. 금융 기관들이 자신들의 신용을 담보로 새로운 금융 상품을 통제 받지 않고 자율적으로 발행한다면 이는 전통적 시장 자율화의 원리와는 상반되는 것이 된다. 왜냐하면 농산품이나 공산품은 재화의 가치가 원가와 유통 마진 그리고 경쟁상품과 가격 경쟁력에 의해서 결정되지만, 금융 상품은 신용만을 가치로 보고 있고, 실질적인 가치를 지닌 재화가 존재하지 않기 때문이다. 따라서 금융 상품과 금융 거래에는 자율이 아니라 규제가 따라야 한다.

오바마 행정부의
등장과 구성

▌오바마는 미국을 변화시킬 수 있는가

2009년 1월 20일 미국에 새로운 정부가 출범했다. 변화(Change)를 캐치프레이즈로 미국 대통령이 된 오바마의 내각인선에서 나타난 특징은 한마디로 연속성(Continuity)이다. 오바마 행정부가 추구하는 '변화'와 인재 등용에 있어서의 '연속성'은 과연 양립할 수 있을까?

오바마가 부시 전 대통령과 대조적인 인사정책을 펼친 것은 주지의 사실이다. 부시가 2000년 공화당 경선에서 경쟁자였던 맥케인에게 아무런 직책도 주지 않은 반면, 오바마는 민주당 경선에서 막상막하의 경합을 벌였던 힐러리 클린턴 상원의원에게 외교의 사령탑인 국무장관직을 맡겼다. 부시가 텍사스 출신 참모들을 백악관에 대거 기용한 반면, 오바마는 시카고 출신 선거참모들을 백악관에 부르는 것을 상대적으로 자제했다. 하지만 부시 대통령의 비서실장이 유태인인 조슈아 볼튼인 것처럼 오바마도 유태인인 램 엠마뉴엘을 비서실장으로 기용했다. 참고로 미행정부 역사상 첫 번째 유태인 비서실장은 레이건 행정부의 케네스 두버스타인이다.

정권교체 전문가인 뉴욕 대학교의 폴 라이트 교수는 정권 이양팀에 대한 통계자료를 바탕으로, 오바마는 성과 인종을 염두에 두고 인선에 착수한 것 같다고 분석하며 절반에 해당되는 요직을 여성이나 비백인계로 채웠고, 그전 행정부보다 훨씬 다양한 구성이라고 평했다. 출신학교별로 보면, 그레고리 크레이그와 테릴 맥스위니가 하버드대, 로버트 깁스가 노스 캐롤라이나대, 엘렌 모랜이 휘튼대, 오스탠 굴스비가 예일대 출신이고, 폴 볼커와 피터 오스잭은 런던 정경대(LSE)를 나왔다. 학력으로는 3명 중 2명꼴로 석사 이상의 학력 소지자다.

갤럽 여론 조사에 의하면 조사대상 78%가 오바마의 인사정책에 지지를 했고, 13%만이 부정적인 태도를 보였다. 여론 조사는 내각인선에서도 힐러리 클린턴을 국무장관으로 지명한 데 대하여 70%가 지지를 했고, 로버트 게이츠를 국방장관에 연임시킨 것에 대해서는 80%나 지지를 했다. 그러나 간과해서는 안 되는 사실은 8년간 부시 행정부의 무기력한 지도력에 대해 실망감이 쌓여온 미국 국민들이 정권교체를 이룬 오바마에 대해서 호의적인 기대감을 보이는 것이 당연하다는 것이다.

2001년 9.11 사전차단 실패, 대량살상무기가 존재하지 않음에도 잘못된 정보에 2003년 이라크 침공, 2005년 허리케인 카트리나 재난의 미숙한 처리 그리고 2008년 금융위기로 이어지는 부시 행정부의 실정에 대한 반작용으로 오바마 차기 행정부에 기대를 걸고 있는 것이다. 그러면 오바마 행정부의 경제정책과 외교안보 정책 방향을 새로 기용된 인물들의 면모를 통해서 살펴보자.

같은 계보의 경제팀

1990년대 말 외환위기의 관리자로 유태인인 루빈 재무장관의 후임이었고 하버드 대학 총장을 역임한 래리 섬머스 전 재무장관이 백악관 경제수석을 맡고, 또 다른 유태인인 티모시 가이트너가 재무장관이 되었다. 클린턴 행정부에서 경제자문위원회 수석 이코노미스트였다가 백악관 예산국장이 됐던 피터 오스잭(중도 사임) 또한 유태인이었다. 이들은 단순한 경제전문가들이 아니다. 그야말로 미국 내에서 내로라하는 이코노미스트들임에 틀림없다. 부시 행정부의 경제팀에서는 헨리 폴슨만이 투자은행인 골드만삭스 CEO 출신이고 나머지 세 명은 변호사 출신이었다는 점에서 대조를 이룬다.

국무장관을 역임했고 국제외교가의 실세로 통하는 헨리 키신저는 "미국 대통령이 누구든 간에 래리 섬머스에게는 백악관에 사무실을 줘야 한다"며 섬머스를 치켜세운 적이 있다. 문제는 지금의 금융위기를 유발한 책임을 물어 〈워싱턴포스트〉가 지목한 9명 중에 루빈과 섬머스가 들어 있다는 것이다. 섬머스, 가이트너, 오스잭은 모두 금융파생상품에 대한 규제완화(deregulation) 정책을 폈던 루빈을 멘토로 모시는 인물들이다. 루빈은 1999년부터 시티그룹 이사진으로 있으면서 자신은 1억 1,500만 달러의 수익을 올렸음에도 시티그룹의 경영난에 대해서는 일말의 책임도 느끼지 않는 인물로 알려져 있다.

섬머스처럼 가이트너 또한 헨리 키신저의 눈에 들어 출세가도를 달리게 된 인물이다. 한때 키신저의 컨설팅회사에서 일한 적이 있는 가이트너는 키신저에 의해서 재무부에 천거되었다.[5] 가이트너는 금융위기를 진화하기 위한 대책을 세우는데 재무장관에 임명되기 1년 6개월 전부터 매달린 실무책임자이다. 그러나 최고의 경제전문가로 구성된 경제팀이 그 명성만큼 효율적인 정책을 내놓을지는 의문이다. 그 이유 중에 하나로 경제수석은 경제팀의 다른 의견을 조율하는 조정자의 역할을 맡는 것이 전통적인 본연의 임무인데, 섬머스는 타협할 줄 모르는 독불장군 스타일이어서 과연 조정자의 역할을 잘 할 수 있을지 우려하는 소리가 있었다.

가이트너는 볼커의 과거 보직을 그대로 밟고 있다. 볼커는 재무부의 국제 금융담당 차관보로 1969에서 1974까지 근무한 적이 있는데, 이 직책은 가이트너 신임 재무장관이 클린턴 행정부에서 맡았던 직책이기도 하다. 볼커는 1971년 금본위환제를 포기하는 브레튼우즈 체제의 붕괴를 가장 가까이에서 지켜본 인물로서 뉴욕 연방은행 총재직을 역임했고, 가이트너는 오바마 정권에서 재무장관직에 내정되기 전에 부시 행정부에서 뉴욕 연방은행 총재직을 역임한 바 있다.

경제자문위원장직은 그린스펀의 전임자로서 브레튼우즈 시스템의 붕괴를 지켜본 미국 경제계의 원로 볼커 전 연방준비이사회 의장이 맡았다. 폴 볼커는 1979년 카터 행정부 시절 연방준비이사회 의장직을 수행했고, 1983년 레이건 대통령에 의해서 연임된 바 있다. 볼커는 조지 소로스와 런던 정경대(LSE) 동창으로 2003년에 출간된 소로

스의 책 《금융의 연금술(The Alchemy of Finance)》에 추천사를 써줄 정
도로 친분을 유지해온 사이로 알려져 있다. 헤지펀드의 대부와 연방
준비이사회 의장의 관계, 즉 규제하는 주체와 규제 받는 객체의 친밀
한 관계는 그리 건전해 보이지 않는다.

외교안보팀

CIA 국장(1991–1993)을 역임했던 로버트 게이츠 국방장관을 유임
시킨 것은 유례없는 일이다. 유태인인 제임스 슐레징어가 닉슨 행정
부에서 CIA 국장(1973)을 6개월 맡다가 닉슨과 포드의 공화당 행정부
에서 국방장관(1973~1975)직을 맡은 적은 있지만, 게이츠는 집권당이
바뀐 상태에서 국방장관에 연임된 첫 사례다. 게이츠의 연임은 양당
하원의원들의 요청에 의한 것이었다고 전해진다. 이로써 게이츠의
연임 결정은 초당적인 인사로 평가 받았다.

안보보좌관 제임스 존스 장군은 1996년 클린턴 행정부의 윌리암
코엄 국방장관의 군사 보좌관이었고, 당시 네오콘의 실세인 폴포위
츠 국방차관과 유대가 깊다고 전해진다. 2003년 해병대 출신으로는
첫 나토 사령관직을 세운 기록을 가진 존스 장군에게 곤돌리자 라이
스가 국무차관 로버트 졸릭 후임으로 와줄 것을 요청했으나 거절한
적이 있다. 존스 장군은 오바마의 러닝메이트로서 부통령 후보로 고
려되던 인물이기도 하다.

힐러리 클린턴은 국무장관직을 수락하는 조건으로 국무부 내 인사
권과 대통령 직접 접촉권을 얻어냈는데, 이는 일종의 불안심리에서

비롯되었다. 즉, 콜린 파월 전 국무장관처럼 중도에 사임하는 상황을 피하기 위한 안전장치인 것이다. 그러나 힐러리가 아무리 자기 사람을 국무부에 심는다고 해도, 해병대 장군 출신에 나토 총사령관을 지낸 존스 장군과 같은 강성 인물과 외교에 정통한 바이든 부통령, 그리고 정보통인 게이츠 국방장관을 압도하기엔 역부족으로 보인다. 어쨌든 예상대로 힐러리는 국무부의 두 명의 부장관직에 유태계인 제임스 스타인버그와 제이콥 류를 임명했다.

오마바 외교안보팀의 개인별 능력에는 의심의 여지가 없다. 그러나 팀워크가 이루어지지 않으면 드림팀이 만들어지지 않는다. 2001년 부시 행정부의 내각구성 당시에 체니, 파월, 럼스펠드는 경험 많은 전문가들로 최강 외교안보팀으로 평가 받은 적이 있다. 그러나 파월은 체니와 럼스펠드에 밀려 소신 있는 직무수행이 불가능해 사임하게 되었고, 체니와 럼스펠드는 이라크 전쟁을 감행한 핵심인물들이다. 케네디 행정부 때도 러스크 국무장관과 맥나마라 국방장관을 두고 최고의 외교안보팀이라 말했지만, 월남전에 개입해 종국에는 실패한 정책이 되고 말았다. 하지만 새로운 감독이 종전의 선수들을 다른 선수들로 만들듯이, 과연 오마바가 소신과 리더십으로 드림팀을 만들 수 있는지가 관건이다.

오바마는 구단주가 아니다

'연속성(Continuity)'으로 특징 지워지는 오바마 내각 구성의 또 다른 특징은 클린턴 행정부 이후에 두드러지게 나타난 인재 등용방식이 그대로 이어지고 있다는 점이다. 즉, 부시 행정부와 마찬가지로 오바마 내각에서도 유태인과 친 유태계가 전면에 등장했다. 문제는 하버드대 스페판 월트 교수와 시카고대 존 미어스하이머 교수가 공저한 책 《The Israel Lobby and US Foreign Policy(이스라엘 로비와 미국의 외교정책)》에서 지적하듯이, 미국의 국익이 이스라엘 국익과 항상 일치하는 것은 아니라는 점이다.[6]

더욱이 미국이 중동정책을 이스라엘에 유리하게 펼치는 것이 장기적으로 이스라엘의 국익에도 도움이 되지 않을 수도 있다는 조언은 오바마 행정부가 귀담아 들어야 하는 대목이다. 특히, 팔레스타인의 하마스 처리 문제는 그 시험대다.

흔히 미국을 움직이는 실세들과 미국 대통령과의 관계를 구단주와 감독과의 관계로 비유하곤 한다. 아시아의 정치지도자들 대부분은 정권을 잡으면 마치 새로운 구단주처럼 권력을 행사한다. 하지만 미국 대통령직은 구단주의 자리가 아니라 팀을 성공적으로 이끌기 위한 감독과 같은 역할을 한다. 감독은 계약에 명시된 임기 동안 팀 성적을 올리는 것이 최대목표이지만 동시에 기득권을 잡고 있는 구단주의 입장을 헤아려야 한다.

이와 같이 정권교체에도 불구하고 여전히 미국을 움직이는 실세들의 이해를 정책에 반영할 수밖에 없다는 것이 미국 행정부의 현실이다. 즉, 누가 미국 대통령에 선출되건 월스트리트의 자본가들과 워싱턴 브레인들의 목소리에 귀를 기울여야 한다는 점은 변함없이 계속되고 있다.

건재한 골드만삭스

금융위기의 수혜자

2008년 월스트리트를 휩쓴 금융위기는 보스턴 대학 로렌스 코틀리코프 교수의 표현대로 '비밀 게임과 대규모 부패의 결과'였다. 그럼에도 월스트리트에서 살아남은 대형 은행들은 더욱 입지를 공고히 하는 기현상이 나타나고 있다. 그리고 바로 그 중심에는 골드만삭스가 자리하고 있다.

2010년 4월 19일부터 미 의회에서는 골드만삭스에 대한 청문회가 열렸다. 청문회에서 골드만삭스 담당자들과 로이드 브랭크페인 CEO의 한결같은 입장은 "우리는 잘못한 게 없다(We did not do anything wrong!)"였다. 투자자에 피해를 입히고도 잘못한 게 없다는 주장은 금융위기에 대한 최소한의 책임의식도 없는 도덕적 해이를 보여준 사례다. 골드만삭스의 잡식성 생존본능은 독일 주간지 〈슈피겔〉을 통해서도 밝혀졌다.[7] 그리스 정부가 회계장부를 조작하는 데 이들이 관련됐다는 보도였다. 물론 이번에도 골드만삭스의 입장은 "우리는 잘 못한 게 없다"였다.

이러한 가운데 4월 미국 증권감독원(SEC)은 골드만삭스를 사기 혐의로 기소했다. 골드만삭스는 근거 없는 기소라고 혐의를 부인했음에도 골드만삭스 주식은 당일 12.8%나 떨어졌고, 월스트리트와 세계 증시는 이 충격적 뉴스에 동반 하락하는 반응을 보였다. 왜냐하면 오바마 행정부가 본격적으로 월스트리트를 길들일 목적으로 골드만삭스를 기소한 것이고, 이를 시발점으로 다른 거대 은행들에 대해서도 표적 수사를 할 가능성에 대한 우려감이 팽배했기 때문이었다.

그런데 4월 20일 SEC가 골드만삭스를 기소한 것에 대해서 내부적으로 이견을 보이고 있다는 뉴스가 나오자, 골드만삭스를 덮었던 먹구름은 가시기 시작했다. 이와 동시에 램 엠마누엘 백악관 비서실장은 블룸버그 통신과의 인터뷰에서 골드만삭스에 대한 SEC의 기소에는 백악관이 관련되어 있지 않다고 언급했다. 골드만삭스에 대한 SEC의 기소가 오바마 행정부 차원에서 벌어진 것이 아님을 시사함으로써 월스트리트에 드리웠던 검은 구름은 사라지게 되었다.

골드만삭스가 사기 혐의로 SEC에 의해서 기소된 배경은 이렇다. 골드만삭스는 2007~08년 '주택 가격 하락'을 전제로 만들어진 복잡한 '파생상품'을 판매했는데, 투자자들에게 이러한 사실을 알리지 않았던 것이다. 이후 미국의 주택 시장에서는 금융위기를 초래한 서브프라임 모기지 사태가 일어났고, 골드만삭스와 함께 '주택 가격 하락'에 베팅한 부채담보부증권(Collateralized Debt Obligation, CDO)이라는 파생상품을 만든 헤지펀드 폴슨앤드컴퍼니는 10억 달러를 벌어들 었다. 반면 골드만삭스를 통해 이 파생상품을 구매한 기관투자자들 은 10억 달러의 손실을 봤다. 이들 기관투자가들 중에는 8억 5,000만 달러의 손해를 본 네덜란드의 ABN AMRO 은행과 1억 5,000만 달러 를 손해 본 독일의 IKB 은행이 있다. 결국 두 은행은 자국 정부의 구 제 금융으로 파산을 겨우 면할 수 있었다.

전문가들은 SEC의 골드만삭스 기소를 금융위기에 앞서 과열되었 던 파생상품 시장과 관련해 오바마 정부가 더 많은 소송을 제기하겠 다는 신호탄으로 보고, 다른 거대 은행에 대해서도 법적 조치를 취할 것으로 예상했다. 그런데 뚜껑을 열어보니 백악관의 뒷받침이 없는 SEC의 메리 샤피로 의장의 단독 결정이었던 것으로 알려지면서 김이 빠지게 되었다. 월스트리트는 '안도의 한숨'을 쉬었다.

사실 SEC는 메이도프의 폰지 사기를 알고도 묵인해온 직무유기의 책임에 압력을 받아오고 있었다. 그러던 차에 투명성을 보여줘야 하 는 자구책으로 골드만삭스를 기소했다는 것이 전문가들의 지배적인 분석이다. 연방준비이사회와 재무부의 공조 없이 진행된 SEC의 한발 앞선 행보는 월스트리트에 경고의 메시지를 주는 대신 오히려 웃음 거리가 되고 말았다.

미국 금융위기를 다룬 또 다른 책 《The Colossal Failure of Common Sense》의 저자 로렌스 맥도날드는 CDO시장을 일컬어 "가장 큰 속임수 게임(biggest suckers' game)"이라 표현하면서, 골드만삭스 내에서 헤지펀드인 폴슨앤드컴퍼니를 운영한 존 폴슨이 신용평가 기관인 무디스와 합작해서 돈을 벌었다고 비판했다.

미국 금융시장은 앨런 그린스펀이 전 연방준비이사회(FED) 의장을
맡은 시점인 1987부터 규제 대신 규제완화(deregulation)로 흘러갔고,
클린턴 행정부에서 루빈 재무장관과 섬머스 재무장관 재임시절 규제
기관은 규제대상 기관에 주도권을 넘겨준 상태였다. 즉, 지금의 미국
금융시스템은 규제자가 아니라 규제대상이 만들어놓은 자유방임적
환경이다.

오바마 행정부는 금융위기의 책임자를 찾아내고 법정에 세우는 일
에는 미진했다. 오바마 대통령은 월스트리트를 길들일 필요성은 느
끼지만, 취임 이후 공언해온 금융 구조조정에는 진척을 보이지 않고
있다. 결국 SEC가 빼든 칼이 골드만삭스를 포함한 미국의 대형 은행
들에게는 날카롭게 느껴지지 않은 듯하다. 골드만삭스는 유죄판결로
이어지지 않을 것이라고 확신에 차 있는 분위기다. 자신들의 무죄를
주장함에 있어서 증권거래법에 저촉된 바가 없다고 밝힌 것이 아니
라, '골드만삭스의 기준(Goldman Sachs' Standard)'에 의거해서 거래에
문제가 없다고 주장하고 있다. 이것이 가능한 것은 비록 '골드만삭스
사람'이 현재 백악관의 재무요직을 맡고 있지는 않지만, 루빈 재무장
관 재임 시에 재무차관이었던 섬머스와 그린스펀 의장 아래서 일한
전 연방준비이사회 뉴욕 의장인 가이트너가 각각 경제고문과 재무장
관으로 있기 때문이다.

사실 그 동안 미국 행정부의 재무 관련 요직은 골드만삭스 출신들
이 독식해왔다. 골드만삭스 출신 인사들을 보면, 골드만삭스 회장을

역임한 루빈 재무장관과 볼튼 백악관 비서실장이 있다. 볼튼 비서실장은 골드만삭스의 CEO였던 행크 폴슨을 재무장관으로 부시 대통령에게 천거한 인물이다. 부시 행정부에서 국무차관을 역임한 로버트 졸릭은 골드만삭스의 대표이사직을 맡았고, 네오콘의 핵심 인물인 월 포비치 후임으로 2007년부터 세계은행 총재를 맡고 있다.

특히 부시 행정부의 마지막 재무장관인 행크 폴슨은 자신의 출신 은행인 골드만삭스를 위해 크나큰 '업적'을 남겼다. 리먼브라더스의 몰락을 방관하고 동시에 7,000억 달러의 구제 금융 중 AIG를 통해서 130억 달러를 수혈해 골드만삭스가 이득을 보게 도와준 것이다. 이 때문에 월스트리트의 적지 않은 내부 전문가들이 금융위기가 결국 미국 투자은행 3위의 골드만삭스가 1위로 부상하는 계기가 되었다며 의혹을 시선을 보내기도 한다.

2008년 노벨 경제학 수상자 크루그먼 교수는 〈뉴욕타임스〉 기고를 통해서 오바마 행정부가 아직도 새로운 금융개혁 방안을 완성하지 못한 단계에서 금융권의 로비에 무력화될 가능성을 우려했다. 그는 "금융위기를 초래한 금융산업의 비정상적인 영업행태가 개혁되지 않은 채 금융업체들의 실적이 호전된 것은 다른 많은 사람들의 돈을 빼앗아가는 사기극일 뿐만 아니라, 향후 더 큰 금융위기를 불러일으키는 원인이 될 뿐이다"라고 경고했다.

'너무 커서 망하지 않는다'라는 미국 금융 기관들의 생존 생리를 파헤친 앤드류 소르킨의 베스트셀러 《Too Big To Fail》의 주장이 사실임을 골드만삭스의 경우를 통해서 확인하게 된다. 골드만삭스는 금융계의 귀재로서 마이크로소프트나 스타벅스보다도 브랜드 가치가 높은 기업이다. 이번 SEC 기소를 통해서 투자은행으로서의 명성에 흠집이 난 것은 분명하다. 그럼에도 오일과 금 사재기처럼 수익성이 있는 사업이라면 마구잡이로 손을 대는 '잡식성 공룡' 골드만삭스는 월스트리트에서 마지막까지 살아남는 금융 기관이 될 전망이다.[8]

투자은행들은 지금 무엇을 사들이고 있나?

오일과 금 그리고 커피에서 코발트에 이르기까지 다양한 실물에 대한 투자를 컨설팅하는 기업 글로벌리소스얼러트(Global Resource Alert)의 창업자 피터 크라우스는 2010년 3월 접근하게 된 미국 정부의 회계 보고서(FR Y-9C report)를 토대로 대형 투자 은행들이 어떤 비밀 투자를 해왔는지를 밝히고 있다. 월스트리트의 대형 은행들은 자산과 거래 내용을 공개하지 않아왔다. 하지만 모건스탠리 같은 대형 투자은행들이 지주회사(holding companies)로 업종을 변경하고 상황은 바꿨다. 금융위기가 휩쓸고 간 지난 18개월 동안 대형 은행들은 4조 6,800억 달러를 실물 사재기에 쏟아부었다. 여기서 모건스탠리는 1조 2,970억 달러를 썼다.

3대 은행별로 보면 뱅크오브어메리카는 2조 달러, JP모건은 6,650억 달러, 골드만삭스는 7,219억 달러였다. 이 세 은행이 투자한 액수는 미국 재정 적자보다 세 배나 많은 액수이고, 중국의 외환보유고보다 두 배가 많은 액수다. 좀 더 직관적으로 설명하자면 캐나다, 인도, 멕시코, 호주의 국내총생산(GDP)을 합친 것보다 많은 금액을 실물 투자에 쏟고 있는 것이다. 2001년 이래로 실물 가격의 상승률은 보면 금은 300%, 은은 247%, 오일은 226%나 된다. 골드만삭스의 2010년 분석에 따르면 금 가격은 2011년에 온스당 1,425달러로 오를 것으로 보고 있다. 이러한 예측이 가능한 것은 선물 계약(futures contracts)을 현금을 대신해서 실제 금괴로 처리하기 시작했기 때문이다(COMEX JP 모건 보고서).

2009년 8월 모건스탠리는 두바이 골드 시큐리티스와 금 소유를 위한 승인을 받은 상태다. 실물 상품의 공급을 조정하고 거래함으로써 실제로 소유하고 있는 금이 수십억 달러의 이익을 가져다줄 것을 보장하는 것이다. 블룸버그 통신도 대형 투자은행들이 실물 시장에서의 존재감을 증대시키고 있는 까닭은 이들이 실물 상품들이 막대한 이익 창출의 근원이라는 것을 알기 때문이라고 보도했다.

골드만삭스는 원유가격이 2011년에 배럴당 110달러로 치솟을 거라고 예상하고 있다. 120억 배럴의 매장량을 갖고 있는 에콰도르의 유전이 골드만삭스의 예측대로 2011년에 배럴당 110달러로 오를 경우, 이 유전 하나의 시장 가치는 자그마치 1조 3,200억 달러가 된다. 피터 크라우스는 이러한 예상이 현실화되는 이유는 간단하다고 말한다. 왜냐하면 대형 은행들이 원유가격 인상을 보장하고 있기 때문이라는 것이다. 실제로 이들 은행들은 원유를 시장에서 거래하고 있다. JP모건의 경우 지중해에 슈퍼유조선을 소유하고 있고, 알버타의 하디스티와 한국, 싱가포르 그리고 덴마크에 원유 저장 탱크를 갖고 있다. 3대 미국 은행은 미국의 전략적 원유 비축(US Strategic Oil Reserve)

중에 경당 원유(Light Sweet Crude)의 절반에 해당되는 원유를 확보하고 있다.[9]

세계 대형은행들의 실물 상품에 대한 투자 패턴과 전략은 다음과 같다.

- 뱅크오브아메리카의 투자 대상은 천연 가스, 전기 에너지, 원유, 정유 제품, 금속 등으로 앞으로 2년간 주요 상품 투자의 이윤을 늘리기 위해서 상품 구매팀을 25% 확장시킨다는 계획이다.

- 도이체방크는 원유, 정유 제품, 금속, 천연 가스, 전기 에너지, 농산품을 투자 대상으로 삼고 있다. 2009년 11개 신규 상품 인덱스를 개시했고, 3개의 신상품 뮤추얼 펀드를 설립했으며, 하나의 상품 익스체인지 거래 펀드를 열었다.

- 프랑스의 소시에테제네랄은 상품 거래를 담당하는 400명의 직원을 가동해서 원유, 정유 제품, 천연 가스, 석탄, 일반 금속 및 귀금속을 투자 대상으로 삼고 있다. 현재 확보하고 있는 상품 가치가 2012년에 두 배로 증가할 것으로 전망하고 있다.

- 영국의 바클레이즈캐피털은 원유, 정유 제품, 금속, 전기 에너지, 천연 가스, 석탄을 투자 대상으로 삼고 있다. 바클레이즈는 2009년 3월 '펜들(Pendle)' 이라고 불리는 운송 부서를 설립해서 원유 거래를 지원하고 있다.

- 크레디스위스는 스위스의 국영 상품 거래소인 '글렌코(Glencore)' 를 통해서 상품 거래에 폭넓게 투자하고 있다.

- 스탠더드차터스는 2010년 실물 상품 거래에 뛰어들 준비 작업을 하고 있고, 금속, 농산품, 원유, 천연가스를 거래 대상으로 삼고 있다.

군산복합체를 통한
나토의 결속 강화

나토의 확대

냉전 후 나토의 작전반경은 유럽을 넘어서기 시작했다.[10] 냉전 시 적성국이었던 체코, 헝가리와 폴란드가 1999년을 기해 나토 회원국이 되었다. 이는 나토의 작진범위가 러시아 진영으로 600킬로미터 더 넓어진 것을 의미한다. 같은 해 나토는 코소보를 방어하기 위해 11주 동안 세르비아에 대한 항공공세를 유엔 승인 없이 펼친 바 있다. 이는 나토 역사상 전투에 참가한 첫 사례다.

나토의 확장은 2004년 3월에도 계속되어 불가리아, 발트 3국, 루마니아, 슬로바키아와 슬로베니아가 새로운 나토에 가입했다. 같은 해 5월 1일을 기해 루마니아와 불가리아를 제외한 나토 신규 회원국들이 모두 유럽연합의 회원국이 되었다. 그리고 2009년 크로아티아와 알바니아가 가입해서 총 28개 회원국으로 늘어났다.

하지만 러시아의 반발을 의식해야 하기 때문에 나토가 모든 동구 국가들을 회원국으로 받아들일 수 있는 상황은 아니다. 구소련연방이었던 우크라이나의 나토 가입 상정을 유보하겠다는 것이 나토의 공식입장이다.

호황을 누리는 방위산업체

9.11 사태가 지난 이후 미국 국방비는 40%의 증가를 보여, 2006년 방위비는 5,000억 달러에 이른다. 특히, 2003년에 신설된 내무 안보국(Homeland Security)은 2010년 예산이 475억 달러다. 한국의 2009년 방위예산 223억 달러의 두 배 이상을 내무 안보국이 지출하고 있는 것이다.

국방비와는 별도로 2003년 미국 내 22개 정보기관을 하나로 통합한 기구인 DNI의 2009년 예산은 750억 달러이다. 2010년 1월까지 이라크 아프가니스탄에 들어간 비용은 1조 달러를 돌파했다.[11] 이는 무엇을 의미할까? 9.11 이후에 미국방위산업은 호황을 누리고 있다는 것이다. 전투기의 베스트셀러 F-16과 미사일 제조회사인 세계 최대 방위삽업체 록히드마틴은 2007년 294억 달러의 매출을 기록했다. 이 액수 또한 한국의 1년 국방예산보다 많은 규모이다. 2007년 매출면에서 세계 5대 방위산업체로 영국의 BAE시스템즈(BAE Systems)를 제외하면 모두 미국 기업이 독차지하고 있다.

아울러 제너럴다이내믹스(General Dynamics), L-3커뮤니케이션(L-3 Communications), 새익(SAIC, Science Applications International) 등이 펜타곤으로부터 새로운 주문을 받아 즐거운 비명을 지르는 9.11 사

태의 최대 수혜기업들이다. 미국 방산시장은 전 세계 무기시장의 41%를 차지하고 있다.

9.11과 금융위기가 방위산업에 미친 영향

9.11로 인한 테러와의 전쟁 공표 이후 아프가니스탄과 이라크의 전장은 지상군과 무인 항공기 활용도 증가를 가져왔다. 반면에 금융위기는 미국 정부로 하여금 F-22 같은 대형 공군 사업을 축소시켜 국방비를 절감하게 만들고 있다. 이라크에서 아프가니스탄으로 작전 지 변경이 방산에 주는 의미는 네트워크 중심전의 중요성은 여전히 증대되고 있고, 나토군은 '통합성(jointness)'을 더욱 중요하게 여기게 되었다는 점이다.

미국 방산은 정부가 고객이었기 때문에 경제 침체에도 영향을 받지 않고 지속적인 성장을 거듭해왔다. 하지만 금융위기는 상황이 많이 다르다. S&P 500 지수는 14% 줄어든 반면, 방산 주가는 22%나 감소하는 현상을 보이고 있다. 부시 대통령의 8년 재임 기간에 펜타곤의 연간 예산은 두 배로 증가한 6,660억 달러에 이른다. 하지만 오바마 행정부는 국방비를 삭감한다는 입장이다. 결국 2010 국방예산은 2009년과 비슷한 수준인 6,540억 달러로 책정됐다.[12] 이라크에서 군사작전 규모의 감축이 예산 감소 원인으로 작용했다.

〈에비에이션위크(Aviation Week)〉 2010년 3월 11일자에 따르면 오바마 행정부는 무기 수출 규정에 관한 개혁안을 발표했다. 국가 안보에 지장을 주지 않으면서 무기 수출을 도모하자는 취지다. 오바마 대통령은 이를 시행하기 위해서 자문 기관으로써 '수출협의회(Export Council)'를 창설하고 보잉사의 CEO 제임스 매너니를 회장에, 제록스사의 CEO 우술라 번즈를 부회장에 임명했다.

오바마 대통령의 무기 수출 이니시어티브는 국무장관, 재무장관, 농림부장관, 상공부장관, 무역대표부와 수출입은행(Ex-Im Bank) 총재로 구성된 수출 촉진 캐비넷(Export Promotion Cabinet)을 포함한다. 이는 미국이 종합적이고 단일화된 무기 수출 전략을 처음으로 도입한다는 의미를 지닌다. 무기 수출에 오바마 행정부가 적극적으로 나선 것은 금융위기 이후 국내 수급으로는 기본의 방위산업체의 생산을 다 소화할 수 없다는 판단에서였다.

한편 유럽은 냉전 이후 꾸준한 감소 추세의 국방예산이 2007년부터 증가세로 돌아섰다. 2008년의 유럽 전체 국방비 지출은 4,130억 유로로, 2007년보다 실질적으로 1.4% 증가했다.[13] 더불어 2004년부터 EU 회원국이 된 동유럽 회원국 평균 국방비는 11%나 증가했다. 하지만 2008년 금융위기 이후 2009년 국방예산을 삭감한 유럽 국가는 이탈리아, 리투아니아, 스페인, 스웨덴 등이 있다. 특히, 스웨덴은 6.6%나 국방비를 삭감하여 이에 대한 반발로 국방장관의 사임으로까지 이어졌다.

반면 프랑스는 금융위기에도 불구하고 2008년에 발표된 국방백서에 의거하여 2012년까지 기존 수준의 국방예산을 유지한다는 방침이다. 주목할 것은 국방예산 가운데 장비 획득 부문에 추가적인 투자가 이루어진다는 점이다. 실제로 2003년에서 2008년 기간에 연평균 155

억 유로를 장비 획득에 지출했지만, 2009년에서 2020년 기간에 연평
균 180억 유로를 지출할 계획이다.[14]

　냉전 후 미국항공방산의 구조조정은 유럽방산에 직접적인 영향을
끼쳤다. 펜타곤 주도의 미 항공방산의 인수와 합병작업의 여파로 분
산되어 있던 유럽연합 내 항공산업의 재원과 기술을 하나로 결속시
키는 작업에 착수하게 된 것이다. 유럽항공방산의 구조조정을 위한
사전작업으로 1998년 EU내 6개 주요 항공산업국의 국방부장관들이
사업추진의향서(Letter of Intent, LoI)에 서명했다. LoI의 배경은 나토
회원국이자 EU 회원국이 코소보와 아프가니스탄에서 평화유지활동
과 군사작전에서 군수지원이 미흡하다는 것에 동의한 데서 비롯되었
다. 유럽은 미국과 공동작전을 하는 데 미국장비와 기술에 의존해서
는 동등한 파트너가 될 수 없다고 느낀 것이다.

　더군다나 회원국별로 투자가 이루어짐으로씨 중복되고 분산되는
투자를 해온 것이 사실이다. 이런 점에서 LoI를 통해서 다국적으로
참여하는 공동사업을 추진해오고 있다. 1999년은 유럽항공산업의 구
조조정의 큰 획을 긋는 해다. 1999년 1월 브리티시에어로스페이스
(BAe)가 GEC 계열회사인 마르코니일렉트로닉시스템즈(MES)를 흡수
함으로써 BAE시스템즈(BAE Systems)를 탄생시켰다.

　한편 같은 해 9월 프랑스 국영기업인 아에로스파시알(Aerospatiale)
과 독일 다임러크라이슬러(Daimler-Chrysler)의 계열회사인 다임러크
라이슬러항공(DASA) 그리고 스페인항공업체(CASA)가 합병함으로써
유럽 항공방위우주산업(EADS)이 만들어졌다. 뒤이어 2000년 4월에

이태리 국영업체인 핀메카니카(Finmeccanica)의 계열회사인 알레니아 아에로나우티카(Alenia Aeronautica)가 EADS에 합류함으로써 양대 항공방위산업체가 유럽에 탄생했다.

유럽 내 기업 합병과 인수(M&A)는 2007년에 이어 2008년에도 지속되는 추세다. 2008년 영국의 캔도버(Candover)가 네덜란드의 스토르크(Stork)를 약 15억 유로에 사들이는 빅딜에 성공했고, 다소사는 탈레스가 갖고 있던 알카텔루센트의 지분 20.76%를 사들였다.

아래는 나토 회원국과 비 나토 회원국 간의 무기 획득 사례로서, 방산 협력 이외에 생산자와 구매자로서 유럽 국가들 간 무기거래의

유럽 나토회원 간의 주요 무기획득 사례					
수입국명	무기명	수량	가격	제조회사 (국가)	주문/ 전달연도
프랑스	C-130H Hercules	14	4,300만 유로	록히드마틴(미국)	2008
독일	KEPD 350(토네이도 전투기용)	600	5억 7,000만 달러	토러스시스템(스웨덴)	1998/2004
노르웨이	C-130J Hercules	4	6억 800만 달러	ZM Mesko(스웨덴)	2006/2009
포르투갈	Pandur II 8x8	260	3억 4,400만 달러	슈타이어 (오스트리아)	2005/2006
포르투갈	C-295M	12	2억 7,000만 달러	EADS(유럽)	2006/2008
스페인	Leopard 2E	239	19억 4,000만 달러	라인메탈(독일)	1998/2003
스페인	AS 532AL Cougar	5	1억 1,600만 달러	유로콥터(유럽)	2008
영국	A330-200	14	130억 파운드 달러	에어버스(독일)	2008/2011
영국	Hermes 450(UAV)	–	1억 1,000만 달러	탈레스(프랑스)	2007/2010
오스트리아	Eurofighter	15	20억 달러	유로파이터(유럽)	2003/2007
핀란드	C-295	2	4,500만 달러	EADS(유럽)	2006/2007
아일랜드	AW-139	4	4,900만 달러	오거스타웨스트랜드 (이탈리아)	2006/2008
스웨덴	Iris-T(그리펜 전투기용)	–	2,000만 달러	Diehl(독일)	2006

출처 : Military Balance 2009 pp.102-204

실제 내용을 보여주고 있다.

유럽 방위산업체의 미국 기업인수도 주목할 만한 점이다. 2008년 유럽 기업의 미국 방위산업체 인수 중 가장 큰 액수는 이탈리아의 핀메카니카의 미국 기업 DRS테크놀러지스(DRS Technologies)에 대한 인수로 52억 달러였다. 이 계약체결로 핀메카니카는 유럽과 미국에서 군용 전자장비회사로 입지를 공고히 할 수 있게 되었다.

그리고 영국 방위산업체들의 미국 기업 인수도 활발했다. 영국의 콥햄(Cobham)은 미국의 군용전자장비 생산업체인 M/A컴(M/A Com)을 4억 2,500만 달러에, 그리고 정보 서비스업체인 스파르타(Sparta)를 7억 700만 달러에 사들이는 등, 2008년에 미국 업체 5곳을 인수하는 데 11억 3,700만 달러를 지불했다. BAE시스템즈의 미국 방산 진출은 최근 몇 년간 더욱 두드러진다.

BAE시스템즈는 2008년에 C4 ISR과 엔지니어링을 공급하는 미국의 MTC테크놀러지스(MTC Technologies)를 4억 5,000만 달러에 인수했다. BAE시스템즈의 북미 비중은 2007년 기준으로 총 자산의 67%였다. 그리고 전체 매출로 보면 41%가 북미에서 이루어졌다. 영국의 세르코(Serco)사는 미국의 군용 IT서비스 업체인 SI인터내셔널(SI International)을 4억 2,300만 달러에 사들였다. SI인터내셔널은 2007년 매출 총액이 5억 1,000만 달러의 회사로 그 중 2억 3,500만 달러가 미 국방성에서 벌어들인 수입이다.

미국과 유럽의 협력관계는 지분공유와 공동사업을 통해서 나타난다.

영국 방위산업체의 미국 기업 인수*				
기업명	인수액	판매 비율	자산 비율	종업원 비율
BAE Systems	96억 8,300만 달러	42%	67%	45%
QinetiQ	22억 2,400만 달러	41%	43%	41%
Cobham	17억 300만 달러	47%	39%	41%
Meggitt	22억 5,800만 달러	49%	68%	53%

*2003~2008년 미국 방위산업체 인수규모 1억 달러 이상인 기업
출처 : SIPRI Year Book 2009

지분 공유를 통한 협력 현황	
기업명(국가)	지분 공유 현황
Thales(프랑스)	B/E Aerospace의 주식 51% 소유 Orbital Sciences의 주식 100% 소유
SNECMA(프랑스)	Plat & Whitney와 Technospac Aero의 주식 50% 소유
Finmeccanica(이탈리아)	Lockheed Martin과 Tactical Transport Systems의 주식 50 % 소유

이와는 별도로 이태리 항공업체인 알레니아아에로나우티카는
EADS에 들어 있지만, 회사작업의 80%는 미국의 보잉사와 함께하고
있다.

공동 프로젝트를 통한 협력 현황	
기업명(국가)	지분 공유 현황
Medium Extended Air Defence System(MEADS)	Lockheed Martin 58%, EADS 25%, MBDA 17%
Euro-Art Radar Technolog	y지멘스, 탈레스, 록히드마틴 3개 회사 참여
메테오 미사일(BVRAAM)	유럽 5개 기업(MBDA, 알레나마르코니, EADS, BAE Systems, Saab Dynamics)과 Boeing

유태 자본과 헤지펀드

금융위기로 명암이 엇갈린 두 유태 자본가

1995년 970억 달러 규모의 헤지펀드는 2009년 1조 3억 달러 규모로 비대해졌다. 아시아 외환위기를 일으킨 조지 소로스와 같은 헤지펀드의 50%가 유태계 자본이다. 소로스는 단기성 투기자금을 통해 유럽의 부유한 계층으로부터 대량의 자본을 동원해, 영국은행을 무릎 꿇게 했고, 아시아 외환위기의 배후에도 있었다.

마하티르 말레이시아 수상은 "우리가 20~30년 노력해서 얻은 발전을 소로스가 단 2주일 만에 무너트렸다"고 허탈해하기도 했다. 1990년대 말 아시아 외환위기는 단순한 헤지펀드들의 담합에 의한 작품이 아니다. 당시 클린턴 행정부와 뉴욕증권가, 그리고 유태계 헤지펀드들은 고급 경제정보를 독점적으로 공유하면서 '금융세계화' 라는 명분하에 외환시장을 흔들어본 것이다. 이 일을 방관한 브레인들은 루빈, 서머스, 그리고 그린스펀이다.

뱅크오브뉴욕 멜론 보고서에 따르면 헤지펀드 자산이 2013년에 2009년의 3배인 2조 6,000억 달러 규모가 될 것으로 전망하고 있다. 지역별로는 미국이 47%로 절반가량을 차지하고, 유럽이 29%를 차지한다. 헤지펀드 자산의 76%가 서구 세계에 편중되어 있는 것이다. 반면 아시아는 15%를 차지하고, 중동과 아프리카를 합쳐서 7%, 그리고 남미는 2%에 불과하다.[15]

〈파이낸셜타임스〉에 따르면 금융위기로 경색되었던 2008년에도 조지 소로스는 11억 달러를 벌어들임으로써 환투기와 투자의 귀재임을 입증했다. 반면에 버나드 메이도프는 650억 달러에 이르는 사상 최대 액수의 사기범으로서 많은 헤지펀드와 함께 몰락했다. 소로스는 재귀성 이론(금융시장의 참여 주체가 서로 상대방의 행동을 예측하면서 선제적으로 행동하기 때문에 시장의 끊임없는 변화와 상호 작용, 역동성을 중요하게 고려해야 한다는 이론)을 접목시킨 고위험·고수익 투자로 승승장구했다. 1969년에 짐 로저스와 함께 세운 퀀텀펀드는 400만 달러로 시작해 1989년까지 20년간 연평균 수익률 34%를 기록하며 헤지펀드의 역사에 새로운 장을 열었다.

소로스와 메이도프는 월스트리트에서 유태 자본가의 성공과 몰락을 극명하게 보여주는 두 인물이다. 메이도프는 유태인 네트워크를 자신의 폰지스킴(일반적으로 고수익을 제시해 투자자들을 끌어들인 후 새 투자자의 원금으로 앞 사람의 이익을 챙겨주다 끝내는 사기 수법)을 운영하는 수단으로 삼았던 반면, 소로스는 나름대로 정의의 편에 서려고 노력한 인물로 평가받는다.

메이도프가 1960년에 창업한 메이도프투자증권은 2008년 월스트리트 해당 업종에서 6번째로 큰 회사였다. 당초 메이도프는 사기 규모가 500억 달러 규모라고 주장했는데, 검찰의 수사 결과 150억 달러가 더 늘어나 650억 달러에 이른다. 메이도프가 벌인 사기 규모는 주식회사 대한민국이 부도났을 때 국제통화기금(IMF)에 구제를 요청하며 신청한 570억 달러보다도 많은 금액이다.

피해자는 기관과 개인 투자자를 합쳐 총 4,800명에 이른다. 소로스가 "신용은 자본주의의 근원이다"라고 말한 것을 볼 때, 메이도프의 초대형 폰지사기는 같은 유태인인 소로스의 발등만 찍은 것이 아니라 자유시장경제 체제에 비수를 꽂으며 더 강력한 정부 규제의 필요성을 제시하게 만들었다.

기관 투자가와 개인 투자자들이 메이도프라는 월스트리트의 큰손에게 친분만 믿고 거금을 맡겼던 이유 중에 하나는 그가 자선 사업가라는 점이었다. 소로스와는 재단을 통해서 사회 사업을 해왔다는 공통점이 있다. 메이도프는 미국 유태인 총회의 재무부장를 맡은 적도 있다. 190만 달러 규모의 기금을 갖고 있는 메이도프 패밀리 재단을 통해서도 병원과 문화 행사에 기부 활동을 해왔었다. 메이도프 체포 이후 이 재단의 자산은 연방법원에 의해서 몰수되었다.

메이도프는 워싱턴의 정치인·실력가들과 밀착되어 있었다. 영향력 있는 인사들 덕분에 메이도프의 사기 행각이 오랜 기간 세상에 알려지지 않았다. 이런 이유에서 미국 증권거래감독원은 1999년에 이미 사기 혐의의 증거들을 알았지만, 수사에 제대로 착수하지 않은 것이다. 하지만 그들만의 끈끈한 연대감에도 감춰주기는 한계가 있었다. 결국 버나드 메이도프는 돈 세탁, 위증, 사기 등 11개 혐의에 대해 유죄를 인정함으로써 최대 150년 징역형에 처해졌다. 나스닥 증권거래소 이사장을 지내기까지 했던 메이도프는 2009년 6월 15일 법정에서 150년 징역과 손해배상금으로 1,700억 달러를 구형 받았다.

소로스는 1998년 《세계 자본주의의 위기》에서 세계 자본주의 위기의 본질에 대해 거론했다. 1992년 자본주의를 잘 이용해 영국 은행을 뒤흔든 사나이로서 역사에 기록될 그가 자본주의의 위험을 논했다는 사실이 쉽사리 믿기지 않을 수 있다. 하지만 소로스는 놀랍게도 "자본주의의 위기가 아직 끝나지 않았다"라고 말했다. 금융위기를 겪고 있는 지금 그의 예상은 적중했다. 소로스는 '민주주의' 라는 정치적·윤리적 가치가 자본주의의 맹목성을 통제하는 방향으로 나아가야 한다고 생각한다. 시장 근본주의에 대한 경계, 도덕적 가치에 대한 사회적 합의, 이것을 뒷받침하는 세계적인 정치적 의사결정기구 창설 등이 소로스가 제안하는 대안들이다.

이 책에서 소로스는 '자본의 자유로운 이동' 이야말로 위기의 가장 큰 요인이라고 말한다. 세계 자본주의의 주변과 중심을 오가며 이윤 극대화를 꾀하는 금융 자본, 그것이 주변부를 급격히 이탈함으로써 주변의 위기가 전 세계로 파급되고 있다는 것이다. 그런데 정작 그 메커니즘을 정확히 알고 그것을 적절하게 이용해 거액을 거머쥔 소로스이기에 위기를 경고하는 그가 이중적으로 보인다. 소로스는 10년 뒤인 2008년, 그의 저서 《금융시장의 새로운 패러다임》에서 신용 경색을 10년 전처럼 재귀성의 시각으로 조명하고 있다. 1998년 '세계자본주의 종말'을 예언했던 조지 소로스는 10년 만에 다시 금융시장에 대해 경고하고 나섰다.

그런데 2009년 11월 미국 하원 청문회에 불려나간 4명의 헤지펀드 거물들 중에는 소로스도 있었다. 헤지펀드의 대부 4명이 지난 11월 미국 하원 청문회에서 금융위기와 헤지펀드와의 관련성을 확인하러 출석한 자리였다. 출석한 사람들은 소로스펀드매니지먼트의 조지 소로스 회장, 폴슨앤컴퍼니의 존 폴슨 회장, 하빙거캐피털파트너스의 필립 펠콘 회장 그리고 르네상스테크놀로지의 제임스 사이먼스 회장이었다. 이 중 폴슨 회장은 골드막삭스의 국채신용부도스와프(CDS)로 거액을 챙긴 장본인이다.

질의를 한 하원의원들은 마치 한국의 5공 청문회 때 정주영 현대 그룹 회장에게 질의하던 한국의 국회의원들 같았다. 날카로운 질문과 공격적인 방어가 아니라 정부 규제의 필요성에 동의하면서 헤지펀드의 미래를 염려해주기까지 했다. 금융위기에서 헤지펀드의 폐해에 따른 규제의 필요성을 역설하는 자리치고는 꽤나 화기애애한 분위기였다.[16]

미국과 이스라엘의 관계

냉각기는 지속되는가

미국과 이스라엘 관계가 35년 만에 최악의 위기를 맞았다고 마이클 오렌 미국 주재 이스라엘 대사가 언급했다. 문제의 발단은 2010년 3월 9일 미국의 조 바이든 부통령이 이스라엘을 방문했을 때, 이스라엘 정부가 동예루살렘에 1,600가구의 정착촌을 짓는다고 발표한 것이었다. 동예루살렘에 유태인 정착촌을 건설한다는 발표는 바이든 부통령의 방문과 같은 시점이었을 뿐만 아니라, 미국이 마무드 압바스 팔레스타인 자치정부 수반을 설득해서 베냐민 네탄야후 총리와 함께 협상 테이블에 앉기로 한 전날에 나왔다.

팔레스타인 입장에서 동예루살렘은 1967년에 이스라엘군이 점령한 지역으로 그들의 미래 수도다. 따라서 네탄야후 총리가 강행하려는 유태인 정착촌 확대는 팔레스타인 눈에는 오만불손한 태도이다. 압바스 팔레스타인 수반은 정착촌을 건설하겠다는 결정이 철회되지 않는 한 회담 재개에 응하지 않겠다고 밝혔고, 팔레스타인의 '인티파다(intifada, 반이스라엘 저항 운동)'는 거세지고 있다. 오바마 행정부의 정치보좌관인 데이비드 악셀로드는 동예루살렘 정착촌을 건설하겠다는 발표를 "모욕적(affront)이다"라고 표현했다. 이스라엘의 이러한 불손한 태도에 어떻게 대응할까를 놓고 오바마 행정부 내에서는 이견을 보였던 것으로 전해진다.

2010년 3월 16일자 〈타임〉은 네탄야후 총리가 미국의 반대와 팔레스타인의 반발을 무릅쓰고 동예루살렘에 정착촌을 건설하려는 이유는 이스라엘 내 우익 세력의 지지를 얻어내기 위한 술수라고 분석했다. 같은 맥락에서 〈이코노미스트〉 3월 17일자도 2009년 두 번째로 총리가 된 네탄야후는 이란 문제를 의식한다면 오바마 행정부와 우호적인 관계를 유지해야 함에도 자신의 연정이 극우파와 종교계에 의해 좌우되고 있는 것을 의식해야 되는 상황이라고 분석했다.

부시 행정부에서 중동담당보좌관을 역임했던 엘리오트 아브람스는 〈워싱턴포스트〉에 실린 기고에서 오바마 행정부가 미국과 이스라엘의 전통적인 유대에 손상을 초래하고 있다고 지적했다. 공화당과 민주당의 주요 당직자들도 워싱턴의 이스라엘 로비 단체인 미국·이스라엘홍보위원회(AIPAC)의 연례 총회에서 백악관은 이스라엘과 갈등을 완화하도록 즉각적인 조치를 취하라고 촉구했다. 1954년에 설립된 AIPAC은 이스라엘을 위해 미국 행정부 내에서 로비를 펼쳐왔다. AIPAC은 이스라엘의 '제2의 외무부'라고 불릴 정도로 미국 내 경제·군사·정치에 강력한 영향력을 미치는 이스라엘 로비 단체다.

2010년 3월 21일부터 3일간 개최된 AIPAC 연례 총회에서는 네탄야후 총리의 기조연설과 함께, 사우스캐롤라이나의 공화당 상원의원 린제이 그래험과 뉴욕의 민주당 상원의원 찰스 슈머가 연설에 참여했다. 이어지는 만찬에는 매년 그렇듯이 미국 상원의원 절반과 하원의원 절반이 참석했다. 네탄야후 총리는 연설에서 "예루살렘은 정착지가 아니라 수도이며, 이스라엘은 2,000년 전에 예루살렘을 세웠고, 지금 그 자리에 다시 예루살렘을 세우고 있다"라며 총회 장소가 워싱턴임을 아랑곳하지 않고 목소리를 높였다.

2010년 AIPAC 로비의 첫 번째 목표는 이란에 대한 제재 조치를 가하는 데 미국이 세계를 이끌도록 만드는 것이다. 구체적으로 이란의 에너지 부문에 관련된 외국 기업체들에 대해서 미국이 새로운 조치를 채택하게 만드는 것이다. AIPAC 로비의 두 번째 목표는 미국과 이스라엘 관계를 재확인하고 오바마 행정부가 공개적으로 양국이 이견을 보이고 있음을 표명하지 않도록 막는 일이다.

이를 위해서 4,000여 명의 로비스트들이 상원의원과 하원의원들 그리고 보좌관들을 상대로 500회에 이르는 회합을 갖고 있다. AIPAC 로비의 세 번째 목표는 미국 의회가 이스라엘에 대한 군사 원조비를 통과시키도록 하는 것과 노화된 이스라엘 공군의 F-16 전투기를 F-35로 교체하는 비용의 상당 금액을 미국 세금으로 충당하게 만드는 것이다.

양국이 첨예하게 대립하는 듯한 상황 속에서 2010년 3월 26일자 UPI통신은 펜타곤이 1억 5,000만 달러 규모의 C-130J 수송기를 이스라엘에 판매하기로 했다고 보도했다. 이 거래에는 록히드마틴이 이스라엘 공군을 위해 제작한 슈퍼허큘레스 3대가 포함되어 있다고 이스라엘의 〈하레츠〉 신문은 밝혔다. 이것은 비록 미국과 이스라엘 관계가 악화일로에 있지만 이스라엘군 전력이 중동에서 아랍권보다 우세해야 한다는 미국의 입장이 반영된 것으로 해석된다. C-130 거래 성사는 실제로 미국 방위산업에 도움을 주는 것이기에 거절할 수 없었다는 관측이 더 신빙성이 있다. 이스라엘의 대 팔레스타인 정책에 대해서 당근과 채찍을 동시에 행사할 수 있는 미국이지만, 자국 방위산업의 이익을 고려하자니 채찍은 들지 못하는 형국이다.

한편 마이크 뮬렌 미 합참의장은 이스라엘의 이란 핵시설에 대한 선제공격으로 인해서 미국이 원치 않는 전쟁에 끌려들어 갈 수 있다는 우려를 표했다. 다시 말해, 록히드마틴의 최신예 F-35 스텔스 전투기를 이스라엘이 구매할 경우, 이스라엘이 이란과의 전쟁을 시작하여 미국과 동맹국들을 끌어들일지도 모른다는 것이다. 현재 이스라엘 국방부는 F-35 전투기 25대를 1차 구매하는 협상을 펜타곤과 진행 중인데 그 액수는 30억 달러고, 이스라엘이 획득하기 희망하는 F-35 대수는 50대다.

하지만 F-35를 이스라엘이 구매하는 데는 장애물들이 있다. 먼저 이스라엘은 F-35의 전자장비를 자국제품으로 장착하기를 원하지만 펜타곤은 이를 꺼리고 있다. 더불어 당초 F-35의 가격은 대당 5,000만 달러였지만, 2년의 개발기간 연기와 함께 추가 비용이 발생함으로써 당초 가격의 두 배가 넘는 1억 1,300만 달러로 가격이 상승했다는 점도 이스라엘로서는 감당하기 힘든 상황이다.

또 다른 문제는 기술적인 문제와 재원 조달상의 문제가 해결된다고 해도 이스라엘이 첫 F-35를 획득할 수 있는 시점은 2016년이 될 것이라는 점이다. 즉, 모사드는 이란의 핵무기 개발 가능시기를 2014년으로 보고 있기 때문에 획득 시기상의 격차가 있다(팁 : 최강의 정보 조직 모사드 참조).

동예루살렘에 대한 정착촌 건설 계획을 철회하라는 오마바 대통령의 주장에 불복하는 이스라엘 정부에 대해서 워싱턴이 군사 원조비를 삭감할 것이라는 추측도 있다. 현재 연간 30억 달러인 미국의 이스라엘에 대한 군사 원조비는 2013년부터 31억 5,000만 달러로 증가될 예정이다. 아직까지 미국이 이스라엘에 대한 군사 원조비 지불을 유예한 전례는 없다.

단지 1975년 이스라엘이 이집트와의 평화조약체결에 거부할 때 포드 행정부가 6개월간 모든 무기 거래를 중단시킨 적이 있었고, 1981년 아버지 부시 대통령은 당시 이스라엘 점령지구 내 팔레스타인 정착촌에 대한 이쟈크 샤미르 이스라엘 총리의 비타협적인 태도로 인해서 100억 달러의 차관을 보류한 적이 있다.

현재 양국 간 외교 마찰에서 미국이 군사 원조비 지불 지연이나 무기 판매 중지 같은 방법으로 '채찍'을 들지 관심이 집중되고 있다. 하지만 겉과 달리 물밑에서 공고히 다져온 양국 관계를 볼 때 그 가능성은 희박해 보인다. 즉, 현재 악화일로로 치닫는 듯한 미국과 이스라엘의 관계는 잠깐 동안의 불편한 상황일 뿐이다.[17]

이스라엘의 구호선단 공격

가자(Gaza) 지역의 팔레스타인 난민들에게 구호물자를 직접 전달하기 위해서 국제 구호단체인 자유 가자 운동(Free Gaza Movement)이 주축이 된 6척으로 구성된 구호선단은 이스라엘 영해 밖인 지중해에 있었다. 그런데 이스라엘 해군의 경고방송에 5척은 정지했지만 마비 마르바라(Mavi Marmara)호는 멈추지 않았다. 이에 대해 2010년 5월 29일 새벽 4시 30분 마르마라 호에 이스라엘 특수부대의 투입으로 유혈참사가 발생했다.

가자 해상 봉쇄 조치는 2007년 이스라엘이 가자 지역이 테러조직으로 규정하는 하마스의 수중에 있음을 이유로 들어 무기 도입을 차단하기 위해서 취해왔다. 이 작전이 국제적 분노를 일으킨 이유는 두 가지다. 먼저 구호선단에 대한 공격은 봉쇄해역에서 25마일 떨어진 공해상에서 벌어졌다는 점이고, 비무장 인권단체에 대해서 경찰이 아닌 정규군의 특수부대를 투입시켜 9명의 사망자와 30여명의 부상자가 나왔다는 점이다.

이스라엘군이 자국 영토 밖에서 임의적인 군사작전을 편 것은 이번이 처음이 아니다. 이스라엘군의 작전 반경은 필요한 곳이면 세계 어디든 해당된다는 것이 그들만의 전례이고 전통이다. 리비아, 튀니지야, 시리아, 이라크 등은 그간 이스라엘군이 작전을 감행한 나라들이다. 결국 이스라엘 입장에서는 자국 영토가 아니어도 자국 안보에 위협이 된다고 판단하면 그 어디라도 정규군을 투입할 수 있다고 보고 있다. 더불어 팔레스타인 시위를 진압하는 것도 경찰이 아닌 이스라엘 정규군이라는 점에 주목할 필요가 있다.

중동 지역 BBC 특파원 생활을 20년 넘게 해온 제레미 보임 기자의 이스라엘 가자 봉쇄에 대한 분석은 흥미롭다. 이스라엘은 지중해에서 해상 봉쇄를 통해서 가자 지역에 대한 물품 납입을 막으면서, 이집트에서 가자로 들어가는 땅굴은 (마음만 먹으면) 차단할 수 있는데 여전히 묵인하고 있다는 것이다. 이러한 이중적 행태에 대해 제레미 보임 기자는 다음과 같이 분석한다. 해상 봉쇄를 통해서 이스라엘이 하마스에 강경한 입장을 보이고 있음을 보여주면서, 동시에 땅굴을 통해서 밀반입되는 조잡한 (정확성이 떨어지는) 단거리 카샴 로케트가 이스라엘로 간간히 발사되는 과정을 묵인하여 팔레스타인에 대한 이스라엘 국민들의 적대적 감정을 늦추지 않도록 만든다는 것이다.

미국의 미온적 태도

반기문 UN 사무총장은 억류 중인 인원들에 대한 즉각적인 석방을 요구했고, 나토의 라스무센 사무총장도 가세하여 이스라엘의 과잉 군사작전에 유감을 표명했다. 그리고 EU 외무장관 캐서린 애쉬톤은 공정한 공개수사를 촉구했다. 한편 미국은 전 세계 모든 문제에 분명한 입장을 보이는데, 유독 이스라엘 문제만큼은 조심스럽고 모호한 태도를 보여 비난을 받곤 했다. 이 사태도 예외가 아니다.

2009년 노벨 평화상을 수상한 오바마 대통령을 많은 사람들은 기억한다. 취임 1년 만에 너무 일찍 노벨상을 수상하면서 오바마는 자신이 기여한 것에 대해서가 아니라 앞으로 세계 평화에 기여할 것에 대한 기대로 이 상을 준 것이라고 자세를 낮추었다. 미국 현직 대통령이면서 노벨 평화상 수상자이기에 세계는 더 큰 기대를 하고 있었는지도 모른다. 하지만 오마바 대통령은 사건 당일뿐만 아니라, 2010년 6월 1일 기자회견에서 BP에 의한 멕시코만 오일 유출로 야기된 문제를 언급했을 뿐 이스라엘의 민간선박 공격에 대해서는 침묵했다. 2007년 부시 대통령이 이스라엘이 시리아 핵개발 의심 장소를 폭격했을 때 논평을 거부했던 장면과 겹치는 부분이다. 대신 백악관 대변인들 통해서 "사망자가 발생한 것은 심히 유감이고 상황을 이해하고자 파악하는 중이다"라고만 발표했다.

서방 모든 국가가 UN을 통해서 공정한 사건 조사를 하자고 제안한 것과는 달리, 미국은 이스라엘 자체적으로 사건을 조사할 역량이 된다며 이스라엘을 두둔하는 자세를 취했다. 사건 발생하기 한 주 전에 백악관의 임마누엘 람 비서실장이 개인적으로 이스라엘을 방문했었고, 체류 중에 네탄야후 수상을 만났다는 것이 언론보도를 통해서 전해지면서 미국은 더욱 난처한 입장에 놓이게 되었다.[18]

최강의 정보 조직 모사드

2,000년 동안의 타국 생활(디아스포라)을 끝내고, 제2차 대전의 대학살(홀로코스트)을 겪은 후 1948년 건국의 꿈을 이룬 유태인들에게 안보와 생존은 동의어다. 적들에 둘러싸여 있다는 고조된 안보 의식과 건국 이래 전시 상황이 아닌 적이 없다는 긴박감이 오늘의 '모사드(Mossad)'를

만들었다. 1938년 세계 각지에 흩어져 있던 유태인들을 속속 불러들이기 시작할 무렵 태동한 모사드는, 건국 1년 후인 1949년 이스라엘 초대 총리 벤 구리온이 이스라엘 정보기관들을 중앙에서 관장할 목적으로 창설한 정보기관이다. 그 후 1951년 총리실 직속으로 구조 조정되어 오늘에 이르렀다.

모사드는 창설 이래 현 마이어 다간 국장을 포함해서 10명의 수장이 있었다. 이 중에 2대 국장을 지낸 이세르 하렐(1952~63) 재임 시, 제2차 대전 때 유태인 학살의 원흉 가운데 한 명인 독일 아돌프 아이히만 장군의 행방을 15년간 추적한 끝에 1960년 아르헨티나에서 찾아내서 납치해 이스라엘로 데려와 법정에 세우고, 결국 1962년 처형한 사건이 있었다. 이 사건으로 유태인을 해한 자는 끝까지 찾아내어 대가를 치르게 된다는 본보기를 보여주었다. 5대 국장인 이자크 호피(1974~82) 재임 때인 1976년에는, 이스라엘 승객을 태운 프랑스 여객기를 우간다의 엔테베 공항에서 무사히 구출해낸 작전으로 모사드의 국제적 명성이 높아졌다.

모사드는 8개 부서로 구성되어 있는데 주요부서와 임무는 다음과 같다. 정보수집국은 해외 공작을 책임지며 모사드 내에서 가장 큰 규모다. 모사드 요원들은 해외 공관의 외교관 신분과 신분 위장을 통해서 해외에서 활동한다. 정치 활동 및 연락국은 이스라엘 우방 정보국들 및 이스라엘이 정식 외교 관계를 수립하지 않은 국가들과의 정치 활동 및 연락을 담당한다. 멧사다(Metsada)로 알려진 특수작전국은 극도로 민감한 암살, 비정규전, 심리전 등을 수행한다.

LAP(Lohamah Psichologit)국은 심리전과 정치 선전 그리고 기만 작전을 담당한다. 연구국은 일일 상황 보고서, 주간 보고서와 월간 보고서를 포함한 정보를 산출하며 지역별로 15개 분과로 구성되어 있다. 15개 분과는 미국, 캐나다, 서유럽, 남미, 구소련 지역, 중국, 아프리카, 마그레브(모로코·알제리·튀니지), 리비아, 이라크, 요르단, 시리아, 사우디아라비아, 아랍에미레이트 그리고 이란으로 나뉘어 있다. 기술국은 모사드 활동을 지원하기 위한 기술적 지원과 첨단 장비를 제공하는 부서다.

푸틴이 러시아 대통령 시절, 같은 KGB 출신이고 푸틴의 측근으로서 보안위원회 수장을 맡았던 세르게이 이바노프에게 세계 최고의 정보 요원을 가진 나라가 어디냐고 물었을 때, 이바노프는 러시아와 함께 영국과 이스라엘을 꼽았다고 한다. 그는 영국의 MI6는 훌륭한 교육 프로그램과 전통을 갖고 있어 요원들을 제대로 준비시킨다고 평가했고, 이스라엘 정보 요원들은 세계 각처의 애국적인 유태인들의 협조를 받고 있기 때문에 강하다고 했다. 하지만 미국 정보 요원들에 대해서는 돈이 너무 많아 모든 것을 돈으로 해결할 수 있다는 생각에 머리를 쓰지 않는다고 꼬집었다.

모사드의 능력이 국제적으로 인정받은 계기는, 1956년 구소련 정치국에 심어놓은 정보원을 통해 스탈린을 비판하는 내용이 담긴 흐루시초프의 연설문을 입수해 미국에 전달함으로써 소련을 난처하게 만든 사건이었다. 그 후 '6일 전쟁' 직전 이집트 공군에 대한 이스라엘 공군의 기습 폭격을 위한 사전 정보도 모사드가 제공했다. 그리고 1976년 엔테베 작전에서 작전 개시 전 현장 파악과 함께 우간다를 빠져 나온 모사드 요원들과 승객들을 태운 여객기가 인근 케냐에 착륙해 재급유를 받도록 사전 허락을 받게 한 것도 모사드의 공로였다.

1978년에서 1981년 사이, 이라크의 핵개발에 관한 정보를 입수하고 공습으로 이라크 핵시설을 파괴한 '스핑크스 작전(Operation Sphinx)'도 유명하다. 독일 일간지 〈디자이트〉에 따르면 9·11 사건 전에 모사드 요원이 비행학교를 다니고 있는 아랍인들의 동태를 미리 파악하고 정보를 제공했으나 미국 CIA가 이를 무시했다고 한다. 나중에 밝혀진 바로는 이 아랍인 둘이 바로 뉴욕무역센터에 여객기를 몰고 충돌한 모하메드 아타와 마르완 알 세히였다.

모사드는 수많은 암살과 함께 납치도 감행해왔다. 1960년 나치 전범인 아이히만을 아르헨티나에서 이스라엘로 납치한 사건과 1986년 이스라엘이 핵무기를 보유하고 있다고 공개한 모르데차이 바누누를 영국에서 이스라엘로 납치해서 반역죄를 물은 사건이 대표적이다.

모사드의 강점은 주요 자리에 정보원을 심어두고 있다는 점이다. 엘리 코헨은 시리아 대통령의 가까운 친구로서 국방장관 물망에 오르던 인물이었으나, 모사드의 끄나풀인 것이 발각되어 처형당했다. 또, 이스라엘은 이란의 아스카리 장군을 포섭했고, 그는 2003년 이후 모사드에 정보를 제공해왔다. 그의 정체가 드러나기 직전 모사드는 이스라엘로 그를 무사히 피신시키는 데 성공했다. 영국 BBC는 지난 2월 24일 하마스를 창설한 사람 가운데 한 명의 아들인 모사브 유세프가 모사드의 정보원으로서 10년간 하마스의 극비 사항을 이스라엘에 넘겨왔다고 보도했다.

모사드가 암살과 납치 이외에 뛰어난 정보 수집 능력을 지니고 있다는 사실은 적성국뿐만 아니라 가장 중요한 우방인 미국을 꿰뚫어보고 있다는 점에서도 잘 드러난다. 전 미국 FBI(연방수사국) 요원에 따르면 냉전 시절 모사드의 미국 내 활동은 소련 다음으로 활발했다고 한다. 이를 뒷받침할 만한 근거로 FBI의 대이스라엘 첩보 부서의 규모가 소련 데스크 다음으로 컸다는 점을 들 수 있다. FBI에 따르면 백악관과 NSC(국가안전보장회의)의 4개 전화가 도청당한 것으로 드러났다.

뿐만 아니라 모사드는 미국 국무부, 백악관, 국방부, 법무부 등의 고위직 인사들의 통화를 도청해온 것으로 드러난 바 있다. 모사드 손에 들어간 정보 중에는 FBI 내에서 가장 민감한 전화번호들이 들어 있었다. 그 중에는 FBI의 감청 번호와 이스라엘의 스파이 활동을 추적하는 팀의 번호가 포함되어 있다. 미국 입장에서 보면 '추적당하는 자가 추적하는 자를 추적(The hunted were tracking the hunters)' 한 것이다.

이처럼 모사드는 전 세계 미국 첩보 조직망을 꿰뚫고 있다. 그럼에도 워싱턴의 분위기는 우방인 이스라엘의 미국 내 간첩 활동이 가져올 파장을 최소화하려는 모습을 보인다. 한 예로, 2004년 이스라엘의 대표적인 미국 의회 로비 단체인 AIPAC의 연구실장 스티븐 로젠이 미국에 대한 모사드 첩보 활동에 관련되었다는 사실이 밝혀졌지만 아무런 조치가 취해지지 않았다.

미국뿐만 아니라 모사드는 네덜란드 전자 첩보 네트워크를 침입했던 것으로 확인되었고, 독일 통신회사 도이체텔리콤 전체를 이스라엘이 컨트롤하고 있다는 주장이 나올 정도로 우방국들 내에도 깊숙이 침투해 있다. 모사드의 세 가지 주요 임무는 정보 수집, 첩보 분석 그리고 국외 특별 비밀 작전(special covert operations beyond its borders) 수행이다. 두바이 암살 사건이 모사드의 소행이라면, 주요 임무 중 세 번째에 해당하는 것이다.

두바이에서 암살된 알마부는 1989년 휴가 중인 이스라엘 병사 두 명을 납치·살해한 사건으로 모사드의 추적을 받아왔다. 그리고 그는 지난 가자 전쟁에서 이란제 미사일과 자금을 대는 통로 역할을 한 것으로 알려져 있다. 알마부는 하마스(팔레스타인 이슬람 무장 단체) 내 과격 분파인 이자딤 카쌈의 공동 창설자로서 두바이 항공권을 인터넷으로 예매한 것이 암살에 노출된 배경이다. 더불어 투숙 중에 호텔 전화로 가자에 있는 가족에게 안부 전화를 한 것도 암살 위험을 더 높인 것으로 추정되고 있다. 그런데 경호원도 대동하지 않은 알마부를 모사드가 11명 또는 그 이상의 인원을 동원해서 암살했다는 두바이 경찰의 발표에 대해서는 의견이 엇갈리고 있다.

하지만 두바이 경찰은 모사드가 이번 암살에 관여했다는 분명한 증거를 곧 발표할 것이라고 했다. 11명으로 짐작되는 암살조가 사용한 신용카드 거래 내역과 휴대전화 통화 기록을 밝히면 암살조의 배후를 밝혀낼 수 있다는 주장이다. 반면 이스라엘은 모사드가 이번 사건의 배후라는 것을 두바이 경찰이 증명하지 못하리라 확신에 차 있는 듯했다.

이스라엘 외무차관인 대니 아얄론은 두바이 암살이 이스라엘과는 아무런 관련이 없다고 전면 부인했다. 테러와의 전쟁에서 이스라엘은 유럽연합(EU)과 긴밀하게 공조하고 있는데, 이번 암살에서처럼 EU 회원국 여권을 위조하면서 관계 악화를 도모하지는 않는다는 점을 강조했다.

〈예루살렘포스트〉 2010년 2월 22일자에 따르면 이스라엘 외무장관 아비

그도르 리버만은 아일랜드 외무장관 마이클 마틴을 만나 모사드가 저지른 일이라는 증거가 없다고 밝혔다. 또, 아랍 국가들은 많은 암살 사건과 관련해 이스라엘을 배후로 지목하는데, 그것은 거짓이라고 반박했다. 리버만 장관은 이번 암살 사건도 아랍 세계에서 저질렀다고 생각한다고 밝히며, 중동 정치는 내분이 심해 서로 반목하는 국가들과 단체들이 많다고 덧붙였다.

영국의 〈타임스〉는 이스라엘의 네탄야후 총리가 텔아비브에 위치한 모사드 본부 건물(미드라샤)을 방문해 다간 국장으로부터 알마부에 대한 암살 작전을 브리핑받고 재가했다고 보도했는데, 이는 새삼스러울 것이 없는 일이다. 총리실 직속인 모사드는 주요 사안들을 총리의 승인과 지시에 따라 수행해왔다. 1972년 뮌헨올림픽에서 이스라엘 선수 테러 사건을 주도한 팔레스타인 테러 조직 '검은 9월단(Black September)'에 대한 보복 암실도 당시 총리의 지시에 따른 것이었다.

모사드를 이끄는 다간은 2002년 강경파 샤론 총리에 의해 제10대 국장으로 임명되었다. 그의 취임 이후 모사드의 비밀 암살 작전이 급증했다. 동시에 모사드는 인력 충원을 위해 인터넷에 새로운 요원을 선발한다고 광고를 내 인력을 세 배나 늘렸다. 다간 국장이 모사드의 국장이 된 후 전통적인 정보 수집에 쓰이던 예산 중 3억 5,000만 달러가 암살과 같은 현장 특수 임무에 전용되었다고 전해진다.

다간 국장이 8년간 모사드를 지휘하면서 헤즈볼라와 하마스 지도부에 대한 표적 암살이 자행되어왔다. 2008년 다마스커스에서 자동차 폭파로 이마드 무그리예를 제거했다. 무그니예는 1983년 베이루트 주둔 미 해병대에 대한 테러 공격의 배후 인물로 20년 넘게 이스라엘과 미국이 수배해온 인물이었다. 2009년 12월 하마스 대원과 이란 관료들을 태운 버스가 다마스커스 외곽에서 폭발했고, 2주 뒤에는 베이루트에서 의문의 폭발로 하마스 대원 두 명이 숨졌다. 더불어 비슷한 시기에 테헤란에서 이란 핵물리학자가 폭탄 공격으로 사망했다. 한 주 뒤에는 알마부가 두바이 호텔에서 죽은 채로 발견되었다. 일련의 표적 암살이다.

다간 국장이 지휘하는 모사드에는 두 가지 우선적 임무가 있다. 이란의 핵 프로그램을 지연시키는 것과 대테러 작전이다. 다간이 국장을 맡은 이후 모사드는, 파키스탄의 압델 칸이 이란의 우라늄 농축을 돕고 있다는 정보를 미국에 건넨 바 있다. 그 이후 이란 핵개발과 관련해 설명되지 않는 일련의 일들이 벌어졌다. 핵 과학자가 실종되고, 연구실에 불이 나고, 이란 핵 기술자들이 탄 비행기가 추락하고, 수입한 장비들은 작동 불능 상태가 되었다. 2007년 모사드는 시리아가 북한에서 들여와 건설 중인 핵 발전 시설에도 폭격을 감행했다.

모사드는 2009년 9월 이란의 성지인 코암 근방에 이란의 감춰진 우라늄 농축 시설을 발견해 이란이 비밀리에 핵무기를 개발한다는 것에 대해서 회의적이었던 국제 사회에 주의를 환기시키려 했다. 다간 국장은 2014년에는 이란이 핵무기를 제작할 능력을 갖출 것으로 전망하고 있다. 국제 사회는 이스라엘이 이 시점이 되기 전에 모종의 조치를 취할 것으로 우려하고 있다. 암람 미츠나 전 이스라엘 노동당 당수는 다간을 가리켜, "일단 임무가 주어지면 그를 막을 사람은 없다(Once given a mission, he is simply unstoppable)"고 자신의 경험을 빌어 털어놓았다.

다간 국장은 전임자들보다 더욱 적극적인 해외 공작 활동을 펼치고 있다. 하마스와 헤즈볼라로 공급되는 무기를 사전에 차단하기 위해 수단이나 사이프러스까지 이스라엘 특수부대를 투입시키고 있다. 이란에 대한 다간 국장의 조치들을 비판하는 사람은 거의 없지만, 두바이 작전에서 나타났듯이 테러리즘에 대한 전술에는 의문을 제기하는 사람들이 많다. 즉, 이와 같은 암살 작전은 이스라엘이 외교적으로 치러야 할 대가를 키우고, 오히려 테러리스트의 대량 보복을 부추기는 결과를 낳는다는 것이다.[19]

제2장

미국과 EU의 금융 환경

유로화의 위상으로 대변되는 유럽 경제의 엔진인 독일은 중국의 저임금 노동집약적 제조업에 비해 기술집약적 고부가가치 제조업체를 보유하고 있다. 즉, 건전한 금융시스템에 맞는 환경 측면에서 독일은 중국보다 비교 우위에 있다. 결국 달러에 대한 과신과 그에 따른 달러 발행의 남용으로 인하여 달러가 그 생명이 다하는 날, 세계 경제는 독일을 선두로 하는 유럽연합(EU)과 중국에 의한 새로운 G2가 등장할 가능성이 열려 있다.

ECONOMIC WARFARE
IN A NEW BIPOLAR SYSTEM

서구 세계의 금융 파워

은행 · 보험 · 카드회사는 서구의 것

맥킨지의 조사에 따르면 주식과 채권들을 포함한 전 세계의 금융 자산이 2007년 현재 140조 달러가 넘는다. 그 중에 미국이 47조 달러, 유럽에 약 38조 달러가 편재되어 서구 금융자산은 85조 달러에 이르렀다. 반면 인도, 중국, 한국, 대만을 포함한 아시아 신흥시장의 금융 자산은 11조 달러, 아시아 최대 금융자산국인 일본은 17조 달러였다.

그런데 2008년 글로벌 금융위기로 전 세계 금융시장에서 50조 달러(약 7경 7,500조 원)가 증발된 것으로 추산됐다. 전 세계 연간 국내총생산(GDP)과 맞먹는 액수다. 일본을 제외한 아시아 지역 금융자산 손실은 9조 6000억 달러로 이 지역 GDP의 109%에 달했다. 이에 비해 또 다른 신흥시장인 라틴아메리카의 경우 증발액이 2조 1000억 달러로 GDP의 52% 수준에 그쳤다.[1]

서구 세계의 금융 자산 형태는 은행 예치금과 같은 대표적인 수치

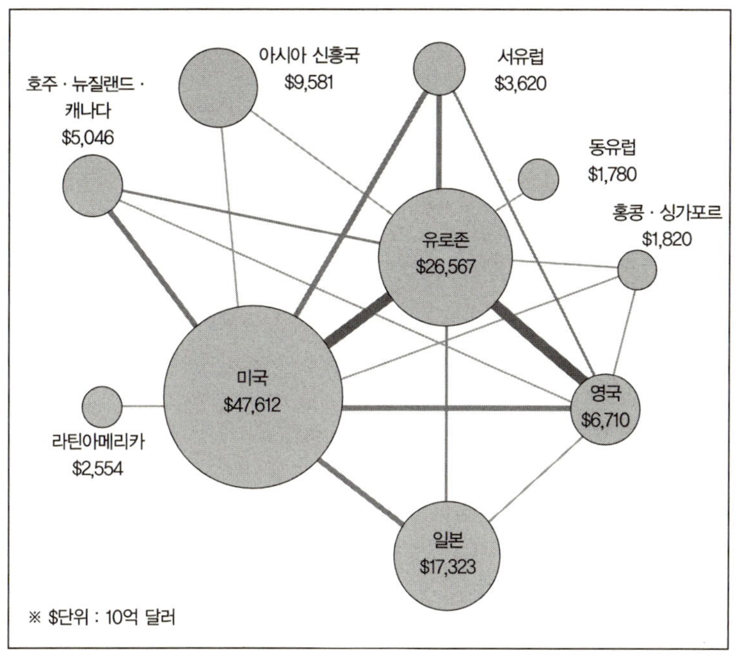

등과 보험회사들의 자본 동원능력을 시장 가치로 보면 분명하게 드러난다. 세계 10대 보험회사 중 4위에 랭크된 일본을 제외하고 모두 서구 회사라는 점만 봐도 이들의 금융 파워를 실감할 수 있다.

국제화 시대에 신용카드는 해외여행자들에게 편리한 지불 수단이 되었고, 게다가 인터넷을 통한 대금결제는 신용카드의 사용 증가를 가져왔다. 카드 결제를 통한 막대한 수수료는 바로 신용카드회사들의 몫이다. 세계 5대 신용회사 중 일본의 JCB를 빼고 모두 미국 회사다. 기축통화로서 미국 달러의 위상에 걸맞은 자리매김을 해온 미국

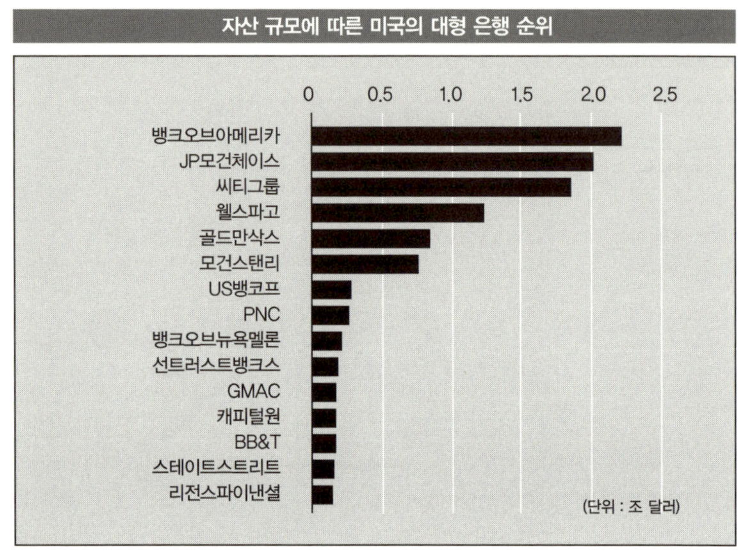

의 신용카드회사들은 전 세계 은행들과 제휴를 통해서 그 영역을 확
내해왔다. 세계석으로 가장 많이 통용되는 신용카드는 다음과 같다.

● 디스커버카드(Discover Card) : 다이너스클럽카드는 1950년에 창
  업했다. 1981년 시티뱅크에 인수되었고, 2004년부터 마스터카드
  와 제휴하기 시작했다. 또한 2008년 북미 지역 신용카드회사인 디
  스커버카드와 합병했다. 투자 은행 모건스탠리가 소유하고 있는
  5,000만 명의 회원을 두고 있는 디스커버카드는 북미에서만 통용
  되는 신용카드였다. 하지만 2005년부터 디스커버네트워크는 중국
  의 유니온페이네트워크(UnionPay Network)와 제휴를 맺어 양국
  에서 서로 결제수단으로 사용되고 있다. 이 제휴로 디스커버카드

<table>
<tr><th colspan="4">세계 10대 보험사</th></tr>
<tr><td>순위</td><td>회사명</td><td>시장가치</td><td>소속 국가</td></tr>
<tr><td>1</td><td>AIG</td><td>1,722억 달러</td><td>미국</td></tr>
<tr><td>2</td><td>AXA 그룹</td><td>661억 달러</td><td>프랑스</td></tr>
<tr><td>3</td><td>알리안츠</td><td>655억 달러</td><td>독일</td></tr>
<tr><td>4</td><td>마누라이프 파이낸셜</td><td>505억 달러</td><td>일본</td></tr>
<tr><td>5</td><td>제너럴리 그룹</td><td>454억 달러</td><td>이탈리아</td></tr>
<tr><td>6</td><td>프루덴셜 파이낸셜</td><td>397억 달러</td><td>미국</td></tr>
<tr><td>7</td><td>매트라이프</td><td>379억 달러</td><td>미국</td></tr>
<tr><td>8</td><td>아비바</td><td>331억 달러</td><td>영국</td></tr>
<tr><td>9</td><td>뮌헨레 그룹</td><td>309억 달러</td><td>독일</td></tr>
<tr><td>10</td><td>아에곤</td><td>264억 달러</td><td>네덜란드</td></tr>
</table>

는 중국에서 비자, 마스터, 아메리칸익스프레스보다도 많이 사용되는 미국 신용카드가 되었다. 게다가 디스커버네트워크는 2006년 일본의 JCB네트워크와 유사한 제휴를 통해서 JCB카드를 미국에서 그리고 2008년부터 디스커버카드를 일본의 JCB네트워크에서 사용할 수 있게 되었다. 2008년 디스커버 금융은 시티로부터 다이너스클럽네트워크를 1억 6,500만 달러에 구매했다. 이로써 미국 밖의 주요 네트워크인 다이너스클럽네트워크와 북미 내에 주요 네트워크인 디스커버네트워크가 병합하게 됐다. 그리고 영국의 HSBC와 바클레이즈 은행도 디스커버네트워크와 제휴를 통해서 신용카드 영업에 참여하고 있다.

● **아메리칸익스프레스(American Express)** : 아메리칸익스프레스(아멕스)는 1850년에 창업한 다우존스 인더스트리얼 에버리지의 30대 회사 중의 하나이다. 아멕스 카드는 미국 내 신용카드 결제의 20%

를 차지한다. 〈비즈니스위크〉는 아멕스를 세계에서 가장 가치 있는 브랜드 22위에 랭크시켰고, 〈포춘〉은 가장 존경받는 미국의 30대 기업에 포함시켰다. 아멕스의 2009년 매출액은 267억 달러이고, 순수익은 21억 달러, 전체 자산액은 1,240억 달러에 달한다. 2008년 11월 금융위기의 직격탄을 맞은 아멕스는 미국 연방 준비의사회의 승인을 받아 은행 지주회사로 변경하여, 정부 구제 지원금의 수혜자가 될 수 있었다. 하지만 2009년 7월 구제금을 모두 상환한 상태다.

- **비자카드(Visa Card)** : 비자카드는 인터넷 결제의 효율성을 높이기 위해 세계에서 가장 뛰어난 정보 처리 네트워크인 비자네트(VisaNet)를 운영하고 있다. 비자네트는 초당 만 건의 인터넷 거래를 처리할 수 있다. 비자카드의 연간 결제 건수는 620억 거래이고, 금액으로 4조 4,000억 달러나 된다. 비자카드의 신용카드로서 미국 내 점유율은 38%이고, 직불카드로서 점유율은 60%에 이른다. 1970년 샌프란시스코에서 창업한 비자카드의 2009년 매출액은 69억 달러이고 영업이익은 35억 달러였다. 비자카드의 총 자산액수는 320억 달러다.

- **마스터카드(Master card)** : 1966년에 창업한 마스터카드는 뉴욕에 본사를 두고 있다. 마스터카드의 2009년 매출액은 51억 달러, 영업수익은 22억 달러이고 총 자산은 74억 달러다.

- **JCB카드** : 1961년에 창업한 일본의 신용카드 JCB는 현재 20개국에서 발행되고 190개국에서 통용되고 있다. 6,000만 명의 회원을 지닌 JCB의 연간 카드 결제액수는 627억 달러가 넘는다.

유로화의 도입과 진전

유로화의 탄생

유럽 단일통화는 단기간에 이루어진 일이 아니다. 통화통합의 구체적 청사진을 제시한 베르너 보고서(Werner Report)는 1970년에 나왔고, 유로화는 2년간 국제외환시장에서 전자화폐(Electronic Money)로 거래되는 준비기간을 거쳤다. 그리고 마침내 2002년 1월 1일을 기해서 통용되기 시작했다. 이것은 단순히 새로운 통화의 등장을 의미하지 않는다. 유로화 통용은 세계 기축화폐인 달러를 대신할 강력한 통화가 등장했다는 것을 의미하는 것이다. 2002년 1월 1일이 세계 금융 역사에서 중요한 날로 기록되어야 하는 이유가 바로 여기에 있다.

유로화의 도입이 갖는 또 다른 의미는 유럽중앙은행(ECB)이 프랑크푸르트에 자리 잡았다는 사실이다. 프랑크푸르트는 세계를 움직이는 큰손 중에 하나인 로스차일드 가문이 금융업을 시작한 곳이다. 그런데 이곳에 달러를 대신할 기축화폐의 본거지가 정해진 사실에 대해서는 어떤 언론도 언급이 없었다. 1대 로스차일드가 5형제를 런던, 비엔나, 로마, 파리, 그리고 프랑크푸르트에서 활동하게 해서 유럽의 자금줄을 쥐도록 만든 지 150년의 세월이 흘러, 세계의 자금줄이 될 새로운 기축화폐를 들고 금의환향한 것이다.[2]

비록 단일 통화 정책을 수립하는 역할을 하는 유럽중앙은행의 의사결정은 아주 비밀스럽고 운영방식은 느슨하다는 비판을 받고 있지만, 로스차일드를 위시한 빌더그룹의 서구 자본가들의 영향력은 유로화의 도입으로 절정기를 맞고 있다. 유럽통합을 주도한 막후세력으로서 이들 대자본가 집단은 단일 시장, 단일 헌법, 공동 외교 안보 정책을 이끌어냈고, 통합의 정점으로 유로화라는 단일 통화를 구축함으로써 '세계를 하나의 정부로 통치한다' 는 그들의 원대한 꿈의 서막을 열었다.

유로화 도입 10주년

2009년으로 도입 10년을 맞은 유럽연합의 단일 통화 유로는 성공적이었다는 평가를 받았다. 그 이유로는 먼저 가입 국가의 증가를 들었는데, 2007년 슬로베니아, 2008년 키프로스와 몰타 그리고 2009년부터 슬로바키아가 가입해 총 16개국으로 늘어났다. 게다가 덴마크와 폴란드도 가입 움직임을 보이고 있다는 것이 유로 도입의 긍정적 평가 배경이다.

유로는 16개국 3억 3,000만 명이 사용하는 화폐다. 유로 덕분에 나타난 낮은 인플레이션은 유로존(유로를 사용하는 국가 지역) 내에서 무역과 투자를 촉진시켜 지난 10년간 1,600만 개의 일자리가 창출됐다. 이러한 고용 인원수는 그 이전 10년간 고용이 창출된 인원의 3배에 달한다. 유럽중앙은행(ECB) 트리셰 총재는, 유로는 유럽이 이룩한 가장 위대한 업적이며, 유로 덕분에 물가 안정을 이룩했고, 물가 안정이 유럽연합 회원국의 국민들에게 직접적인 혜택을 주었다고 평가했다.

유럽의회 푀터링 의장은 전 세계적 금융위기에서 유로가 안정의 절대적 요소라며 단일 통화가 유로존을 지켜주고 있다고 말했다. 그는 덧붙여 그 역할을 유럽중앙은행이 맡고 있다는 점에서 "ECB는 환율의 안정 장치이다"라고 치켜세웠다. 그리고 이번 금융위기에서 부동산 거품이 많았던 스페인, 포르투갈, 아일랜드, 이탈리아 같은 나라들이 유로화를 도입하지 않았다면 분명히 심각한 외환위기에 빠졌을 것이란 말도 빼놓지 않았다. 같은 맥락에서 트리셰 ECB 총재는 "금융위기와 같은 풍랑의 바다에서는 작은 배보다 크고 든든한 배가 더 낫다는 것이 증명됐다"라며 유로가 성공한 화폐라는 점을 강조했다.

유로는 역사상 가장 성공적인 화폐로 평가되는 독일 마르크의 토대 위에 세워졌다. 독일인들이 유럽중앙은행이 프랑크푸르트에 위치해야 한다고 주장하는 것을 당연하게 생각하는 이유는 이 때문이다. 유로화의 도입은 1957년 유럽 통합이 시작된 이후 유럽 경제를 주도해온 독일을 위한 것처럼 보이는 것도 사실이다. 〈월스트리트저널〉의 칼럼니스트 델라메이드는 "제1차 세계 대전 이후 하이퍼인플레이션을 경험했던 독일에서는 나치당이 등장했다. 이런 이유에서 독일 중앙은행, 이제는 유럽중앙은행의 주된 역할은 인플레이션을 막는

통화 안정이다"라고 역설한다. 델라메이드는 "독일 경제가 굳건한 이
상, 유로에는 문제가 없을 것이다. 이탈리아나 스페인 심지어 프랑스
가 탈퇴해도 상관없다"라고 말한다. 그저 독일 경제만 문제없으면 유
로는 문제될 것이 없다는 논리를 펴며 유로는 독일의 전유물이라는
식의 부정적인 논조를 펴고 있다.

한편 영국의 '보수주의'는 유로존 가입을 주저하게 만든 요소다.
유럽 통합은 1957년부터 시작되었는데 영국이 가입한 것은 1972년
이었다. 런던 금융 지역을 일컫는 '더 시티(The City)'에는 제1·2차
대전을 극복하고 우뚝 섰다는 자부심이 배어 있다. 더불어 파운드는
세계 52개국이 가입된 영연방(Commonwealth)에서의 기득권의 상징
임과 동시에 대영 제국으로부터 이어온 영국의 자존심이다.

금융산업은 영국 경제에서 가장 큰 비중을 차지한다. 그런 점에서
유로 도입은 더 시티의 기득권을 독일에 넘겨주어야 한다는, 자존심
이 걸린 문제여서 양보할 수 없는 입장이다. 물론 자존심이 이유의 전
부는 아니다. 일례로 영국 금융산업에서 환전과 관련한 직업에 종사
하는 사람 수는 30만 명이나 된다. 유로를 도입함으로써 유럽 각국의
방문객이 자국 화폐를 영국 파운드로 바꾸면서 환율과 수수료에서 얻
어지는 수익 또한 포기할 수 없는 노릇이다.

미국 달러가 기축통화로서의 위상을 유지하는 데는 많은 난관이
도사리고 있다. 먼저 미국 경제가 받쳐주지 않는 상황에서 달러의 가
치를 유지하기 힘들다. 중국, 러시아, 일본 등 달러 보유국들의 태도
와 달러 방출 시기도 관건이다. 무엇보다 달러를 위태롭게 만드는 건

달러 보유국들이 조용히 유로를 대체 통화로 바꾸고 있다는 사실이다. 유로는 이미 기축통화의 위상을 차지했다고 볼 수 있다. "유럽연합의 완성을 논할 때까지는 반세기가 더 걸릴 지도 모른다. 하지만 유로화는 10년 내로 세계 통화가 될 것이다"라는 슈미트 전 독일 총리의 전망은 결코 꿈이 아니다.[3]

그리스 재정위기와
독일의 역할

독일 경제의 재평가

2009년 말부터 불거진 그리스의 재정위기는 유로존 전체를 커다란 충격에 빠뜨렸다. 그 가운데서 독일이 가장 주목받는 이유는 그리스를 위기에서 건져낼 수 있는 재량권이 독일에 있기 때문이다.

사실 1990년대 말만 하더라도 많은 경제학자들은 독일을 유럽의 환자처럼 취급했었다. 통일 후 후유증으로 과도한 사회보장비를 지출했고, 생산성이 저하되는 현상이 두드러졌기 때문이다. 그런데 지금과 같은 경제 침체에도 독일의 실업률은 5년 전보다 낮다. 그리고 비록 세계 최대의 수출국 자리는 중국에 내준 상태이지만, 무역 수지는 아직 중국보다 좋다. 2009년 독일은 1,224억 유로의 무역 수지 흑자를 기록했다.

또 주목할 만한 점은, 전후 독일 경제 성공의 상징인 마르크화를 포기하고 유로화를 채택한 것이 오히려 어떤 유럽 국가들보다도 독일에게 이득이 되었다는 사실이다. 독일 수출의 2/3가 유럽에서 이루어지고 있기 때문이다. 즉, 환율 평가절하로 독일의 경쟁력이 손상되지 않은 상태에서 다른 유로존 국가로 수출하고 있다. 그 덕에 독일은 무역 수지 흑자를 만끽해왔다.

통일 이후 독일 경제의 걸림돌이 된 동독의 낮은 생산성에도 독일이 이룬 성과는 경이롭다. 동독을 통일 독일 경제에 통합시키는 비용이 2005년부터 감소하기 시작했다는 점은 독일 경제에 고무적인 일이다. 이를 극복하고 경제력을 다시 보여주는 것은 독일 산업 전반의 잠재력 때문이다. 〈머니모닝〉 2010년 3월 10일자는 "미국은 거대 금융 분야를 지니고 있고, 중앙은행이 돈을 찍는 것을 막을 사람이 없다. 게다가 정부는 과다 지출을 한다. 이에 반해 독일은 리스크 자본이 없는 나라다"라고 평가했다.

2008년 미국발 금융위기에 히포페라인 은행(Hypovereinbank) 같은 일부 독일 은행이 서브프라임 모기지 상품에 투자했다가 손해본 것을 빼고는 독일 금융계는 별다른 후폭풍을 맞지 않았다. 다시 말해 앵글로 색슨들이 금융파생상품 같은 곳에 투자하는 동안, 독일인들은 저축을 한 것이다

독일의 국가 재정 정책은 미국을 포함한 다른 선진국보다 우수하다. 2008년 경기 부양책에 대한 언급이 미국에서 나왔을 때, 독일의 재무장관인 피어 스타인부르크는 이를 두고 '무신경한 케인스주의(crass Keynesianism)'라고 비판했다. 결과적으로 독일은 경기 부양책을 취하지 않았지만, 경기 침체에도 재정 적자가 GDP(국내총생산)의

5% 이하다. 2010년 예산에서 공공 지출을 58억 유로 삭감한 것에서
잘 나타나듯이, 메르켈 총리가 이끄는 독일 정부는 무분별한 공적 자
금 사용을 탐탁지 않게 여긴다. 이러한 정책의 결과로 독일은 인플레
이션 없는 경제 회복을 보였고 재정 수지도 GDP의 5.2%에 해당되는
흑자를 보이고 있다.[4]

1999년 11개 회원국이 통화 통합에 동참하기 전, 1백 55명의 독일
어권 경제학자들은 단일 통화 도입을 연기해야 한다는 성명서를 발표
한 바 있다. 이 경제학자들은 통화 통합에 참가한 회원국들이 국가 부
채와 재정 적자를 낮춘 상태가 아니기 때문에 통화 동맹에 적합한 시
기에 이르지 않았다고 주장했다. 또 일부 회원국은 통화 동맹에 참여
하기 위해서 인위적인 회계장부를 만들고 있어, 결국 유로화의 안정
을 해칠 것이라고 경고했다. 그런데 현재 그리스 재정위기를 보면 그
예측이 실제로 맞아떨어지고 있다. 만일 그리스를 구제해주게 되면
유로화 자체가 타격을 입게 되니, 유로화는 난관에 봉착한 셈이다.

이러한 딜레마가 가장 뚜렷이 체감되는 곳이 독일이다. 그리스의
구제 문제가 논의되자 모든 시선은 EU의 경제 대국이자 최대 채권국
인 독일로 쏠렸다. 메르켈 총리는 2월 11일 EU 정상회담에서 그리스
를 지원할 것이라고 모호하게 시사하면서, 동시에 그리스 정부에 재
정 적자를 줄일 구체적인 계획을 내놓으라고 촉구했다.

유로를 사용하는 16개국은 부채를 갚을 수 없는 회원국을 구제하
는 장치로 IMF(국제통화기금)처럼 EMF(European Monetary Fund)를 창
설하는 것을 고민한 적이 있다. 그러나 전문가들은 EU의 전례를 볼

때, EMF 구상은 유럽 경제의 발목을 잡을 뿐만 아니라 정치 자금으로 사용될 소지가 크다고 지적했다. 1999년 유로화가 전자 거래로 통용되기 시작했을 때, 유로화의 약점으로 꼽힌 것이 바로 재정 적자에 대한 통제 장치가 없다는 문제였다. 유로화를 채택할 수 있는 EU 회원국의 요건은 회원국 재정 적자가 GDP의 3%를 넘지 않는 것이었지만, 이 한도를 강제로 집행할 만한 장치도 없었고, 회원국의 파산을 막을 장치도 없었다.

통화정책과 재정정책은 이른바 정부 정책의 양 날개다. 이 두 가지를 적절하게 써야 경제가 안정될 수 있다. 하지만 EMU 체제하에서는 이것이 원천적으로 불가능한 이야기다. EMU는 화폐 통합을 이루고 단일 통화정책을 실시하고 있지만 재정통합은 이루지 못했다. 재정정책은 조세제도, 재정지출 등 각국의 정치적 상황을 반영하고 있어 통합이 어렵다는 이유에서다.

결국 각국이 쓸 수 있는 정책은 재정정책 하나밖에 없다. 예를 들어 국내경제가 어려워서 경기 부양을 해야 할 경우 보통은 일단 금리를 낮춘다. 하지만 EU 가맹국들은 자체적으로 금리를 낮춰 통화량을 늘릴 수 없다. 통화정책의 권한이 있다면 적절한 금리인하와 국채 매입 등 유동성 확대정책을 동원해 재정정책과 확장적인 거시정책의 부담을 나눠지면 된다. 하지만 EMU 체제하에서는 이 같은 방법이 불가능하다. 대신 재정을 풀 수밖에 없는데, 이러다 보니 재정적자가 눈덩이처럼 불어난다.

독일의 시사 주간지 〈슈피겔〉 3월 17일자에 따르면, 메르켈 총리는 국회 연설을 통해서 공동 통화 정책을 유지하기 위한 규정을 어기는 유로존 회원국은 강제 방출되는 조항을 만들어야 한다는 강경한 입장을 밝혔다. 메르켈 총리는 그리스에 대한 조속한 지원은 없을 것이고, 그리스는 외부의 재정적 도움을 받기 이전에 근본적인 문제들을 해결해야 한다고 덧붙였다.[5]

유럽발 재정위기 :
유로화 죽이기의 시작인가?

캐리 트레이드 대상이 된 유로화

전통적인 캐리 트레이드 통화였던 달러와 엔을 제치고 유로가 새로운 캐리 트레이드 대상으로 떠오를 가능성이 대두되고 있다. 〈월스트리트저널〉 2010년 5월 26일자는 "유로가 캐리 트레이드라는 새로운 근심거리를 만났다"며 "이 경우 유럽 위기가 해소되더라도 유로가 절하 압력에 시달릴 수 있다"고 보도했다. 캐리 트레이드란 금리가 낮은 국가에서 자금을 빌려 상대적으로 금리가 높은 국가에 투자해 이익을 올리는 기법으로 단기성 투기로 분류된다. 캐리 트레이드는 캐리 트레이드 대상이 되는 화폐의 가치를 떨어뜨리고 투자한 국가의 화폐 가치는 끌어올린다. 그리스로 촉발된 유럽 재정위기로 유로 가치가 2010년 초 대비 14% 하락한 상황에서 유로의 캐리 트레이드 가능성은 또 다른 악재가 될 수 있다는 분석이다.

유로는 2010년 5월 현재, 뉴욕 외환시장에서 4년 만에 달러 대비

1.2달러 이하로 떨어졌다. 시장 전문가들은 유로 하락에 헤지 펀드가 개입했을 가능성이 크다고 본다. 유로 캐리 트레이드를 노린 해지펀드들이 막대한 규모의 유로화 숏(매도)포지션을 설정, 유로화의 하락을 부추기고 있다는 것이다.

유로존의 기준금리는 미국과 일본에 비해서 높다. 유럽중앙은행(ECB)의 기준금리는 1%인 반면에, 미국 연준(FRB)은 기준금리 0~0.25%를, 일본 중앙은행인 일본은행(BOJ)은 기준금리 0.1%를 유지하고 있다. 3개월짜리 리보 금리(Libor rate, 런던은행 간 금리)도 달러가 유로보다 낮다. 하지만 그럼에도 불구하고 전문가들은 유로가 캐리 트레이드 대상이 될 가능성이 높다고 지적한다. 그리스, 스페인 등 남유럽 국가들의 대규모 재정적자로 인해 유럽 경제성장률이 미국과 영국보다 뒤쳐질 수 있다는 전망이 나오면서 ECB가 기준금리를 더욱 낮출 수 있다고 전망하는 것이다.

유로화의 소멸까지 언급하는 극단적 상황 연출

지금은 마치 먼 과거처럼 느껴지지만, 유럽 재정위기가 국제 경제의 큰 이슈로 떠오른 2010년 2월에서 5월 사이에 나돌던 유로화에 대한 경고들은 대단했다. '유로화가 위험하다', '단순한 가치 하락 정도의 문제가 아니다', '유로화 자체의 소멸을 이야기하는 전문가들이 늘어나고 있다' 등 거의 아우성에 가까웠다.

심지어 5월 14일 폴 볼커 미국 백악관 경제회복자문위원장은 런던에서 한 연설에서 "유로화가 잠재적으로 해체될 가능성이 있다는 게

큰 문제"라고 얘기한 적이 있다. 볼커는 미국 중앙은행인 FRB(연방준비제도이사회) 의장을 지냈던 인사였기에 그 말의 충격은 더욱 컸다. 발언이 문제가 되자 19일에는 "유로화가 살아남기를 바라며 당시 유로화의 '잠재적 해체'가 (실제로) 임박했다는 의미는 아니었다"고 뒤늦게 수습에 나섰지만, 사실 그의 발언은 심각하게 떠오르는 유로화 위기설의 일각에 지나지 않았다.

볼커 위원장은 한 마디는 국제 외환 시장 커다란 여파를 남겼다. 여기서 한편으로 그의 발언이 무책임하게 느껴지기도 한다. '아니면 말고' 식의 경솔한 발언이었다고 보는 견해도 있지만, 의도한 발언이라는 것이 맞는 분석이다.

'상품 투자의 귀재' 짐 로저스 로저스홀딩스 회장은 "그리스에 구제금융을 주는 것은 유로화의 생명을 재촉하는 것이다"라고 단언했다. 그는 "재정 문제를 해결하기 위해 유동성을 대거 투입하고 있으나 문제를 더욱 악화시킬 뿐이다"라고 말했다. 그는 예전부터 "그리스가 파산하도록 놓아둬야 유로화의 존속에 긍정적"이라는 입장을 보여왔다.

게다가 그리스가 EU와 IMF의 지원을 받더라도 채무불이행(디폴트)에 처할 수 있다는 관측이 나온다. 경제사학자 니얼 퍼거슨 하버드대 교수는 〈뉴스위크〉에 기고한 '유로의 종말'이라는 제목의 칼럼에서 그리스가 결국 디폴트에 처하게 될 것이라고 전망했다. 일단 그리스 정부가 구제금융을 받으면서 약속한 고강도의 재정 긴축 안을 달성하기 어려울뿐더러, 성공하더라도 국내총생산(GDP)의 7.5%를 외채

이자로 지급해야 하는데, 이렇게 되면 GDP 대비 부채 비중은 150%까지 치솟을 수 있다는 지적이다. 이 결과 현 정부가 실각하고, 차기 집권 정부가 채권국들에 원금탕감을 구걸하게 될 것이라고 퍼거슨 교수는 주장했다.

이처럼 그리스는 유로존에서 자퇴하든, 퇴출되든 둘 중에 하나의 운명에 처하게 된다. 결론은 그리스와 유로존의 결별이 수순이라고 본다. 문제는 그 타이밍이 언제가 되느냐는 것이다.

재정위기의 해결책

2010년 5월 9일 벨기에 브뤼셀에서 열린 EU 27개국 재무장관 긴급회의에서 유럽 재정위기에 제동을 걸기 위해 EU와 국제통화기금(IMF)이 긴급 구제 기금을 만들기로 전격 합의했다. 기금의 규모는 무려 7,500억 유로(9,620억 달러)로 미국의 구제 금융 7,000억 달러보다 많다. EU의 긴급 구제 기금 발표에 이어, 미국은 유럽중앙은행(ECB)과 달러스왑을 재가동하여 유럽은행 간에 대출을 용이하게 해주었다. 사실 미국의 이러한 개입은 유로존의 채무불이행이 벌어지면 미국 은행들 또한 손해를 보게 되기 때문이다. 미국 10대 은행이 유럽에 익스포저(exposure : 대출과 거래) 된 금액은 자그마치 3조 1,000억 달러에 이른다.

조성된 구제금융은 빚에 몰린 회원국이 구조요청을 할 경우, 회원국들의 합의 과정을 거쳐 긴급 구제자금을 싼 이자로 지원하는 방식을 따른다. 이번 긴급 구제기금의 주된 목적은 EU와 IMF가 이번 재정위기의 시발점이 된 그리스에 1,100억 유로를 지원하기로 합의한 뒤에도 유로존의 불안정이 계속되자 유로화의 가치 폭락을 막기 위한 것이다. 이에 대해서 EU 경제통화담당 집행위원 올리 렌은 기자회견을 통해서 "회원국과 EU 집행이사회의 재정지원, 유럽중앙은행(ECB)의 신속한 행동을 통해 유로화를 지켜낼 수 있음을 보여주었다"고 평가했다. 한편 유로그룹 융커 의장은 "유로화를 악의적으로 공격하는 세력에 대해 유럽연합과 유로존 전체가 분명한 메시지를 전달해야 한다"고 발언함으로써 이번 재정위기 배후에 '작전세력'이 있음을 시사했다.

유럽 재정위기의 배후 세력

그리스 재정위기는 월스트리트의 막강한 영향력을 다시 한 번 과시한 사례라고 금융계는 웅성거리고 있다. 그 이유는 골드만삭스가 그리스 정부의 회계장부를 유로존 가입에 맞도록 조작해주었고, 이제는 신용평가 기관인 S&P가 그리스 부채를 파산으로 규정했기 때문이다. 미국 신용평가 기관의 중립성과 객관성 문제는 금융위기 직후 이미 공론화된 상태다. 3대 신용평가 기관인 S&P, 피치, 무디스는 리먼브라더스가 파산하기 전날에도 AAA로 평가했었다. 그리스의 재정적자 규모는 영국이나 미국과 같은 수준인데, 영국과 미국은 AAA를 받고, 그리스는 파산(default) 등급을 매긴 것도 문제가 된다.

EU와 유럽 정부들은 그리스에서 시작된 남유럽 재정위기가 유럽의 주가와 유로화 가치 하락으로 이어지자 그 배경에 헤지펀드 등 미

국계 투기세력 및 이들과 결탁한 미국의 신용평가사들이 있다고 판
단한다. 이런 이유에서 메르켈 독일 총리는 시장 투기세력과의 전쟁
을 선언한다고 밝혔고, 유럽연합(EU)의 헤르만 판롬파위 상임의장도
"포르투갈과 스페인의 상황은 그리스와 다르다"고 강조하면서 "시장
에서는 근거 없는 소문과 대단히 불합리한 움직임이 있다"며 '작전세
력'을 비판했다. 여기서 유럽 금융시장을 흔들고 있는 투기세력이 누
구인지는 구체적으로 명시하지는 않았으나, 월스트리트의 헤지펀드
가 작전세력의 중심에 있음은 자명하다.[6]

미국 증권감독원(SEC)이 골드만삭스에 대해서 민사소송을 건 시점
에, 조지 소로스는 2010년 4월 22일 〈파이낸셜타임스〉 기고를 통해
서 "미국은 파생상품의 위험에 맞서야 한다(America must face up to
the dangers of derivatives)"고 주장했다. 골드만삭스의 판결 결과가 어
떻게 나올지에 월스트리트가 주목하고 있는 가운데, 소로스는 모기
지를 매개로 만든 복잡한 합성 주식(synthetic security)의 목적은 이 거
래를 통해서 수수료와 커미션을 벌기 위함이라고 지적하며, 파생상
품이 가상(imaginary)의 가치를 만들어내는 데 사용된 예라고 말했다.

소로스는 AAA 자산보다 AAA 국채신용부도스와프(CDS)가 더 많
이 나와 금융위기를 촉발했다고 분석하며, 더 이상 이와 같은 거래를
허용해서는 안 된다고 주장했다. 즉, 파생상품과 합성 금융 상품은
규제되어야 한다는 것이다. 일반 주식이 거래되기 전에 SEC에 등록
되듯이, 합성 주식도 같은 방법으로 선물거래위원회(Commodity
Futures Trading Commission)에 등록되어야 한다고 제안한다. 즉, 소로

스도 금융시장의 안정을 위해서는 규제 장치의 마련의 필요성을 역설한 것이다. 실제로 미국 5대 은행의 장외 거래 규모는 전체 장외 거래의 95%나 차지하고 있다.

사실 국채신용부도스와프(CDS)의 발행과 거래를 정부 당국이 규제하지 않고 자율로 묵인한 것은 정치권이 선거에서 이기기 위한 단기적 이익을 생각했기 때문이다. 세계 대형 은행들이 만들어낸 국채신용부도스와프(CDS)의 총 규모는 400조 달러에 이른다. 이는 2007년 현재 증권과 채권을 포함한 세계 금융자산 총액 140조 달러보다 3배나 많은 천문학적 수치다. 이 중에 미국 금융 기관의 CDS보유 액수는 218조 달러로 알려졌다.[7] 이러한 막대한 파생상품의 가치가 1%만 등락해도 4조 달러나 된다는 사실은 경악스러울 뿐이다.

그리고 월스트리트의 대형 투자은행들이 그리스의 부도 가능성이 큰 쪽에 돈을 거는 방식으로 파생금융상품인 국채신용부도스와프(CDS)에 투자해 그리스의 자금 조달을 어렵게 하고 있다는 보도도 나왔다. 헤지펀드사들의 주무기인 파생금융상품은 90%가 환 관련 상품이다. 따라서 작전세력의 뜻대로 유로를 폭락시킬 수 있을 경우 이들은 천문학적 이익을 볼 수 있기에 이 보도는 큰 파장을 불러일으켰다. 그리고 그로부터 불과 2달 뒤 실제로 그리스 등 남유럽 재정위기가 재연되고 유로가 연일 폭락하자, 메르켈 총리 등 유럽 정상들은 월스트리트의 '작전세력'의 공격이 개시된 것으로 판단하게 되었다.

미국발 금융위기의 전모를 파헤친 앤드류 소르킨의 《Too Big To Fail》에 따르면, 베어스턴즈의 붕괴도 월스트리트의 '헤지스(Hedgies,

헤지펀드 매니저들을 일컫는 별명)' 들이 베어스턴즈에 대한 CDS를 사들임으로써 촉발되었다고 전하고 있다. 이들은 그 다음 일요일 맨하튼의 포시즌스 호텔에 모여 작전 성공의 축배를 들었다는 소문을 이 책은 전하고 있다. 그리고 헤지스의 다음 목표는 리먼브라더스였다.[8] 헤지스의 작전 대상은 때에 따라 달랐지만, 작전 전개 방법은 유사했다.

서브프라임 모기지를 기반으로 한 파생상품인 부채담보부증권 (Collateralized Debt Obligation)을 설계해 판매한 금융 기관은 골드만삭스만이 아니었다. 골드만삭스보다 더 많은 액수의 부채담보부증권 (CDO)을 거래한 금융 기관은 뱅크오브아메리카(메릴린치 포함), UBS, JP모건체이스, 시티그룹, 모건스탠리, 웰스파고, RBS, 크레디스위스가 있고, 액수로 영국의 바클레이즈도 골드만삭스의 뒤를 잇고 있다. 뱅크오브아메리카와 UBS는 골드만삭스의 50억 달러 넘는 거래보다 자그마치 3배나 많은 150억 달러 이상의 부채담보부증권(CDO) 거래를 헤지펀드와 합작으로 했다. 여기에 신용평가 기관이 이들 CDO에 대해서 터무니없이 높은 평가를 했던 것이다. 그리고 증권감독원 (SEC)은 이것을 알고도 방치했다는 비판을 받고 있다.

작전세력과 신뢰 못할 신용평가 기관들

유럽 정상들은 미국계 국제신용평가사들이 월스트리트 투기세력과 결탁해 위기를 촉발시킨 것이라는 결론을 내리고 이들에 대한 규제강화를 촉구하고 나섰다. 영국의 〈파이낸셜타임스〉에 따르면 메르켈 독일 총리와 사르코지 프랑스 대통령은 EU 집행위원장과 EU 상임의장에게 보낸 서한을 통해 "신용평가사들의 영향력을 억제할 필요성이 있다"고 언급하며 신용평가사의 정부부채 평가 방식과 이들 신용평가사가 발표한 신용등급 이용에 대한 검토를 요청했다.

이는 세계 최대 신용평가사인 S&P가 그리스의 신용등급을 투기등급으로 떨어트리고 포르투갈-스페인의 신용등급을 낮춘 데 이어 무디스도 같은 경고를 하고 나선 후 남유럽의 재정위기가 폭발적으로 재연됐기 때문이다. 즉, 이번 유럽위기와 관련해서는 국제 신용평가사들이 부적절한 시기에 부적절한 평가를 단행해 사태를 악화시켰다는 지적이다. 이와 관련, EU는 이들 미국계 신용평가사들을 EU 증권당국이 감독하는 동시에, 미국계 신용평가사에 필적할 만한 유럽계 신용평가사 설립 방안도 논의하고 있다.

참고로 미국이 독점하고 있는 신용평가 기관들이 서구에 편향되고 정치화되었다고 지적해온 중국은 1994년에 설립한 국영 '다공글로벌신용평가주식회사(Dagong Global Credit Rating Co. Ltd)'를 미국의 신용평가사와 필적할 만한 국제적 신용평가 기관으로 탈바꿈하는 작업을 2010년에 본격화하기 시작했다.[9] 중국 신용평가 기관 다공이 만든 50개국의 국가채무 평가표는 흥미롭다. 독일은 중국과 같은 등급인 AA+이고 전망은 '안정적(stable)'이라고 한 반면, 미국, 영국, 프랑스는 모두 AA 등급에 전망은 '부정적(negative)'이다.[10]

메르켈과 사르코지는 2010년 5월 6일자 〈르몽드〉 공동기고문을 통해서 "유로존의 그리스 지원 방안이 발표되기 직전에 그리스의 신용등급을 하향 조정해 국제 금융시장에 충격을 안겨준 국제 신용평가사들의 역할을 점검해야 한다"며 유럽각국의 규제 동참을 촉구하기도 했다. 오바마 대통령이 골드만삭스 등 투자은행에 대해선 강도 높은 규제를 추진 중이나, 규제대상에서 헤지펀드나 신용평가사는 빠져 있다. 이 점을 보면 작전세력(시장)에 대해서만큼은 오바마 행정부도 이전의 부시 행정부와 크게 다르지 않음을 보여준다.

남유럽 국가들의 재무 위기에서 보듯이 유로화에 대한 신용도 저하는 유럽에 국한된 것이 아니고 전 세계 금융권에 지대한 영향을 준다. 여기서 주목할 점은 유로존 내에 국가 채무는 GDP의 88%란 사실이다. 물론 낮은 것은 아니지만, 미국의 92 %보다는 낮다. 참고로 일본의 국가 채무는 GDP의 197%에 달한다. 유로존의 재정적자에 대한 문제에 대해서 독일 정부 경제자문을 맡고 있는 피터 보핑거 교수는 미국 GDP의 13%를 차지하는 캘리포니아주의 부도 상황과 비교를 했다. 캘리포니아의 주 재정이 파산하더라도 그 도미노 여파는 제한적이라는 주장처럼, 유로존 전체 GDP의 3.3%를 차지하는 그리스의 재무위기도 같은 맥락이라는 것이다.

그러나 문제는 베어스턴즈와 리먼브라더스의 몰락처럼 금융시장의 속성상 신용도가 한 번 무너지면 걷잡을 수 없게 된다는 점이다. 이러한 속성을 간파하고 있는 월스트리트의 '작전세력'은 그리스 재정위기를 시발점으로 유로화에 대한 무차별 공세를 통해서 막대한 이득을 노리고 있다.

유로화 환율 전망

환율은 국가 경제의 '조기 경보(early warning signal)' 기능을 담당한다. 대외 불균형이 확대되면 자국 통화 가치는 하락하고 정부는 대책 마련에 착수한다. 하지만 이 같은 메커니즘은 단일 환율이 적용되는 유로존에서는 작동하지 않는다. 물가 수준이 높고 자국 산업의 경쟁력이 낮은 그리스, 스페인, 포르투갈의 경우 실질환율이 고평가되며 상품의 가격경쟁력이 크게 약화, 경상수지 적자가 누적됐다. 그리스, 스페인, 포르투갈 등 적자국의 상품수지 적자액 가운데 역내에서 발생한 부분이 90%가 넘는다는 사실은 이를 방증한다.

반면 물가가 안정되어 있고 산업 경쟁력을 갖춘 독일 등 핵심 국가들은 실질환율이 저평가 된 덕분에 경상수지 흑자를 지속적으로 기록했다. 유로화 가입 후 형성된 자산버블도 남유럽 국가들을 위기에 더욱 취약하게 만들었다. 1999년 유로화 가입에 따른 단일금리 정책의 적용으로 전통적인 고금리 국가였던 남유럽 국가들이 저금리 메리트를 누렸다. 문제는 과잉 유동성이 생산 활동보다는 부동산, 복지, 공공부문 임금 인상 등 비생산 분야에 집중적으로 유입됐다는 점이다. 특히 연금 및 복지비용의 확대는 유연한 위기대응에 발목을 잡고 있다.[11]

〈월스트리트저널〉 5월 25일자에서 금융계 전문가들은 유로 가치의 하락이 1.10달러까지 내려갈 것으로 예상하고 있다. 여기서 한 가지 주목해야 되는 것은 1999년 유로가 도입될 당시 1유로는 1.20달러에 기준 환율을 맞췄고, 2000년 5월에는 사상 최저치인 88센트까

지 떨어진 적이 있다는 사실이다.

오일가격과 증권 가격의 경우가 그렇듯, '투기성 투자가들(작전세력)'
에게는 단기간 내에 유로의 등락 폭이 커지면 이득도 그만큼 커진다.

유로화에 뜬 실버라이닝

2010년 5월까지 유럽 재정난이 세계 경제의 발목을 잡을 것이라
는 우려와 공포로 유럽시장을 떠났던 미국 투자자들이 2달 만에 미국
의 경제 둔화로 다시 유럽으로 모여들고 있다는 보도가 나왔다. 그 배
경엔 유럽 재정난에 대한 우려가 크게 완화됐다는 점과 미국 경제에
대한 더블딥 전망이 심화된 점을 들 수 있다. 투자자들이 유럽 경제에
상대적으로 높은 신뢰를 보여주면서 2010년 상반기 15% 급락한 유
로화는 다시 강세로 돌아섰다.

7월 18일자 〈뉴욕타임스〉는 "유럽 재정적자국 신용등급 하향조정에 대한 사소한 루머에도 자산 매각에 나서는 등 민감한 반응을 보였던 투자자들이 지난주 무디스가 포르투갈 신용등급을 2단계나 하향 조정했음에도 불구, 포르투갈 국채를 추가 매입하는 데 적극 나섰다"고 전했다.

스페인은 입찰을 통해 30억 유로(38억 달러) 규모의 15년 국채를 5.116%의 수익률에 발행하는 데 성공했다. 지난 4월의 4.434%에 비해서는 수익률이 다소 높아졌지만 경쟁률의 경우 지난 4월 1.79배보다 높은 약 2.5배를 기록했다. 포르투갈과 이탈리아 국채 발행 역시 높은 경쟁률을 나타냈다. 또한 그리스는 재정 적자 감축을 위해 공공 부문 노동자의 임금을 동결하는 안을 통과시켰으며 독일의 5월 경제 지표는 예상치를 넘어서는 양호한 성적을 나타냈다.

여기서 새삼 느끼게 되는 것은 증권시장과 외환시장의 눈을 확연한 시세 변동과 같은 단기적 현상에 고정시키는 것은 지나가는 폭우 속에 있는 것과 같다는 것이다. 비가 내리는 상황 속에서 햇볕 쨍쨍한 날을 상상하기 힘든 것처럼, 경제의 흐름 또한 문제에 직면하면 긍정적인 수치들보다는 부정적인 수치들이 더 크게 눈에 들어오기 마련이다.

떠오르는 독일

공매도 금지조치

독일 정부는 그리스 구제에 대한 독일의 개입에 대해서 국민적인 지지와 정치적인 지원을 받기 위해서 유럽의 국가채무에 대한 '사전차입 없는 공매도(naked short-selling)'를 금지한다고 발표했다. 하지만 다른 EU 회원국들이 이런 조치에 동참하지 않겠다는 입장을 보여, 국채신용부도스와프(CDS) 시장을 규제하기 위한 정치적 의지가 부족함을 보여주고 있다. 독일은 단독으로라도 '사전차입 없는 공매도' 금지를 추진하기로 했다.[12]

〈머니모닝〉 5월 20일자에 따르면 메르켈 독일 총리는 "이 금지 조치는 다른 EU 국가들이 포괄적인 금융 개혁을 단행할 때까지 지속될 것이다"라고 밝혔다. 구체적으로 독일 금융시장 규제 기관인 바핀(BaFin)은 독일의 10대 금융기관들의 '사전차입 없는 공매도(naked short-selling)'를 금지했고, 2011년 3월 31일까지 이 금지조치가 유효

하다고 밝혔다. 독일 정부의 이러한 조치의 배경은 공매도가 그리스 재정위기를 촉발했다고 진단하고 있기 때문이다.

독일의 분석은 작전세력이 국채신용부도스와프(CDS)를 통해서 그리스가 채무불이행 상황에 빠지도록 배팅함으로써 그리스가 자금을 수급하는 데 더 많은 비용을 들게 만들었다는 것이다. 구체적인 예로 2010년 2월에 그리스 채무에 관련된 CDS거래는 1년 사이 380억 달러에서 850억 달러로 급상승했다. 결과적으로 그리스가 자국의 1,000만 달러짜리 채권을 지키기 위한 보험 비용이 1월에 28만 달러에서 불과 한 달 뒤인 2월에는 40만 달러로 뛴 것이다.

〈머니모닝〉의 수석 투자 전략가인 피츠제럴드는 사전차입 없는 공매도(naked short selling)는 이웃집에 대한 화재보험을 사는 것과 같다고 비유했다. 그 보험을 산다고 그 집에 대한 소유권을 갖는 것은 아니나, 그 집이 불타버리면 보험금을 탈 수 있는 것이다.

한편 영국의 〈인디펜던트〉는 5월 22일 사설에서 "이번 유럽 재정위기를 경제적인 문제로만 봐서는 안 된다"라며 "유럽 내 각 정부들 간의 정치적인 의지에 대한 의구심이 우려를 더욱 증폭시키고 있기 때문"이라고 말했다. 한 예로 독일의 공매도 금지 조치는 독일과 함께 이번 유럽 재정위기 해결을 주도하고 있는 프랑스의 심기를 건드렸을 뿐 아니라 다른 국가들로부터 공감대를 얻지도 못했다. EU는 위기 대처를 위해 각국이 공조에 나설 것을 강조하고 있지만 결국 구체적인 행동 돌입에 앞서 각국 간 정치적인 의견 차이가 걸림돌이 되고 있다.

허리띠 줄이기 동참의 의미

그리스에서 시작되어 유럽 전역에 퍼지는 재정위기 극복을 위한 긴축 정책은 구원투수인 독일까지 나서게 만들었다. 6월 7일 앙겔라 메르켈 독일 총리의 기독교민주당(CDU)과 연정을 펴고 있는 자유민주당(FDP)의 기우도 베스터벨 부총리는 기자 회견을 통해서 2014년까지 독일 정부 지출을 80억 유로 절감할 것이라고 발표했다. 이는 제2차 대전 이후 최대 규모의 역사적인 긴축 계획이다. 이 자리에서 메르켈 총리는 "유럽의 최대 경제국으로 독일이 본을 보여야 할 의무가 있다(Germany, as Europe's largest economy, has a duty to set an example)"고 밝혔다.

독일의 긴축 정책은 국가 채무를 줄이고 유로화의 가치 하락을 막는 목적을 갖고 있다. 긴축 방법은 절약과 추가 수입원을 통해 재정을 동시에 늘리는 양날 접근이다. 먼저 국가 수입원으로 금융거래수수료를 인상하고 항공세와 핵 발전세를 신설했다. 하지만 교육과 연구 비용은 삭감하지 않고 동시에 소비를 위축시킬 소지가 있는 소득세와 부가가치세는 인상하지 않기로 했다.

메르켈 총리와 쇼이블 재무장관은 '오늘의 교육은 내일의 성장(today's education is tomorrow's growth)'라는 점에 공감하고 교육비는 삭감하지 않고, 오히려 2013년까지 120억 유로 증가시킬 방침이다. 하지만 긴축의 일환으로 2014년까지 공공분야에서 1만 5,000명을 감원하고, 실업자 수당 같은 사회 복지비를 줄이고, 간호사와 경찰 등 일부 공무원들의 봉급을 동결하기로 했다.

더불어 옛 동독 공산당 당사로 쓰였던 베를린의 공화국 궁전을 철거하고 그 자리에 짓기로 한 4억 4,000만 유로 예산의 '시티 궁전(City Palace)'의 건축도 당초 2011년에서 2014년으로 3년 미루기로 했다. 이를 통해 독일 연립정부는 2012년까지 1단계로 19억 유로를 절감한다는 목표다.

이번 긴축 정책 발표에 대해서 야당의 반발도 거세다. 사회민주당과 녹색당은 고소득자에 대한 세금과 상속세에는 변함이 없다는 점을 들어 부유층과 중산층만을 보호하는 불공정한 조치라고 공격했다. 사회민주당의 안드레아 날레스 사무총장은 위기에 책임을 져야 할 사람들은 빠지고, 위기로 인해 도움을 받아야 할 사람들이 대가를 치르는 아주 비겁한 조치라고 비난했다. 게다가 독일 노총의 미하일 숌머 의장은 장기적 실업자들에 대한 부담이 증가하는 이번 조치는 강자들이 아닌 약자들의 어깨를 짓누르는 조치이므로 대규모 시위를 펼칠 것이라고 공언했다.

한편 독일 대부분의 언론들은 현재 GDP의 5%인 독일 재정 적자를 2013년까지 3%로 낮추기 위해서는 필요한 조치라고 옹호했다. 그리고 독일 주간지 〈슈피겔〉은 예산 감축에 대한 독일의 결연한 의지 표명은 그리스, 포르투갈, 스페인, 아일랜드 같은 높은 부채로 곤경에 처한 유로존 회원 국가들에게 중요한 신호가 될 것이라고 논평했다.

구체적으로 최대 일간지 〈빌트〉는 연립정부가 긴축 정책을 내어놓은 것은 건전한 진척이며, 올바른 방향으로 가는 것으로서 실제로 긴축 정책이 많은 국민들에게 부정적인 영향을 주지 않는다고 평했다. 독일판 〈파이낸셜타임스〉 6월 8일자는 이번 긴축 조치가 유로의 안정을 도울 것이며 동시에 남유럽 국가들의 국가 재정에도 영향을 줄 것이지만, 막상 이 정책을 실행하는 데는 사회 각층으로부터의 반대의 목소리로 인해 어려움에 처할 것이라고 논평했다. 보수지로 구분되는 〈디벨트〉는 이번 긴축 정책은 1년간 112억 달러로서 2011년 정부 지출의 1%가 안 되는 실제로 큰 규모가 아니라고 평하며, 긴축 정책에 포함된 금융 거래세 도입은 이미 국제 협상에서 줄어든 상태라고 지적했다.

반면 중도 언론지인 〈슈드도이체자이퉁〉은 긴축 방안은 정부 부채를 점진적으로 줄이는 데는 도움이 되겠지만, 중산층 이하의 국민들에게 부정적인 영향을 주기 때문에 사회적으로 균형을 잃고 있다고 지적했다. 좌파 언론지로 분류되는 〈베를린너자이퉁〉도 실업자와 공무원들에게 희생을 요구하면서 고소득자들에게는 세금 혜택을 줘서는 안 된다며 이번 긴축 정책의 불균형을 비판했다.

주목할 만한 점은 미국의 금융위기 타계 방식이 '경기 부양책(stimulus package)' 인 반면, 유럽의 재정위기 극복 방법은 '긴축 정책(savings package)' 이라는 점이다. 경기 부양책은 생산성 향상을 통해서 경제 성장을 돕는 것이 주안점이고, 긴축 정책은 생산성보다는 소비 축소를 통해서 수입과 지출의 경상 수지를 맞춘다는 데 초점을 둔다.[13]

5월 19일 블룸버그 통신은 전 미 연방준비은행(FRB) 이사인 프레드릭 미시킨(Mishkin) 컬럼비아대 교수가 "그리스에 금융 지원을 하지 말고, 버렸어야 한다" 말했다고 보도했다. 미시킨은 그리스를 구제하지 않는 대신 은행들의 돈을 특정 목적에만 쓰이도록 용도 지정조치(ringfence)를 했어야 한다고 싱가포르에서 열린 뱅크오브아메리카 메릴린치 컨퍼런스에서 말했다.

당초 유로존에 들어올 자격이 안 되는 그리스를 받아 준 것을 두고 한 EU 외교관은 턱시도를 입어야 참석할 수 있는 파티에 청바지를 입고 왔는데도 출입을 허락한 것에 비유했다. 그러면 문제는 청바지를 입고 파티에 계속 참석할 수 있느냐이다. 이에 대한 나의 개인적인 해결책은 두 가지다. 의상이 문제가 된다는 규칙(dress code)을 들어 손님한테 나가 달라고 하든가, 청바지 입은 손님이 못마땅한 주인이 파티장에서 떠나든가이다. 다시 말해, 유로존의 객으로 들어온 그리스가 나가든지, 아니면 독일이 주인행세를 더 이상 하지 않고 유로존을 떠나는 것을 의미한다.

간과해서 안 되는 사실은 그리스를 재정위기에서 구할 수 있는 입장에 있는 독일이 스스로 긴축 정책을 펴는 배경은 바로 위의 양자택일 중에 어떤 것을 선택해도 이해당사국들은 받아들여야 하는 사전포석일 수 있다는 것이다.

▌호황의 내막

유럽연합 통계국인 유로스타트(Eurostat)는 8월 13일 유로존은 2/4분기에 1/4분기의 0.2% 성장보다 높은 1% 성장했다고 발표했다. 주목할 점은 독일이 2.2%의 성장을 기록했다는 사실이다. 이는 연간 성장률로 치면 9%에 가까운 것이어서 낙관적인 전망조차 초월한 놀라운 결과다. 이는 독일 통일 이후 지난 20년 동안 가장 높은 성장률이다.

유로존 16개국의 연평균 성장률은 4%로 미국보다도 빠른 성장을 기록했다. 다시 말하면, 지난 12개월간 독일은 미국의 3.2%보다도 높은 3.7%의 성장을 기록한 것이다. 주목할 만한 점은 독일 성장은 가속화하는 반면 미국의 성장은 둔화된 추이고 보이고 있다는 것이다.

BGC파트너의 시니어 전략가인 하워드 월돈은 "독일이 유럽의 경제 성장을 이끌었다"고 평하며 "독일은 파워하우스로서 EU의 엔진이며 동시에 유로존의 엔진이다"라고 하며 독일 제조업의 국제 경쟁력을 치켜세웠다. 이번 발표가 더욱 놀라운 것은 불과 1년 전인 2009년 독일은 제2차 대전 이후 최저 기록인 4.9% 마이너스 성장을 기록한 바 있기 때문이다.

유로존 내의 불균형

독일 수출산업과 밀접한 관계를 맺고 있는 오스트리아와 네덜란드의 경제도 덩달아 호조를 보이고 있다. 하지만 스페인과 포르투갈의 국내총생산(GDP)은 2/4분기에 0.2% 증가에 그쳤고, 그리스는 오히려 1.5 마이너스 성장을 기록하여 유로존 내에서 불균형을 보이고 있다. 유로존 16개국의 경제 성장률이 1%라는 점에서 표면적으로 균형 있는 발전을 한 것 같지만 내막은 그렇지 못하다는 반증이다.

독일의 경제 호조는 수출에만 기인한 것이 아니고 국내 소비의 증가가 GDP에 긍정적인 역할을 했기 때문이다. 하지만 국내 소비 증가에도 불구하고 정작 메르세데스의 판매량이 감소한 몇 안 되는 국가 중에 독일이 들어있는 것은 아이러니다.

이를 두고 진보 성향의 독일판 〈파이낸셜타임스〉 8월 16일자는 독일 경제 성장이 이처럼 빠른 것은 지난해 기록적인 4.7%의 마이너스 성장을 했기 때문이라고 지적했다. 그리고 올 경제 성장 기록과 지난해 기록은 독일의 수출 의존형 경제로 인한 국내 경제 활동의 비중이 상대적으로 작다는 위험을 내포하고 있다고 덧붙였다. 다시 말해 독일 제조회사들의 경영 성공 여부가 중국과 같은 신흥 경제에 크게 의존한다는 것이다.

이는 독일 경제가 이제는 유럽 시장만 바라볼 수 없다는 뜻이기도 하다. 독일 제조업의 국제 경쟁력에 힘입어 수출 호조가 경제 성장을 이끄는 강점이 있지만, 이는 동시에 독일 경제의 아킬레스건이 될 수도 있다. 네덜란드의 경제일간지 〈NRC한델스블라드〉 8월 14일자는 유로존에서 독일과 네덜란드의 경제 성장을 빼면 유로존의 성장률은 0.5% 정도에 그친다고 밝히고, 유로존 내에서 흑자를 낸 국가군과 적자에 허덕이는 국가군 간의 불균형은 장기적 측면에서 유로존 전체에 불안 요소라고 지적하고 있다.

독일 경제의 성공 배경

영국의 주간지 〈이코노미스트〉 8월 13일자는 "터보 엔진 단 독일(Turbocharged Germany)"이란 제목으로 독일의 경제 성장을 부각시키며, 유로존에서 가장 큰 경제 대국인 독일의 수출 호조는 중국과 인도 같은 떠오르는 시장(emerging markets)의 수요 덕이라고 평했다. 독일은 중국의 발전소와 인프라를 구축하는 데 필요한 부품과 장비를 제공하고 있다. "독일의 엔지니어링과 경쟁력 있는 자동차들은 신흥 공업국들의 신흥 부자들의 필요를 충족시키고 있다"고 〈이코노미스트〉는 덧붙였다.

고급차의 대명사인 독일의 메르세데스 벤츠의 중국 수출은 1년 사이에 3배가 증가했고, 인도에도 같은 기간 2배나 늘어났다. 뿐만 아니라 폭스바겐과 BMW 그리고 아우디 같은 다른 독일 차들 또한 이들 시장에서 호황을 누리고 있다. 메르세데스의 요하힘 쉬미트 판매 및 마케팅 담당 부사장은 메르세데스의 세계 판매량이 17% 늘었다고 발표하며 2010년 하반기도 상반기처럼 두 자릿수의 판매 성장을 지속할 것이라고 전망했다.

하지만 유럽 내 판매실적은 영국의 10% 상승을 제외하고는 마이너스 3% 성장에 그쳤다. 한편 미국과 캐나다에서 메르세데스 판매량은 각각 20%와 18%로서 세계 평균 증가율을 약간 넘었다. 반면 특정 국가의 메르세데스 판매량은 세계 평균 증가율을 훨씬 상회한다. 예를 들면, 홍콩을 포함한 중국에서 1만 4,600대가 팔려 전년도 같은 기간에 비해 205%의 성장을 보였고, 한국에서 한 달 판매량으로 최대인 1,300대가 판매되어 2009년 7월보다 5배나 많은 판매량을 기록했다. 그 밖의 주요 나라별로 메르세데스 판매량 증가율은 호주 48%, 러시아 116 %, 인도 142%, 터키 155%로 나타났다.

여기서 독일 제조업이 국제 경쟁력을 갖는 점을 노사관계 측면에서 언급할 사항이 있다. 독일의 고용 시장은 미국처럼 호황과 불경기에 따라 '채용과 해고 문화(hire-and-fire culture)'가 아니다. 독일 경영진은 불경기 때는 근로자의 근무 시간을 줄여 인건비를 절약한다. '단축 노동 프로그램(Kurzarbeit)'이라 불리는 이 제도는 기업들이 경기침체 때 근로자를 해고하는 대신 근무시간을 줄이면 정부가 기업에 보조금을 주는 프로그램이다. 따라서 상품 수요가 다시 생길 때면 새로운 근로자 채용을 거치지 않고 기존 근로자들의 경험과 기술을 그대로 활용할 수 있는 강점을 지녔다. 게다가 미국 기업들이 생산 단가를 낮추기 위해 제조산업을 중국과 같은 저임금 국가로 옮긴 것과는 달리, 독일 제조업은 저임금 국가로 생산 기지를 옮기지 않고 기술혁신과 기술 축적을 통해 생산성을 높였다.

근면과 성실이 큰 덕목으로 자리 잡은 근로 환경에 더하여, 독일 노동자들은 한 번 고용되면 쉽게 해고하지 않는 경영진에 대한 신뢰감을 갖고 있다. 따라서 경쟁사의 급여 조건이 낮더라도 노동자들은 좀처럼 자리를 옮기지 않는다. 물론 독일의 사회보장제도도 이런 풍토에 일조하고 있다. 이러한 독일식 사회민주주의형 자본주의를 '라인 자본주의(Rhine Capitalism)'라 칭한다. 영국과 미국의 시장중심의 자본주의와 구분되는 라인 자본주의는 증시보다는 은행을 중심으로 자본을 조달하고, 연구개발에 장기투자하며, 노사의 사회적 파트너십이 강하다는 특징이 있다.

미국과 영국의 젊은 세대들은 대학에서 경영 또는 경제를 전공하고, 대학원에서 MBA(경영학 석사)를 취득한 후 높은 호봉의 금융계에 진출하는 것이 삶의 목표처럼 보인다. 반면 독일 사회는 기술직과 상업에 종사하는 사람들에 대해서 우대하는 풍토를 지녔다. 이런 문화적 차이점은 경제 성공의 패턴도 다르게 만든다. 미국과 영국은 모기지를 이용한 금융 (파생) 상품에서 성공을 찾고, 독일은 전통적 장인정신의 산물인 고급자동차 등에서 성공을 찾는다.[14] 같은 맥락에서 영국의 〈이코노미스트〉 2010년 3월 11자는 앵글로 색슨식 성장모델은 금융과 부동산버블에 바탕을 둔 반면, 독일 경제는 노동자가 사용자와 함께 협력하고 제조업이 서비스업보다 대접받는 풍토에서 성장했다고 분석했다.

독일 경제 성공의 또 다른 요인은 그들의 절제된 소비문화이다. 독일의 결제 관행은 미국은 물론 다른 유럽 국가와도 다른 점이 있다. 독일은 신용카드로 결제하는 경우가 다른 국가들에 비해서 적다. 많은 소매점이 신용카드를 받지 않고 현금이나 직불카드로만 지불이 가능하다. 이런 점에서 독일을 방문하는 외국 여행자들에게는 불편을 주기도 하지만, 독일 국내 소비자들은 자신의 자금 사정이 허락하지 않는 수준은 넘어선 과다한 소비를 하지 않는다. 근검절약의 전통이 있는 독일 사회에서는 이것을 당연하게 여긴다.

독일은 신용카드 사용 빈도가 미국에 비해서 낮기 때문에 신용카드를 통해 현금 서비스를 받는 경우도 드물다. 이처럼 독일의 소비자들은 신용카드를 무절제하게 이용해 빚을 지고, 높은 이자를 무는 다른 국가의 소비자들과는 소비성향 자체가 다르다. 당연히 개인 파산도 적을 수밖에 없다. 물론 소비가 적어 내수시장에 활력을 주지 못하는 측면도 있지만, 독일 국민들의 개인 재무 상태는 안정성을 지니게 되는 것이다.

게다가 독일의 자기주택소유비율은 42%로서 유럽연합 회원국 중 가장 낮고, 미국의 66%보다 낮다. 실제로 독일에서 서브프라임 모기지로 주택을 구매한다는 것은 불가능하다. 이는 독일 경제가 건전하다는 반증이기도 하다. 즉, 독일은 비생산적인 주택시장에 재정이 얽매여있지 않고 따라서 저축률도 다른 나라보다 높은 것이다.

금융시스템의 건전성은 풍부한 자본력을 요하지만 그에 앞서 탄탄한 제조업에 근간한 경제 구조에서 유지될 수 있다. 이런 점에서 세계 제조산업의 쌍두마차로서 수출을 통해 재정을 늘리고 있는 독일과 중국은 금융산업을 성장 발전시킬 수 있는 유리한 위치에 있다. 반면 미국의 제조업이 받쳐주지 않고서는 월스트리트는 기득권을 지탱할 수 없다.

유로화의 위상으로 대변되는 유럽 경제의 엔진인 독일은 중국의 저임금 노동집약적 제조업에 비해 기술집약적 고부가가치 제조업체를 보유하고 있다. 즉, 건전한 금융시스템에 맞는 환경 측면에서 독일은 중국보다 비교 우위에 있다. 결국 달러에 대한 과신과 그에 따른 달러 발행의 남용으로 인하여 달러가 그 생명이 다하는 날, 세계 경제는 독일을 선두로 하는 유럽연합(EU)과 중국에 의한 새로운 G2가 등장할 가능성이 열려 있다.

국제 관계와 원유가 등락

이스라엘은 2008년 6월 첫 주 이란 핵시설에 대한 공격을 예행 연습하듯이 폭격 위주의 대규모 군사훈련을 지중해 상공에서 펼쳤다. F-15와 F-16 전투기가 100여 대 이상 동원된 이 훈련에는 추락한 전투기 조종사 구조를 대비한 헬기도 동원됐다. 훈련에 참가한 헬기와 공중급유기는 1400km 이상의 거리를 비행했는데, 이 거리는 이스라엘에서 이란 핵시설이 있는 나탄츠와 같은 거리다.

이스라엘 군사훈련은 미국과 유럽 정보국의 눈에 띌 정도로 대규모였다. 군사훈련은 다목적 성격을 띠고 있는 것으로 관측되는데, 미 국방부는 첫 번째 목적을 이란의 핵시설과 장거리 미사일기지에 대한 공격을 위한 비행 전술과 공중 급유에 중점을 둔 훈련이라고 분석했다. 두 번째 목적은 핵무기 개발을 위한 이란의 우라늄 농축 시도를 저지하는 노력이 실패했을 경우, 이스라엘이 독자적으로 군사적 행동을 취할 수 있음을 미국과 다른 국가들에 전달하기 위한 방법이라는 것이다.

에후드 올메르트 이스라엘 총리는 이란이 핵무기를 보유하지 못하도록 긴급 수단을 강구해야 된다고 경고했고, 전 국방장관인 샤울 모파즈 이스라엘 부총리는 이란 핵무기 개발을 중단시키기 위해서 군사행동이 불가피해 보인다고 언급한 바 있다. 이스라엘 총리실은 이번 훈련에 대한 논평을 거부했지만, 한 이스라엘 중진의원은 이란 핵개발 저지를 위한 외교적 노력이 실패했기 때문에 향후 1~2년 안에 중대한 국면을 맞게 될 것이라고 전망했다.

샤울 모파즈 부총리가 한 신문 인터뷰에서 이란이 핵무기 개발을 계속한다면, 이스라엘이 이란을 공격할 것이라는 발언을 한 직후 국제 유가는 11달러나 올랐고, 〈뉴욕타임스〉를 통해 공개된 이스라엘의 이란 공격 가능성은 20일 유가를 배럴당 3달러 이상 올려놓았다. 이스라엘의 도발적 발언과 군사훈련이 국제유가를 이 한 달 안에 적어도 14달러를 인상시킨 결과를 낳은 것이다.

설상가상으로 또 다른 OPEC 회원국인 나이지리아에서는 테러리스트들이 하루 22만 배럴 생산하는 로얄더치쉘의 봉가 해상 유전시설을 공격해 생산이 중단되었다. 한편 사우디아라비아가 원유 생산을 하루에 55만 배럴 늘릴 것이라고 발표했음에도 유가 인상 추세는 수그러들 기미를 보이고 있지 않다.

그러나 정작 서방세계는 유가 인상의 원인을 다른 곳에서 찾고 있다. 중국, 인도, 중동 국가의 오일 수요가 지난 6년간 오일가격을 배럴당 140달러까지 올려놓은 주된 요인이라는 것이다. 이 주장은 세계 공해와 오염의 주범을 인도와 중국의 산업화에 돌리는 것과 같은 논조로 들린다.

하지만 달러 약세가 오일가격을 부추기고 있다는 분석이 오히려 더 설득력을 지닌다. 왜냐하면 작전세력은 달러를 대체하는 외환을 찾게 만들고, 투자자들로 하여금 인플레이션에 대비한 석유와 같은 현물을 매점매석하게 만들기 때문이다. 다시 말해 석유를 투기대상으로 삼고 있기 때문에 국제유가가 상승하고 있다는 뜻이다. 20년 넘게 아랍세계에만 주재해 온 BBC 중동특파원 제레미 보웬은 2007년 말에 이란이 핵무기 개발을 포기했다는 미국 정보 소식통의 발표 이후에 이란에 대한 공격이 있을 것이라는 얘기는 나온 적이 없었다면서, 이스라엘 훈련으로 다시 공격 가능성이 나온 점은 중대한 의미를 지닌다고 덧붙였다.

국제원자력기구(IAEA) 사무총장인 모하메드 엘바레데이는 이스라엘의 이란에 대한 공격은 이란으로 하여금 핵무기를 더욱 갖게 만들 것이라고 경고하면서, 군사 조치는 어떤 조치보다 중동 지역을 화약고로 만드는 결과를 초래하는 것이라고 우려했다. 엘바레데이 사무총장은 이란에 대해서 군사적 행동을 취한다면 더 이상 원자력기구의 수장으로서 직무를 지속할 수 없게 될 것이라고 전했다. 이란은 핵개발이 평화적인 목적이라고 주장하지만, 이스라엘은 이란의 핵 기술 습득 자체를 중대한 위협으로 보고 있다.

이스라엘의 군사훈련에 대해서 이란은 방공체계를 강화하고 정찰 비행을 늘리는 등 즉각적인 대응태세를 보이고 있는 것으로 관측됐다. 하지만 이스라엘의 이란 핵시설 공격은 몇 가지 문제점을 안고 있다. 폭격만으로는 이란의 핵 프로그램을 완전 제거하지 못한다는 것이다.

대부분의 시설이 지하 깊숙이 있기 때문에 정밀타격이 어렵고, 현재 이란의 핵개발 시설물 위치가 모두 파악된 것도 아니다. 폭격으로 최대 타격을 입히기 위해서는 다단계 출격이 필요한데, 현재의 이스라엘 군사력으로는 불가능하다.

1981년 6월 7일 이스라엘 공군이 이라크 오시라크 핵시설을 기습 폭격한 '오페라 작전(Operation Opera)'은 호위용 6대의 F-15와 폭격용 8대의 F-16가 동원돼 이스라엘에서 요르단과 사우디아라비아 영공을 비행해 1100km 떨어진 목표물을 성공적으로 타격했다. 이것이 가능했던 이유

중 하나는 오시라크 시설을 프랑스 기술진이 설계했기 때문에 핵시설물에 대한 자세한 정보입수가 가능했고 핵시설물이 지상에 노출되어 있었기 때문이다. 하지만 후세인이 오시라크 핵발전소에 대해서 방어를 강화한 후인 1991년 제1차 걸프전, '사막의 폭풍(Desert Storm)' 작전 때는 미 공군 F-16기 48대와 F-117 스텔스기 17대를 동원해 한 달간 7차례나 출격한 끝에야 핵시설을 파괴할 수 있었다.

최대 운항 거리가 820km인 이스라엘의 F-16기 102대를 총동원해 요르단, 사우디아라비아, 이라크를 지나 목표지점인 이란 나탄츠까지 직선항로를 저공 비행하고, 중간에 공중 급유까지 받아야 하며, 더욱이 일회 출격으로 제한되는 현실은 1981년 오시라크 폭격에 비해 훨씬 리스크가 크다. 게다가 이란은 핵시설에 대한 방어조치를 증진시키는 일환으로 러시아에서 레이더 장비를 수입했다. 이 레이더 시스템은 저공으로 비행하는 항공기 감지용이다. 더불어 미 중앙정보국 마이크 맥코넬은 이란이 러시아제 SA-20 지대공 미사일을 구입할 것이라고 언급한 바 있다. 미 군사 전문가들은 지대공 미사일이 실전에 배치될 경우 이스라엘의 공격 계획이 중대한 장애를 만나기 때문에 서둘러 군사작전을 펴도록 압박하는 요소가 되고 있다고 전했다.

F-15 전투기가 SA-10와 SA-12과 같은 러시아 지대공 미사일에 노출된 상황에서 SA-20까지 배치된다면 이스라엘의 이란 핵시설 공격은 위험부담이 훨씬 더 크다. 이란 핵시설 폭격을 위해서 100대의 이스라엘 전투기가 출격할 경우 60대가 격추될 가능성이 있다는 한 군사전문가의 예측은 이런 위험을 뒷받침해준다. 즉, 폭격을 통해 이란의 지하 핵시설 제거가 100

퍼센트 보장되지 않을 뿐 아니라 이스라엘 공군이 과다한 희생을 감수해야 한다는 것이다.

여러 정황을 분석해보면, 2008년 6월 이스라엘의 대규모 공중 훈련은 다분히 다른 의도가 깔려 있음이 감지된다. 이스라엘이 이란 핵시설을 정작 폭격할 계획이라면, 2007년 9월 시리아의 핵개발 추정시설에 대한 폭격과 1981년 이라크의 오시라크 핵발전소에 대한 폭격처럼 사전 경고 없이 전격적으로 진행했을 것이다.

이스라엘 군사훈련이 조장한 중동의 전운은 이란에 대한 공격이 세계 오일 수송의 40%를 차지하는 호르무츠 해협 봉쇄로 이어진다는 점에서 국제유가 인상에 직접 작용했다. 결과적으로 이스라엘의 군사력 시위는 이란에 경고메시지를 보냄과 동시에 유태계 자본의 세계 4대 오일 메이저인 엑손모빌, 로얄더치쉘, 쉐브론, BP의 수입을 더욱 증대시킨 결과를 가져온 것이다.

국제 관계가 원유가격에 어떻게 변수로 작용했는지 주요 연도 또는 연대별로 살펴본다.

● 1973년 10월 : OPEC이 4차 중동전(Yom Kippur War)에서 이스라엘을 지지하는 국가들에 대한 원유수출 중단으로 1년 안에 원유가격이 3배나 뛰어 45달러에 이르렀다.

● 1980년 : 이란 인질사태로 원유가격이 80달러까지 치솟았다.

● 1980년대 초반 : 선진국에서 원유 수요감소와 원유 의존도 경감으로 원유가격은 38달러로 떨어졌다.

- 1980년대 중반 : 원유 과다 생산과 수요 감소로 원유가격이 20달러까지 하락했다.

- 1990년 : 이라크의 쿠웨이트 침공으로 원유가격이 상승하기 시작했다.

- 1997년 : 아시아 외환위기에도 불구하고 OPEC의 원유 생산 증가로 원유가격이 10달러로 폭락했다.

- 1999년 3월 : OPEC과 러시아, 멕시코, 노르웨이, 오만 등 비 OPEC 산유국이 원유생산량을 줄임에 따라 원유가격이 상승했다.

- 2000년 : OPEC이 생산량을 늘리지 않을 것이라는 우려로 인해서 원유가격이 30달러로 인상되었다.

- 2001년 9월 11일 : 9.11 사태로 미국 경기가 침체되면서 원유가격이 20달러로 하락했다.

- 2003년 : 이라크 북부 송유관이 파괴되고 바그다드의 UN본부가 폭탄 테러를 당하면서 원유가격은 30달러로 올랐다.

- 2004년 5월 : 원유 생산 국가에 대한 테러위협과 러시아 유코스사에 대한 푸틴의 영향력 행사로 인해서 원유가격이 40달러로 인상되었다.

- 2004년 10월 : 나이지리아의 총파업과 멕시코만의 허리케인에 의한 원유 생산량 감소로 인해서 원유가격이 50달러로 올랐다.

- 2005년 7월 : 중국의 원유 소비량 증가와 이란의 핵개발에 대한 우려로 원유가격이 60달러까지 인상되었다.

- 2005년 8월 : 허리케인 카트리나의 영향으로 원유가격이 70달러로 뛰었다.

- 2006년 4월 : 미국의 원유 보유량 저하와 나이지리아의 소요, 그리고 이란 핵 프로그램에 대한 국제 제재조치로 원유가격이 내리지 않고 70달러 선을

유지했다.[15]

● 2007년 9월 : 멕시코의 좌익세력이 6개 송유관을 공격함에 따라 원유가격이 80달러로 올랐다.

● 2008년 7월 : 같은 해 1월에 100달러를 돌파한 원유가격은 6월의 이스라엘의 대규모 군사 훈련 영향으로 가파른 상승세를 이어가다가, 7월 이란의 미사일 시험발사로 사상 최고치인 147달러까지 급등했다. 하지만 2주 만에 125달러 선으로 떨어졌다.

● 2008년 12월 : 사상 최고치를 기록한 지 5개월 사이에 원유가격은 33달러로 폭락했다.

모건스탠리에 따르면 2010년 말에 원유가격이 95달러까지 오르고, 2011년에는 다시 100달러를 돌파할 것이라는 전망이다.

제3장

상해협력기구의 용트림

금융위기 후에 중국은 최대 외환 보유국으로 등장한 반면 러시아는 증시 폭락을 맞았다. 즉, 서구 세계에 큰 목소리를 높일 기회를 잡은 중국과 서구 자본력에 러시아 경제의 무기력함을 인정한 러시아 실세들의 심기일전이 SCO 내에서 더욱 결속을 강화하는 배경이 되고 있다.

ECONOMIC WARFARE
IN A NEW BIPOLAR SYSTEM

상해협력기구의 확장

새롭고 강력한 또 하나의 축

상해협력기구(SCO)는 구소련 붕괴 후인 1996년 창설됐다. 러시아·중국·카자흐스탄·키르기스스탄·타지키스탄·우즈베키스탄이 정회원국이다. 에너지와 자원을 확보하려는 중국, 옛 소련의 영화를 되찾으려는 러시아, 그리고 서구식 민주주의와 자본시장으로부터의 체제 유지가 절실한 중앙아시아 회원국 간의 이해관계가 맞아 떨어지면서 강력한 구심력을 만들어내고 있다.

러시아는 과거 소련의 아프가니스탄 정복 실패에 대한 콤플렉스를 지니고 있다. 이런 이유에서 구소련 공화국인 투르크메니스탄, 우즈베키스탄, 타지키스탄과 접경한 아프가니스탄에서 나토(NATO)가 승승장구하는 것을 환영할 이유가 없다. 러시아는 SCO를 통해 나토에 대한 견제를 시작한 상황이다. 나토의 아프가니스탄 주둔은 중국 입장에서는 미국의 포위정책(Encirclement Policy)의 일환으로 해석할 수 있고, 러시아 입장에서는 남진 차단용이라는 인식을 갖고 있기 때문에 SCO에서 중국과 러시아 양국이 협력적 전략 관계를 다지고 있다.

2007년 8월 16일 키르기스스탄의 수도 비슈케크에서 폐막된 SCO 정상회담에서 러시아, 중국, 카자흐스탄, 우즈베키스탄, 키르기스스탄, 타지키스탄 6개 회원국은 "지역사회의 안정과 평화는 지역 협력 기구를 통해 가장 잘 확보할 수 있다"는 성명을 발표해 미국의 독점 패권주의에 도전했다. 인도, 파키스탄, 이란, 몽골 등 4개 옵서버 국가와 투르크메니스탄, 아프가니스탄 정상들도 자리를 함께 했다.

회원국의 협력과 연대가 어느 때보다 강조된 이 회담을 두고 '제2의 바르샤바조약기구'의 탄생이라는 해석까지 나온다. 사실 SCO가 태동했던 2001년에 비하면 그 영향력이 점점 더 커지고 있다. SCO의 힘을 느끼게 하는 것은 회원국 간 합동군사훈련이다. SCO 정상들은 회담 폐막 다음 날인 8월 17일 러시아 우랄산맥 인근의 첼랴빈스크에서 '평화사명 2007' 군사훈련 폐막식을 지켜봤다. 2년 전인 2005년 중국 산동(山東)성 앞바다에서의 첫 훈련 이후, 두 번째인 이 훈련은 6,500여 명의 병력과 100여 대가 넘는 전투기와 헬기 등이 투입돼 8월 9일부터 진행됐다.

특히 중국의 병력이 대규모로 러시아 영토로 들어간 것은 처음이어서 러시아와 중국의 밀착이 '동맹' 수준으로까지 발전한 것이 아니냐는 해석을 낳고 있다. 미국이 일본과 호주, 인도를 잇는 4각 군사동맹으로 대중국 포위정책을 보이는 상황에서 이러한 다국적 군사 훈련이 벌어진 것이다. 중국이 SCO 합동군사훈련에서 테러리즘과 분리주의, 극단주의라는 '3대 악의 세력' 척결에 초점을 맞춘 것도 이와 무관치 않다.

SCO 회원국들은 SCO가 나토에 맞서는 군사동맹으로 발전하지는 않을 것이라고 하지만 세르게이 라브로프 러시아 외무장관은 "나토가 확장하지 않겠다던 약속을 저버리고 몸집을 계속 불려나가고 있다"며 나토의 작전영역이 아프가니스탄까지 확대된 것에 불만 표시한 바 있다. 또한 라브로프 외무장관은 러시아에서 2009년 6월에 개최되는 SCO 정상회담을 앞두고 "SCO가 다극화된 세계질서에서 중요한 일각을 맡아 나갈 것"이라고 강조하며, 국제적으로 영향력을 더욱 확대할 것임을 시사했다.

유라시아 대륙의 분계선이 관통하는 러시아 제3의 도시인 예카테린부르크에서 2009년 6월 16일 상해협력기구(SCO) 정상회담이 폐막됨과 동시에 브라질 · 러시아 · 인도 · 중국 등 '브릭스(BRICs)' 4개국 정상회담이 잇달아 열렸다. 브릭스 4개국의 국토 면적은 전 세계 면적의 25%를 차지하고, 인구는 세계 인구의 42%에 해당한다. SCO는 아프가니스탄 사태와 금융위기라는 조건과 맞물려 단순한 지역 협력기구의 차원을 벗어나 그 외연을 서서히 키우고 있다. 이제 국제 관계의 양상은 SCO가 BRICs를 품고, 파토(PATO)에 비수를 들이대는 국면으로 가고 있다.

화교 자본, 유태 자본에
도전장을 던지다

세계의 찬사를 받다

홍콩의 〈오리엔탈데일리뉴스〉 2009년 3월 16일자는 "(금융 패권을 잡기 위한) 국가 간의 비밀 전쟁이 더 격화될 것이고, 그 전쟁은 더욱 무자비한 것이 될 것이다"라는 경고로 서론을 시작한 뒤 "중국은 발언할 정당한 권리가 있다. 중국은 미국과 유럽에 대해서 자국의 위치를 분명히 해야 한다"[1]고 친 중국적인 논설을 실었다.

세계 언론들은 2009년 4월 런던에서 열린 G20 회의를 통해서 중국의 경제적 위상이 격상되었다고 대서특필했다. 미국발 세계 금융 위기에서 중국이 최대 외환보유국의 이점을 톡톡히 보고 있다는 말이다. 중국의 〈인민일보〉는 4월 13일자에서 "중국 은행들의 지난해 실적이 이윤 총액 등 모든 지표에서 세계 1위를 차지했다"라고 보도했다. 중국 금융의 '세계 제패'를 선언한 것이다. 세계 경제 전문가들도 중국에 대한 장밋빛 전망을 속속 내놓고 있다.

미국 하버드 대학 펠트스타인 교수는 중국 언론과의 인터뷰에서 "중국은 수년 내에 위기 상황을 벗어날 첫 번째 국가가 될 것이다. 2010년에는 새로운 성장 단계에 진입할 것이다"라고 말했다. 미국 뉴욕 대학의 루비니 교수도 "앞으로 국제 사회에서 중국의 권리와 책임이 커지고, 중국이 좀 더 강력한 영향력을 발휘하게 될 것이다"라고 했다.

중국도 금융위기의 직격탄을 맞았다는 연초의 보도와는 상반된 것이다. 그러나 이 모든 낙관적 전망들은 중국의 실상을 제대로 파악하지 못한 피상적인 분석과 전망이다. 금융위기가 중국의 세계적 위상을 높일 수 있는 절호의 기회가 될 것인가에 대해서는 의문이 드는 건 다음과 같은 이유 때문이다.

2009년 11월 10일 온가보(溫家宝, 원자바오)[2] 중국 총리는 4조 위안(5,860억 달러) 규모의 경기 부양책을 발표했다. 문제는 약 6천억 달러에 달하는 이 돈이 어디에서 충당되는 것인가이다. 중국 정부의 재무 상태를 고려하면 이 금액은 2년 안에 조달하기 어려운 액수다. 그 근거로 2007년 중국의 GNP는 24.5조 위안(3.6조 달러)으로서 정부 세입은 5조 위안(7,350억 달러)이다. 4조 위안의 경기 부양책 규모는 중국 GNP와 세입의 각각 16%와 80%를 차지한다. 반면 미국 구제금융 패키지 7,000억 달러는 미국 GNP의 5%이고, 세입의 28%에 해당한다. 그러므로 미국 기준으로 보았을 때, 실제로 중국 정부가 2년 안에 만들어낼 수 있는 '현실적인' 액수는 발표한 것의 1/4인 1조 위안 정도다.

중국의 경기 부양 패키지는 파산을 피하기 위해 금융 기관을 살리는 미국의 경우와는 다른 경제 부양책이다. 중국의 경기 부양 패키지는 전기 · 철도 · 도로 · 상수도 사업 등 인프라를 강화하기 위한 목적으로 기간산업 투자에 중점을 두고 있다. 즉, 경제 성장을 독려하기 위한 것일 뿐만 아니라 사회적 불안을 제거하기 위한 것이다. 중국 지도부가 가장 두려워하는 것은 사회 불안이기 때문이다.

한편 소비 장려는 인민들에게 자본주의가 동반하는 언론과 표현의 자유에 대한 요구로 분출되어 민주화에 대한 열망을 키운다. 동시에 외국 상품의 구매를 통해 보유 외환을 지출하는 것은 핵심 산업에서 자국의 산업 성장을 막는다. 중국이 진정한 경제 대국으로 인정받지 못하는 한 요인은 글로벌 브랜드를 갖고 있지 못하다는 것이다. 이 때문에 서구 다국적 기업들의 중국 시장 독점 현상이 더욱 고착되고 있다. 예를 들면, 미국 마이크로소프트는 중국 내 시장 점유율이 90%고, 프랑스 미쉐린타이어는 70%, 스웨덴 테트라팍은 80%에 이른다. 결과적으로 중국의 경기 부양책은 국제적 브랜드만 찾게 하는 외제 선호 풍조를 낳고 있다.

중국과 미국의 불안한 묵계

금융위기 속에서 달러화가 강세를 보이는 현상은 경제 이론과 실물 경제 지표로도 설명이 안 되는 기현상이다. 금융위기 당시 대다수의 경제 전문가들이 예상했던 시나리오는 '미국의 부동산 거품이 빠지면 중국과 일본은 보유하고 있는 달러를 외환시장에 대량으로 내놓아 달러 가치가 급격히 떨어지고, 미국의 신용도가 저하됨으로써 미국에 투자되었던 외국 자본의 이탈이 가속화된다'였다. 하지만 실제는 그렇지 않았다. 빌 보너와 에디슨 위긴이 《세계사를 바꿀 달러의 위기》에서 예견했던 달러 가치의 하락은 금융위기 상황에서도 일어나지 않고 오히려 그 가치가 상승하는 납득하기 힘든 상황이 벌어지고 있다.

어떤 기업이 부실하게 되면 해당 기업의 주식 시세는 하락한다. 화폐 가치도 마찬가지 길을 가는 것이 정석이다. 하지만 이와 반대로 가는 달러의 기현상을 설명할 수 있는 방법은 달러 하락에 따라 피해가 예상되는 이해 세력들의 고의적 개입 또는 담합으로 밖에 볼 수 없다. 금융위기의 파장이 퇴임을 앞둔 부시 전 대통령의 마지막 실정으로 기록되는 순간, 그는 달러 환율 안정을 위해 호금도(胡錦濤, 후진타오) 중국 국가주석에게 직접 전화로 협조를 부탁했고, 중국은 미국 국채 2,000억 달러를 매입하기로 약속했다. 이 같은 양국의 합의는 미국의 일방적 요청에 의한 중국의 수용이 아닌 이해 당사국들의 기득권을 보호하는 거래였다.

금융위기로 미국의 실패를 좌시할 수 없는 것이 중국의 입장이다. 중국은 미국의 요청대로 국채를 사들이고, 보유한 달러를 다른 화폐로 대체하는 작업을 늦추는 것이 달러 가치의 하락을 막아 중국 국부를 유지할 수 있는 길이다. 이런 상호 묵계에 따라 달러 가치의 하락을 막고는 있지만, 그 묵계는 무한정 지켜질 성질의 것이 아니다.

중국의 외환보유고는 2조 5,000억 달러에 이른다. 이 금액으로 경제 성장률을 높일 수도 있고 경제 회복에 투입할 수도 있다. 사실상 미국의 금융위기는 중국이 보유하고 있는 외환을 사용할 수 있는 용도를 만들어주었다. 금융위기 이전에 중국이 보유 외환을 사용한 용도는 크게 3가지였다. 외국 기업 인수, 무기 구매, 자원 획득이었다. 금융위기 이후 중국이 국내 경제를 살려 고도성장을 지속하자는 것은 체제 유지 차원에서의 자구책들이다.

문제는 이 채권 가치가 2009년 들어 미국 정부가 경제 부양 패키지를 위한 자금 조달 목적으로 팔면서 벌써 2.7%가 하락했다는 것이다. 이미 중국 지도자들은 미국의 이중 적자가 이자율을 상승시켜 미국 채권의 가치를 떨어뜨릴 것에 깊은 우려를 표하고 있다. 이 때문에 미국의 요청에 따라 지속적으로 미국 채권을 구매해야 할지에 대해서 고민하고 있다. 상황에 따라서 중국은 미국 채권 구입을 중단할 수도 있고, 최악의 경우에는 보유하고 있는 채권을 투매(덤핑)할 수도 있다. 이 경우 달러화는 15~20% 평가절하되고 미국 증시는 아수라장이 되는 재앙을 맞게 된다.[3]

금융 대국의 조건

《자본의 전략》에서 말하지 않는 것들

예일대 경영대학원의 진지무(陳志武, 천즈우) 교수는 그의 저서 《자본의 전략》[4]에서 "금융의 핵심은 시공간을 초월한 가치교환이다. 가치를 지닌 모든 것을 효율적으로 운용하기 위한 거래는 모두 금융거래다"라고 주장한다. 진 교수는 2009년 독일을 제치고 세계 1위 수출국이 된 중국이 제조 대국에 이어 무역 대국이 되었고 이제는 금융 대국을 향해 가고 있다고 역설한다. 하지만 그는 금융 거래의 성숙도가 신용과 직결된다는 사실은 간과하고 있다.

상해는 중국의 무역흑자에서 비롯된 자금력을 바탕으로 이미 아시아 증시의 노른자위로 떠올랐다. 하지만 상해가 뉴욕과 런던에 버금가는 진정한 세계 금융허브가 되겠다는 꿈을 이루기 위해서는 넘어야 될 산들이 많다. 중국이 외국 기업의 상해 증시 상장을 허용하면서 금융 개방화 정책을 펴는 것은 금융산업의 주요 부분인 증시를 키우는 데는 일조하지만, 금융의 허브가 되기 위한 기본적인 요소인 국가 신용도와 정치의 안정성은 장기적 접근이 필요한 부분이다. 즉, 돈만 모여든다고 금융 허브가 되는 것이 아니다. 중국이 금융 대국이 되기 위해서 갖춰야 할 조건은 '네비 파워'를 갖추는 일이다.

진지무 교수는 중국이 강대국이 되기 위해선 금융시장 현대화가 불가피한 과제임을 강대국의 흥망사를 다루면서 말하는데, '서구의 도약이 약탈에서 기인했다는 기존의 인식은 잘못된 것이며 금융시장의 발전 덕분이었다'고 분석한다. 식민지로부터 약탈한 금은보화로 왕실이 호화로운 생활을 하다 망한 스페인과 포르투갈을 영국과 미국에 대비시킨다. 영국은 해외상업무역으로, 미국은 과학기술 혁신으로 부강해졌다. 따라서 두 나라가 필요로 한 금융제도 또한 달랐다. 영국은 채권·은행·보험을, 미국은 주식으로 대표되는 벤처캐피털을 필요로 했다. 따라서 미국은 과거 영국보다 더욱 발달된 주식거래와 주식금융시장을 필요로 했다고 그는 분석한다. 이처럼 해상무역과 기술혁신을 통해 각각 대국으로 도약한 영국과 미국을 대조적인 연구 대상으로 삼고 있다. 해상무역 리스크를 여러 주주들에게 분담시킨 동인도주식회사 같은 제도와 보험 등의 발전은 영국을, 기술혁신을 촉진시킨 증시의 발전은 미국을 강대국으로 만든 DNA였다는 결론을 도출한다.

반면 중국 역대 왕조의 건립 초기에 국고가 가득했지만 재정위기로 멸망한 것도 이 같은 금융의 DNA를 활용하지 못했기 때문이라고 설명한다. 더불어 13세기 서유럽의 도시국가들은 민권의 견제로 증세가 힘들어지자 공채를 발행해 미래의 수입을 현금화했다. 하지만 중국 전제 왕조는 견제 세력이 없었던 탓에 채무부담을 줄일 장기채권 발행의 필요성을 느끼지 못했고 결국 증세와 화폐를 찍어내는 데 몰두하다 멸망하게 됐다고 분석한다.

한편 진지무 교수는 근대사에서 서구제국주의의 중국 강탈과 청의 멸망 이후 나타난 모택동 주도의 공산주의가 자본주의의 산물인 증시와 같은 금융산업 자체를 가로막았기 때문이라는 지적은 하지 않고 있다. 하지만 미국의 민주주의와 시장자본주의를 경험한 진 교수는 금융경제 학자이지만 정치경제학적 시각에서 사회가 민주화돼야 금융이 발전한다고 믿고 있다. 이런 이유에서 중국이 시장경제를 지향하면서도 정치제도는 공산당 일당독재의 사회주의를 고집하는 현실을 문제점으로 지적하고 있다.

그런데 진지무 교수는 성공적인 서구의 금융 환경의 원천에 대해 영국과 미국의 사례만을 들고 있다. 사실 진 교수가 간과한 중요한 원천은 따로 있다. 르네상스를 기점으로 세계정세를 서구 세계가 주도하게 된 데는 유럽의 세 가문의 영향이 지대하다. 이탈리아의 메디치 가문, 독일의 로스차일드 가문, 그리고 스웨덴의 발벤베리 가문이다. 이들은 금융업을 발판으로 거대 자본가로 성장하여 서구를 지금의 파워하우스로 만들었다. 이 세 가문의 성공 비결은 왕실의 비효율적 보수성과 정치인의 비연속성의 한계를 합리적이고 혁신적 경영기법과 성공적인 네트워크 구축을 통해서 극복하는 데 있었다. 특히 로스차일드 자본의 미국 진출에 따른 미국 경제에 미친 영향은 가공할 만

하며, 지금까지도 그들은 세계 금융계에 엄청난 영향력을 행사하고 있다.

진지무 교수도 중국이 자본화의 달콤함을 맛봤지만 금융 대국이 되기 위해서 갈 길이 멀다고 인정한다. 이를 뒷받침하는 수치로 미국의 증시, 채권시장, 주택 담보대출 규모는 각각 국내총생산(GDP)의 1.56배, 2.1배, 0.9배인 반면, 중국은 0.8배, 0.01배, 0.11배에 머물고 있다는 사실을 제시한다.

진 교수는 서브프라임 사태로 인해 금융권에 대한 신뢰도가 떨어졌지만, 결코 미국 소비금융 모델을 바꾸지 못할 것이며, 은행권과 주식시장을 활용하여 발전시켜온 영미식 금융제도가 현대인들의 삶을 풍요롭게 했다고 강조한다. 하지만 금융위기의 본질적인 문제인 시장 자율과 정부 규제의 균형에 대해서는 조지프 스티글리치 교수처럼 냉정한 비판을 가하고 있지 않다.

세계적 보험업체와 신용카드회사의 부재

매년 잡지 〈뱅커〉는 세계 은행들의 수익, 자산 그리고 손실을 등위로 매겨 발표한다. 2009년을 기준으로 두드러지는 것은 20위 속에 중국 은행이 3개나 포함된 사실에서 볼 수 있듯이, 신흥 시장(emerging markets)의 은행들이 부상했다는 점이다. 가장 이윤을 많이 기록한 은행은 중국이었는데, 실제로 대차대조표 상에서는 그것이 드러나지 않았다. 2010년 현재 세계에서 가장 큰 은행은 중국농업은행(Agricultural Bank of China)이다. 손해를 가장 많이 본 은행은 불건전한 금융 상품들

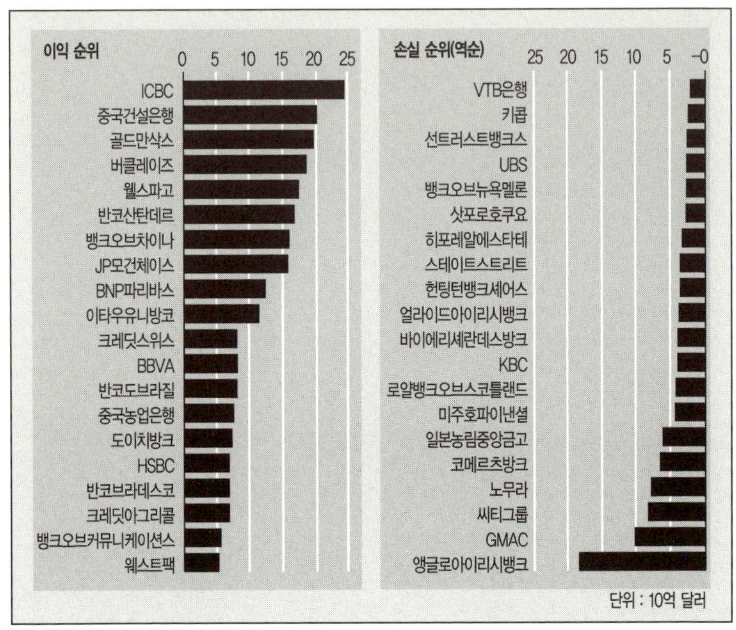

을 사들인 유럽 은행들이었다.[5] 위의 표만을 보면 세계 금융계에서 중국의 부상은 의심할 여지가 없고, 따라서 중국의 금융 패권에 대해서 낙관하게 될지도 모른다. 그러나 금융 강국이 되기 위한 필요충분조건은 증시 거래 규모와 은행의 수익만이 아니다.

중국이 금융 대국으로 가기 위해서 갖추어야 할 조건 중에 하나가 바로 세계적인 보험회사의 운영이다. 보험이란 개인적으로는 사고와 질병들을 대비한 '마음의 평안(peace of mind)' 을 파는 사업이고, 기업이나 정부 차원으로는 대형 사고와 자연재해의 경제적 손실을 대비한 안정장치를 만드는 사업이다.[6]

보험회사를 믿고 만일을 대비한 일정액을 위탁하는 것은 신뢰의 표현이며, 신용 사회가 아니고서는 성립될 수 없는 상거래이기도 하다. 그렇다면 '지금의 중국은 과연 신용 사회인가?'라는 질문을 던질 필요가 있다. 신용 사회를 결정하는 중요한 요인은 안정된 사회 정치 제도가 정착된 해당 국가에 돈을 맡길 수 있느냐는 '안정성'에 있다.

그러면 금융 대국이 되기 위해서 중국은 세계적 신용카드회사를 가질 수 있을까? 물론 불가능한 일은 아니다. 하지만 중국이라는 국가 신용도와 중국 시스템의 신뢰성을 쌓는 데는 상당한 시일을 요할 것이다. 국가 신용도는 정치 체제의 신임도와 안정성에 기인하고, 시스템에 대한 신뢰성은 외국 회사나 정부 기관과의 실제적인 접촉에서 쌓아지는 것이다.

하지만 중국이 지니고 있는 일당 정치 체제와 외국 기업 활동에 대한 제재 또는 간섭은 중국의 대외적 신뢰성을 저해하는 요소이다. 게다가 미국이 자본주의의 총아로서 거대 자본가들을 배출했지만 그 재산은 사회 환원을 통해서 재분배가 되고 있는 반면, 중국은 아직 이렇다 할 박애주의적 자본가들을 내놓지 못하고 있다.

서구 자본주의가 부의 정당한 축적과 함께 사회 기여를 미덕으로 삼는 칼빈니즘에 바탕을 둔 것처럼, 중국도 단기적 경제 성장 계획보다도 인(仁)과 봉사를 미덕으로 여기는 공자와 주자 같은 고유의 사상을 되살리는 운동이 뒤따른다면, 서구처럼 국제적으로 존경받는 기업가들이 나올 것이라고 전망한다.

또한 이런 사회적 풍토를 바탕으로 위안화가 달러나 유로화처럼 기축통화로서 자리매김하고 국제화된 자동결제 시스템의 도입과 운영을 위한 기술적인 부분을 해결한다면 중국도 세계적인 신용카드회사를 지닐 수 있다.

중국의 도전

차이나유니온페이(China UnionPay)는 중국의 유일한 카드회사로서 2002년 인민은행의 승인 하에 설립되었다. 짧은 역사에 비해서 중국의 외환 보유고와 급속히 증가하는 구매력에 힘입어 빠른 성장세를 보여왔다. 2009년 8월부터 대만 금융 기관들이 차이나유니온페이에서 발행한 신용카드를 받아들이기 시작했고, 2010년 4월 차이나유니온페이는 남아프리카 공화국 제일의 상업은행인 SBSA(Standard Bank of South Africa)와 서비스를 개시했다. 이로써 유니온페이 카드 사용 국가는 전 세계 62개국으로 늘어났다. 하지만 이처럼 차이나유니온페이 카드가 여러 나라에서 현지 국가 은행과의 제휴를 통해 통용되도록 하는 것은 금융 패권에 다가가기 위한 일차적인 단계에 머문다.

2010년 6월 이러한 유니온페이 카드의 성장세에 제동이 걸렸는데, 다름 아닌 미국의 비자카드가 중국 유니온페이 해외결제를 차단한 것이다. 유니온페이도 반격으로 중국 인민은행은 이미 유니온페이 표준 IC카드를 발행할 계획에 들어갔으며, 약 5년 후 신규 발행될 은행카드는 모두 IC카드가 될 것이라고 전한다.

비자카드의 입장에서 중국이 신용카드 시장을 개방하게 된다면, 유니온페이가 아닌 자신만의 네트워크를 구축해 들어올 수 있지만 초기진입 원가는 매우 높을 것이며, 유니온페이도 세계시장 개척 시 마찬가지 입장에 놓일 것이라는 것을 인식하고 있다. 비자카드가 현재 세계 60%의 시장을 지배하고 있는 점을 고려하면, 당장은 유니온페이 측이 수세에 놓인 것이 사실이다. 하지만 이 같은 미국과 중국 신용카드회사의 공방은 금융 패권을 지키려는 나라와 쟁취하려는 나라 간의 전초전에 불과하다.

중국이 세계 신용카드 시장에서 우위를 점유하려면, 먼저 위안화의 국제적 위상을 높여야 하고, 외국인들을 유니온페이 카드 직접 가입자로 만들어야 한다.

중국 경제의 성공 배경

일당 체제와 화교 네트워크

나는 2008년 출간된 《3개의 축》에서 중국경제의 성공 이유를 우선 장기적 비전의 정치 지도력이라고 평했다.

"중국경제의 성공은 무엇보다 장기적 비전의 정치 지도력에서 출발했다. 등소평(鄧小平, 덩샤오핑)이 20년 간격으로 구분해 놓은 '3단계 발전론'은 지금의 중국 경제를 있게 한 장기적 경제 개발 계획이다. 구체적으로 보면, 1979년부터 1999년까지 1인당 국내총생산(GDP) 800~1,000달러를 목표로 배고픈 문제를 해결하자는 온보(溫飽, 원바오) 단계이고, 2000년부터 2020년까지 좀 더 여유 있는 생활을 할 수 있는 단계로 1인당 GDP 3,000달러 시대인 소강(小康, 샤오캉) 단계, 그리고 2020년 이후 세계 선두권의 복지국가 건설이 목표인 대동(大同, 따통) 단계로 설정했다."

실제로 중국의 1인당 GDP는 1999년에 800달러를 넘어섬으로써 첫 단계인 온보를 성공적으로 통과했다. 중국 정치 지도력의 또 다른 강점은 지도부가 바뀌더라도 일관성 있게 정책을 이어간다는 것이다. 호금도(胡錦濤, 후진타오)가 집권한 후 2050년까지의 국가 과제를 도시화(2003년~2010년), 정보화(2011~2020년), 지식화(2021년~2050년)로 세분화한 2003년의 〈중국 현대화 보고〉는 등소평의 3단계 발전론을 전략으로 삼고 만들어진 전술적 차원의 조치다. 이러한 중국의 일관성 있는 장기적 경제 목표 설정은 선거를 통해 대의민주주의를 하는 국가에서는 모방할 수 없는 중국만의 국가 경쟁력이라고 할 수 있다.

그리고 중국 경제의 성공 두 번째 요인으로 화교 자본의 지대한 기여도를 들었다.

"중국이 아닌 해외에 사는 중국계 민족을 화교(華僑)라고 칭하는데 전 세계에 약 6,000만 명이 나가 살고 있다. 화교의 90%가 중국과 인접한 동남아 지역에 집중되어 있다. 중화권 3개 지역인 홍콩, 대만, 마카오에 약 3,000만 명이 거주한다. 인도네시아에 600만 명으로 가장 많고 말레이시아와 태국에 약 500만 명, 싱가포르에 약 260만 명 그리고 필리핀에 100만 명의 화교가 산다. 화교들의 특징은 현지 경제권을 장악하고 있다는 점이다. 동남아 2,000만 화교가 이 지역 전체 자본의 70%를 차지하고 있다. 한 예로 태국 인구의 3%밖에 안 되는 화교는 태국 경제의 80%를 점유하고 있다."

주목할 만한 것은 화교권의 결집력을 높이기 위한 모임이 활성화되고 있다는 점이다. 먼저, 최대의 화교 거부인 홍콩의 이가성(李嘉誠, 리자청)이 주축이 되어 국제차오저우대회(國際潮團聯誼大會)를 개최해

150여 개의 조주(潮州, 차오저우) 관련단체들이 친분과 정보교환을 하고 있다.

중국의 전 세계 화상세력의 결집모색을 위한 중요한 채널은 세계화상대회(世界華商大會)이다. 1991년 제1차 세계화상대회가 싱가포르에서 열렸을 당시에는 비공식적인 모임이었지만, 점차 공식화하고 있다. 초창기에는 화상의 친목을 도모하는 모임이었으나 점차 주최국의 투자환경을 홍보해 화교 자본을 유치하고, 비즈니스 정보교류의 장으로 탈바꿈했다. 이학규 우석대 교수는 "화교 기업은 민족 내부의 문화적 일체성을 토대로 하는 네트워크망을 활용해 나름대로 특이한 패턴의 세계화를 추진하고 있으며, 이는 화상의 다국적화, 화교경제권의 팽창을 가능케 하는 요인으로 작용하고 있다"고 분석했다.

1999년에 중국 정부의 대표단이 처음으로 세계화상대회에 참석했고, 2001년 남경에서 열린 제6차 대회부터는 중국이 공식 주관자로서 전면에 나섰다. 화상 네트워크를 경제발전에 이용하려는 중국의 전략인 것이다. 그전까지 화교와 화상 네트워크가 중국의 경제건설을 지원하면서 실리를 얻는 구조였다면, 앞으로는 중국이 후견인 역할을 맡아 범중화권으로 키워 종국적으로 중국이 주도하는 새로운 질서, 즉 '팍스 시니카(Pax Sinica)' 시대를 연다는 야심에 차 있다.

차이완 시대의 도래

중국 본토 사람들이 대만으로 대거 건너간 것은 1949년이다. 당시 국공내전에서 패한 장개석(蔣介石, 장제스) 총통은 국민당 군을 이끌고 대만으로 갔다. 이처럼 대만으로 옮겨간 중국 본토인이 다시 돌아가고 있고, 이들을 '신대륙인'이라고 부른다. 싱가포르의 〈연합조보(聯合早報)〉와 중국 잡지 〈원견(遠見)〉은 "대만이 중국에 대해 사실상 완전 개방을 선언하면서 중국 본토인의 대만 이동이 전면화될 것"이라고 전망했던 것이 2009년 5월의 일이다. 그런데 불과 1년이 지난 2010년 6월 29일, 중국과 대만은 61년 만에 양안 '경제통일'을 이루었다. 인구 14억 명, GDP규모 5조 3,000억 달러로 한국의 6배가 넘는 경제공동체 '차이완'이 탄생한 것이다.

이날 중국 중경(重慶, 충칭)에서 진운임(陳雲林, 천윈린) 중국 해협양안관계협회 회장과 강병곤(江丙坤, 장빙쿤) 대만 해협교류기금회 이사장이 양안 간 자유무역협정인 경제협력기본협정(ECFA)에 서명했다. 분단 61년 만에 중국과 대만이 이뤄낸 양안 경제 통합은 '차이완(차이나+타이완) 시대'로 나아가는 첫 발걸음인 동시에 거대한 중화경제권 완성을 전 세계에 알렸다. 협정이 체결된 중경은 1940년대 국공내전 시기 국민당 정부의 임시수도였다. 이날 양쪽은 과거 대륙을 차지하기 위해 치열한 경쟁을 벌였던 역사의 무대에서 다시 극적인 화해를 선언했다.

이 협정에서 대만이 경제 위기를 극복하고 새로운 기회를 창출하는 데 초점을 맞췄다면, 중국은 대만 기술을 접목한 경제 업그레이드라는 목표 외에 대만과의 통일을 향한 초석이라는 정치적 의미에도 중점을 뒀다. 이를 위해 중국이 대만에 큰 양보를 한 점이 눈에 띈다.[7] 국제 안보적인 관점에서 차이완의 탄생은 중국과 대만의 무력 충돌

가능성이 희박해짐에 따라, 미국의 동아시아 군사력 배치에 부담을 덜어주는 효과로 보는 시각이 있다. 하지만 실제로 양안협력으로 중국의 작전 반경이 동아시아에서 확대되고, 상대적으로 대만에 대한 미국의 레버리지가 감소한다는 점을 간과해서는 안 된다.

중국과 대만의 협정 체결로 중국─대만─홍콩─마카오를 잇는 중화경제권이 모습을 드러냈다. 인구 14억, 국내총생산(GDP) 5조 3,000억 달러의 거대 경제권이다. 중국은 홍콩과 마카오를 반환 받은 뒤 '일국양제' 안에서 경제통합을 가속화하는 포괄적 경제동반자 협정(CEPA)을 2003년에 맺었다. 이어 2008년 5월 대만 마영구(馬英九, 마잉주) 총통이 취임하자 대만과의 경제협력기본협정을 추진해왔다.

진운임 중국 해협양안관계협회장은 "이번 협정은 중화민족의 능력을 향상시키기 위해 양안이 함께 선택한 중요한 전략적 방안"이라고 의미를 부여했다. 실제적으로 중국의 자본·노동 경쟁력과 대만의 기술력이 합쳐지면서 큰 시너지 효과를 낼 것으로 예상된다. 더불어 과연 범중화권의 자본력이 정보력과 국제영향력에서 다져진 유태 자본력에 대항할 수 있을지 그 귀추가 주목된다.

중국 경제의 취약점

성장의 이면

'메가트렌드 시리즈'로 알려진 미래학자 존 나이스비트는 "중국 모델은 아직 초기 단계다. 그럼에도 불구하고 30년 만에 수억 명의 인구를 기아에서 구해낸 것은 세계사의 거대한 성과다. 서구식 민주주의만이 국민을 먹여 살릴 수 있다는 독선에 경종을 울린 것이다"라고 주장하며, "중국이 발전하면 할수록 중국식 민주주의 모델은 서방의 저항에 부딪칠 것"이라고 덧붙였다.[8] 나이스비트는 더 나가 '중국이 서구 민주주의의 대안을 만들어낼 수도 있다'는 말도 던졌다. 하지만 나이스비트가 표현한 '중국식 민주주의 모델'이란 존재하지 않는다. 정치제도는 다당제가 아닌 일당제이고, 민주주의의 근간인 선거를 통한 다수결의 원칙도 중국에는 없기 때문이다. 나이스비트의 주장은 그저 중국의 경제 성장의 장밋빛 단면만 보고 내린 단편적인 것에 불과하다.

카네기재단의 배민흔(裴敏欣, 페이민친) 박사는 CNN과의 인터뷰에서 자신도 천안문 사태의 참여자이지만, 그때 민주화 운동에 참여했던 참가자들은 이제는 '완전히 비정치적(totally apolitical)'이라고 증언했다.[9] 이 말은 현재 중국인들의 관심은 정치 개혁을 통한 민주화가 아니라 부(富)라는 뜻이다. 배 박사는 '중국의 탐욕스런 공산주의자들(China's Greedy Communists)'이란 기고를 통해서, "미국에서 탐욕스런 자본주의자들이 주택 버블을 일으켰듯이, 중국의 탐욕스런 공산주의자들도 주택 버블을 일으킨다"[10]는 말로 중국이 미국이 경험한 부동산 버블로 가고 있음을 경고했다. 그리고 배 박사가 지목한 공산주의자들이란 부동산 투기 조장으로 이익을 챙기는 중국 국영 은행 임원들과 정부관료들이다.

《3개의 축》에서 나는 중국 경제의 취약점을 다음과 같이 지적했다.

"중국 경제가 2020년에 구매력평가(PPP) 기준으로 미국 경제를 따라 잡는다는 뉴스는 이제 새로운 뉴스가 아니다. 하지만 중국이 세계 최대 경제국으로 등장한다는 분석은 겉만 보고 속은 보지 못한 것이다. 미국이 중국의 저렴한 공산품에 덕분에 인플레이션을 겪지 않고 있는 것에 만족하고 있고, 유럽은 중국의 구매 잠재력에 매료되어 중국의 모든 것이 장밋빛으로 보이는지도 모른다. 미래학적 저서 《부와 권력의 대이동》에서 중국시장의 잠재력을 과대평가한 프레스토위츠 같은 사람이 여기에 속한다. 실상은 이러한 만족과 매료가 지속되는 것이 아닌 '지나가는 현상'일지도 모른다는 것이다."

2010년 8월 10일자 중국경제 보고서 역시 대외무역에서 중국 자

주브랜드의 취약성을 인정하고 있다. 세계 제조대국으로서 중국은 과연 경쟁력이 있는지를 자문자답하면서, 의류에서부터 철강까지, 중국이 시간당 전 세계에 수출하는 '메이드인 차이나' 는 1억 달러에 달한다고 하지만 이러한 제품은 대다수가 OEM 생산이며, 국제 산업 망에서 가장 낮은 단계에 놓여있다는 것이다. 즉, 중국은 그저 약간의 가공비만을 벌어들이고 있다는 결론이다. 바비 인형의 경우, 가공으로 인한 중국 기업이 얻는 이익은 0.35달러에 불과하지만 브랜드를 가진 미국기업이 가져가는 이익은 8달러에 달한다. 중국 의류업도 마찬가지다. 중국 제조업체의 조르지오 아르마니 브랜드 양복 한 벌 제작비는 50달러에 불과하지만, 조르지오 아르마니 매장에서는 한 벌에 500~800달러에 팔려 가격차는 약 10배 이상을 보이고 있다.

외국 투자자에 대한 규제

국제적 브랜드의 부재 이외에 또 다른 문제는 외국 투자자에 대한 규제다. 중국 내 외자은행들의 불만 토로를 보면 이 문제의 심각성을 알 수 있다. 〈중국경제주간〉 5월 25일자는 중국 은행 업무에 대한 대외개방 3년 후, 날로 심화되는 경쟁 압력과 관리 감독으로 외자은행의 불만은 커져가고 있다고 전한다. 글로벌 컨설팅회사인 PWC(Price Waterhouse Coopers)가 2010년 5월 발표한 보고서에 따르면, 중국에서 업무를 하고 있는 외자기업이 중국은행으로부터 도전을 맞고 있으며, 중국 관리감독층에 대한 불만이 고조되고 있음을 알 수 있다. 이 보고서는 중국 내 Standard Chartered, Citibank, HSBC, UBS, JP

Morgan, 와코비아(Wachovia) 등 42개 외자은행 고위관리들과의 인터뷰를 통해 작성되었는데, 주요 내용은 아래와 같다.

첫째, 경제위기로 중국은행의 대출은 급격히 증가했으나, 전통적인 외자기업의 대출시장은 별다른 변화가 없었다는 것이다. 또한 중국은행은 지속적인 서비스향상과 상품 개발을 하고 있으며 점점 전방위적인 금융서비스기관으로 발전해나가고 있음에도, 상대적으로 외자은행은 정책적인 제제로 인해 발전공간이 너무 제한적이다.

둘째, 관리감독의 불공정대우를 들고 있다. 외자은행들은 자신들이 받은 관리감독대우가 중국은행과 동일하지 않다고 밝힌다. 외자은행은 여러 방면에서 이미 강도 높은 관리감독을 받고 있으며 그 중 33개 은행은 2010년 관리감독 정책에 있어 중대한 변화가 예상된다고 한다. 외자은행의 불공정 대우로는 주로 지점을 개설할 때 심사기간이 너무 길고, 새로운 상품을 출시할 때 제약이 비교적 많으며, 새로운 상품에 대한 최초시도 기회도 거의 중국은행에게 돌아간다고 토로한다.

세계 최대 금융사 씨티그룹도 중국의 국영 광동개발은행 지분을 인수했지만, 지분율은 당초 희망했던 40%가 아닌 25%(자회사 지분 포함)에 그쳤다. 또 9월 중국 관영 신화통신은 블룸버그와 로이터에 금융뉴스를 직접 서비스하는 것을 금지했다. 중국 내에선 신화통신을 통해서만 뉴스를 공급하도록 한 것이다. 이미 세계 최대 검색엔진 구글은 중국 정부의 검열을 받는 조건으로 중국에 진출한 바 있지만, 중국 정부와의 불화로 최근 홍콩으로 중국법인을 옮긴 것은 외국 기업에 대한 중국 정부의 과도한 간섭의 대표적이 예이다. 게다가 중국은 호주 리오틴토 직원 체포 사건으로 외국 기업에 대한 간섭을 넘어선 월권행위까지 주저하지 않았다.

이러한 비합리적 규제와 납득하지 못할 관행은 중국이 경제선진화로 가는 데 커다란 장애가 된다. 중국의 해외 인수합병은 국제화된 현지 관행을 따르면서 정작 중국의 개방정책에는 폐쇄성이 여전히 남아 있는데, 시정되려면 상당한 시간과 시행착오가 예상된다.

게다가 중국 정부는 2009년 11월 컴퓨터와 기타 상품에 대한 정부 차원의 구매에 있어서 중국에서 개발된 기술을 선호하겠다는 방침을 발표했다. 이는 국내 연구를 촉진할 목적이라고 하지만, 외국 기업들은 정부 구매에서 외국기업에 대한 기회가 차단될 것을 우려했다. 중국에서 특허를 신청하고 상표를 등록하는 문제에 있어서 많은 다국적 기업들이 중국에서 특허 신청을 꺼리는 상황이다. 그 이유는 중국 시스템은 아직 저작권을 보호해줄 만한 상태가 아니고, 게다가 중국 현지 경쟁 업체들이 기술을 도용할 수 있기 때문이다. 이에 대한 미국과 유럽연합의 반발이 거세지자, 중국 정부는 특정 상품에 대해 저작권을 지닌 기업체는 중국 정부 구매에 입찰할 수 있다고 한 발 물러선 발표를 했다.[11]

부동산 버블 리스크

중국의 부동산 가격은 지난 5년간 빠른 속도로 상승해왔다. 2010년 1/4분기에 중국 전체 평균 부동산 가격은 11% 올라, 중국 정부도

부동산 시장의 잠재적 버블에 대해서 유심히 관찰하고 있다.

중국 정부는 부동산 열기를 식히려는 조치들을 간구 중이고, 그 중에 하나로 모기지 비율과 다운 페이먼트를 높이는 방법을 택하고 있다. 즉, 부동산 투기를 잠재우기 위해서 두 번째 주택을 구입하는 조건으로 기존의 60% 대출해주던 모기지 비율을 50% 내릴 방침이다. 추가적으로 부동산 거래에 대한 세금도 인상할 계획이다.[12]

문제는 미국의 서브프라임 모기지 경우처럼 주택 시장의 버블이 꺼지면 중국의 금융시장이 요동쳐 전 세계 경제에 부정적인 영향을 끼친다는 점이다. 따라서 중국 정부로서는 부동산 투기 과열에 대해서 기존의 조치만으로는 불충분하다는 결론이다. 일당 정치 체제에 자유시장 경제의 기본인 사유 재산 인정과 그 사유 재산의 증식 방법이 여타 민주 자유시장 경제 모델을 따르는 것은 체제 유지에 있어서 지극히 위험한 도박인 셈이다. 결국 중국 공산당은 부동산 시장을 억제시킬 수도 없고, 그렇다고 과열된 부동산 시장을 완화시킬 수도 없는 딜레마에 빠져 있다.

부동산 과열현상과는 별도로 인플레이션은 정부의 목표인 3% 이하로 유지하고 있는데 아직까지는 성공적이다. 중국 정부는 이자율 상승 대신에 은행들이 자산 비율을 높여줄 것을 요구했다. 이는 2009년 이후로 대출을 줄이려는 것으로, 한마디로 정부의 경기부양 패키지 5840억 달러(4조 위안)를 지원하기 위한 방법이다. 중국 정부의 목표는 전년에 대출된 금액 1조 4,000억 달러(9조 6,000억 위안)에서 22% 줄어든 1조 1,000억 달러(7조 5,000억 위안)로 대출금액을 낮춘다는 것이다. 중국 정부가 대출 목표를 설정한 후 2010년 1/4분기의 대출 규모가 전년도 30% 증가에서, 26.4%로 감소했다.

　스톤앤 맥아시 연구소의 톰 오를릭 연구원에 따르면 중국 정부는 구미에 맞지 않는 선택의 기로에 서 있는 상황이다. 즉, 이자율을 올리고 부동산 과열을 잠재우든가, 아니면 이자율은 변동 없이 부동산 버블이 더 진행되도록 방관하여 인플레이션의 리스크를 막느냐이다.[13] 하지만 중국 중앙은행은 대출 신용 한도를 억제하는 방식으로 지금까지 경제 안정을 도모해왔다.

고도성장의 부작용

　세계은행 2010년 보고서는 미국 5%의 인구가 부의 60%를 소유하고 있고, 중국의 경우는 1%의 인구가 부의 41.4%를 소유하고 있다고 발표했다. 즉, 중국 부의 집중도는 미국을 뛰어넘어 세계에서 양극화가 가장 심한 나라가 되었다는 뜻이다. 2010년 4월 중국 해남성 산야시에서 발표된 〈2010년 호윤재부보고(胡潤財富報告)〉에 따르면, 현재 중국에는 1조 위안 이상 부호가 5만 5,000명에 달한다고 한다. 이 중 많은 부호들은 해외이민을 생각 중에 있는데, 2009년 미국 투자이민은 전년대비 2배가 넘었다. 대부분의 부자들이 해외 이민을 선택하는 이유로는 '자녀교육', '안전감(중국 내 투자환경의 잦은 변화와 부에 대한 '원죄' 추궁문제로 인해 신변 안전에 대한 불안감 고조), '선진 생활환경 추구' 라고 한다. 이는 단적으로 중국 인민 스스로 자국에 대한 사회 전반에 대한 신뢰도가 낮음을 보여주는 예이다.

세계은행 발표에서 중국의 빈부격차의 심화를 알 수 있다. 중국 주민소득 지니계수가 이미 개혁개방 전 0.16에서 0.47로 상승했다고 밝히고 있어, 중국 독점업종 종사자의 고수입, 고(高)복지혜택 등은 불공정한 신호가 되고 있다. 세계은행은 중국의 지니계수가 0.47까지 이른 것은 부(富)가 너무 과도하게 소수에게 집중되어 있는 것을 나타낸다고 언급하며, 중국의 상위층 10%와 저소득층 10% 간의 소득격차는 이미 20배를 넘어섰다고 지적한다.

▌노동운동의 본격화

중국의 노동자들이 눈을 뜨고 있다. 그간 당국의 통제에 의해 저임금에 반발하지 못하고 숨죽이던 중국 노동자들 중에 외국 기업에 근무하는 노동자들이 먼저 목소리를 높였다. 2010년 5월 일본 혼다자동차의 부품 공장에서 2,000명이 파업을 했고, 타이완계 전자회사 폭스콤에서는 10명의 노동자들이 의문의 자살을 했다.

이처럼 저임금과 관련된 불만이 다양한 형태로 분출되고 있다. 중국의 저임금 시대가 막을 내렸다는 분석도 나왔다. 일부 외국인 투자기업들은 동남아의 저임금 국가로 공장을 옮기기 시작했다. 노동자들의 파업이나 시위는 한동안 당국의 통제로 세상에 별로 알려지지 않았으나 이제는 중국 경제의 일상으로 떠올랐다.

노동계의 기류를 느긋하게 바라보던 당국은 다급해졌다. 1980년대 폴란드의 역사를 바꾼 전국 규모의 노동조합 솔리대러티(Solidarity) 같은 노동운동이 점화되지 않을까 걱정할 정도다. 공산당 지도자들은 사면초가의 심정이다. 노동자들의 요구를 들어주면 성장이 둔화되고, 노동운동을 탄압하면 제2의 천안문(天安門) 사태가 일어날지도 모르기 때문이다.[14]

노동자들의 불만을 키우는 주된 원인은 2008년에 발효된 노동법이다. 이 법은 관영 노조만 허용할 뿐만 아니라 모든 노사 분규를 정부 주도의 중재위원회 또는 법원의 직권 중재로만 해결하도록 규정하고 파업 등 일체의 단체행동을 금지하고 있다. 한마디로 노동 현실과 맞지 않는 법이다. 이 법은 또한 노동자들의 권익보다는 사회 안정과 국익을 우선한다. 그 결과 최근 중재와 소송 건수가 계속 증가하고 있다. 노동자들이 자신들의 권리에 눈을 뜨기 시작했기 때문이다. 이는 언론의 자유 같은 정치 민주화를 요구하는 것과는 다른 차원의 사회 문제다. 왜냐하면 노동자 자신들의 안녕과 복지가 직결된 '삶의 문제'이기 때문이다. 이로써 중국의 저임금은 더 이상 중국의 경쟁력이 아니다.

노동계의 불만은 노동 분규가 증가하는 것으로 나타난다. 공장 폐쇄가 늘어난 2008년에는 70만 건의 노동 중재가 발생했다. 2007년의 두 배이다. 2009년 수치도 비슷했다. 중재가 마음에 들지 않으면 소송으로 간다. 2008년 중재에 불복해 법원으로 간 사건은 28만 건이다. 2007년보다 94% 늘어났다. 2009년 상반기에는 17만 건이었다.

국영 기업에는 대부분 관제 노조가 있다. 이들은 외국 기업에 노조 지부를 설치하는 데도 상당한 역할을 했다. 공산당 지도자들이 노조를 허용하면 얻는 것보다 잃는 것이 많다고 보는 사고방식이 문제다.

혼다 노조가 임금 인상과 함께 요구하는 주요 조건이 바로 민간 노조의 허용이다.

중국 노동자들은 인터넷을 통해 자신들의 불만을 알리고 동조 세력을 키우고 있다. 중국의 인터넷 사용자는 약 4억 명이다. 정부는 현대화 수단으로 인터넷을 보급하고 가입비를 인하했으나 이 첨단 정보 공유 수단이 정부에 대한 항거의 수단이 되고 있다. IT의 기술 혁신 덕택에 1989년 천안문 민주화 투쟁 당시에 사용된 타이프라이터와 등사기는 이제 웹으로 대체돼 새로운 양상의 '사이버 항쟁'이 예고되고 있다.

중국 경제 전망

관건은 성숙한 문화다

2010년 출간된 《글로벌 경제질서 재편과 G20 정상회의》에서는 중국의 경제를 다음과 같이 전망한다.

"중국의 외환보유액이 지속적인 증가세를 이어갈 경우, 중국 정부는 국내의 인플레이션 압력, 자산시장 거품 조성 등을 피하기 위해 불태화정책을 실시하지 않을 수 없고, 이를 통해 조성된 풍부한 외환 유동성은 미국 국채를 매입하는 것 이외에 매력적인 투자처를 찾기 어려울 수 있다. 결국 보유 외환을 투자할 수 있는, 잘 발달된 금융시장을 보유한 국가는 미국이 거의 유일하여 다시 미국 금융시장에 투자되면서 외환보유액 투자의 다원화가 쉽지 않을 것이다."

그러나 여기서는 중국이 보유 외환의 다변화를 꾀하고 있는 사실을 간과하고 있다. 중국은 이미 미국 국채 이외에 다른 국가 국채와 달러 이외의 외환으로 조용히 전환하고 있고, 달러 비중을 줄이기 위한 방안으로 금과 같은 귀금속이나 천연자원에 보유 달러를 사용하고 있다. 중국의 보유외환을 사용할 시장은 달러와 미국 국채 시장만이 아니란 것이다.

《3개의 축》에서 나는 중국 경제 전망과 함께 중국 체제가 갖고 있는 문제를 다음과 같이 지적한 바 있다.

"멈출 줄 모르는 중국의 경제 성장을 보면서, 2035년이면 미국을 따라 잡을 것이라고 많은 경제전문가들이 예측하고 있다. 그러나 '양의 경제체제'로는 '질의 경제체제'를 이룩하지 못한다. 불량식품과 결함 있는 상품으로 세계시장을 두드리는 한 중국은 더 이상의 도약할 수 없다. 국제적으로 인정받는 중국 자체 브랜드 없이 경제 대국(大國)은 먼 얘기다. 선진국 수준의 제약회사도 없고, 제조업에서 핵심 기술이 없는 중국은 그저 경제 중국(中國)에 머물 수밖에 없다.

중국 금융 체계의 약점과 빈부 격차에 따른 계층 간의 갈등은 사회 혼란의 가능성을 내포하고 있다. 의식주 문제가 해결되면서 인민들의 정치적 자유에 대한 갈망이 더 커지고, 민주화 운동은 공산 일당 독재 체제의 커다란 위협이 될 것이다. 더욱이 자유화의 물결이 일단 번지면 티베트와 위그루 자치구에서 분리운동이 거세게 일어날 것이다. 중국의 정치적 소요는 구소련보다 더 격심한 사회혼란을 야기할 것으로 예상된다."

2년 전 내가 말했던 전망이 실제로 벌어지고 있다. 티베트의 달라이라마를 중심으로 한 반 중국 세력들이 국제적 동정을 끌어내고 있고, 잠잠하던 신장성의 위그루 자치구에서 분리주의 운동으로 유혈

사태가 벌어지는 것이 작금의 상황이다.

또한 황금만능주의가 만연되며 중국 지도부의 부정부패가 깊어지고 있다. 공산체제의 숨 막히는 통제 속에 있다가, 지도층 일부가 살아나는 경제 덕분에 돈이 가져다주는 향락에 빠져들고 있다. 이러한 원인 중에 하나는 일당 공산주의 체제하에서 전통 중국사상과 철학을 건전한 사회가치관으로 이어가지 못했기 때문이다. 배금주의에 사로잡힌 중국 지도층은 부의 사회환원이나 사회공헌은 안중에도 없다. 막대한 이해가 걸린 국책사업에 고위 공무원들은 천문학 액수의 뇌물 유혹을 뿌리치지 못하고, 주체 못 할 공돈을 마치 왕이 후궁을 거느리듯이 사용한 예가 공개되고 있다.

서민적 풍모로서 일화를 많이 남기고 있는 온가보(溫家宝, 원자바오) 총리지만 평소에 수십만 위안에 달하는 스위스제 고급 시계를 차고 다닌다는 비난을 받기도 한다. 2007년 11월 2일 〈중국시보〉는 보석 감정가인 온가보 총리의 부인이 타이완 보석상으로부터 1,500만 타이완 위안이 넘는 고급 보석을 샀다고 보도했다. 또 〈파이넨셜타임스〉는 온가보의 아들이 설립한 회사가 일본 소프트뱅크, 도이치은행 등 국제적으로 유명한 20여 개 기업으로부터 총 수십 억 달러의 외국 자본을 모아 주로 대륙 기업에 투자하고 있는데, 엄청난 이익을 내고 있다고 보도했다.

아직 경제 대국에 이르지 못했는데 타락의 규모만큼은 대국다운 모습이다. 인민은 가난으로 신음하고 있는데 고관대작은 허례허식하며 사는 나라가 잘 된 예는 역사에 없다.

타격 입은 러시아의
에너지산업

러시아의 에너지 장사

러시아는 석유 매장량이 95억 톤으로 세계 7위의 산유국이다. 천연가스 보유량은 47조 입방미터로 전 세계의 26.7%를 차지하는 세계 최대의 천연가스 보유국이다. 이처럼 러시아 경제에서 석유와 천연가스가 산업에서 차지하는 비중은 그만큼 높다. 러시아는 가스 매장량과 생산량에서 세계 1위를 차지하고 있다. 러시아 천연가스 시장은 민영화가 진행된 석유시장과는 달리, 가즈프롬(Gazprom)이라는 국영기업에 의해 일원화된 공급체계를 유지하고 있다. 국영기업이기 때문에 가즈프롬은 크레믈린의 통제하에 있다. 외교적 보복의 일환이었던 2006년 1월 우크라이나에 대한 가스공급 차단은 에너지를 러시아가 외교적 압박수단으로 사용한 첫 사례다.

러시아는 유가의 급등으로 1999년부터 고도성장을 거듭해왔다. 1998년 배럴당 10달러 하던 러시아 우랄산 원유가격은 2005년에 배럴당 40달러로 400% 치솟았고, 2006년에는 배럴당 60달러로 올랐다. 이 덕분에 1996년 국가재정적자가 GDP의 8.9%였던 러시아가 2000년부터는 재정수지 흑자로 돌아섰다. 유가 상승 덕분에 러시아는 2008년까지 흑자 재정을 운영할 수 있었고, 외환 보유고도 세계 3위로 6천억 달러에 이르렀다.

그러나 금융위기로 인해 2008년 9월 러시아 증권시장의 서구 자본 (대부분 유태계 헤지펀드)의 다량 유출은 러시아 증권시장을 뒤흔들었다. 자본의 유출을 유발한 또 다른 원인은 영국 석유회사 브리티시피트롤리엄(BP)의 러시아 조인트 벤처인 TNK-BP 내의 갈등과, 러시아의 그루지야 침공이다.[15] 공교롭게도 BP는 유태 자본이, 그루지야 지역은 유태민족이 관련되어 있다. 그러니까 러시아 증시로부터의 자본 이탈은 유태계 세력의 보복이었던 것이다. 결국 러시아 경제는 2008년 후반기 에너지 가격 하락과 수요 저하 그리고 신용 경색을 겪으면서 성장률이 제로상태가 되어버렸다. 2009년 2월 러시아의 외환 보유고는 3,870억 달러로 급감했고, 월가의 신용평가 기관인 S&P와 피치는 러시아 국채를 가장 낮은 투자 등급으로 평가해버렸다.

나는 《3개의 축》에서 러시아가 갖고 있는 구조적 취약점에 대해 다음과 같이 지적한 바 있다.

"유가 상승이 러시아 경제에 도움이 되지만 대체 에너지의 개발과 석유의 고갈로 장기적으로 러시아의 석유수출 의존성 경제는 언젠가는 하강곡선을 긋게 될 것이다. 더욱이 푸틴 정부의 서방 유태계 석유회사들에 대한 횡포로 갈등의 골이 깊어질수록, 국제관계에 나쁜 영향을 끼치게 된다. 왜냐하면 이것이 단순히 대형 석유회사에 대한 부당한 대우로 끝나는 것이 아니기 때문이다. 러시아는 유태 자본가들과 갈등의 불씨를 키우고 있다. 문제는 러시아가 유태 자본가들의 결집력과 영향력을 과소평가하고 있다는 것이다."

러시아의 실세

푸틴의 나라

드미트리 메드베데프 러시아 대통령은 제1부총리 시절이던 2007년 12월 정치적 스승인 블라디미르 푸틴 현 총리에 의해 후계자로 지목되었고, 2008년 3월 대통령 선거에서 70%가 넘는 득표율로 당선되었다. 대다수 언론은 메드베데프가 푸틴 총리와 권력을 실질적으로 양분하면서 개혁 드라이브를 통해 강한 러시아를 만들어가고 있다고 보도하고 있다.

메드베데프 대통령이 최근에는 반 크렘린 성향의 신문과 인터뷰를 하고, 인권 운동가들과 면담을 가졌다는 사실을 공개하며 마치 여론을 수렴하는 정치를 펴는 듯한 이미지를 보여주려 하고 있다. 그러나 러시아에서는 자유 언론에 대한 마피아식 보복이 자행되고 있다. 대표적인 언론 탄압의 예가 바로 러시아 일간지 〈노바야가제타〉의 안나 폴리코브스카야를 포함한 3명의 기자들이 독살 또는 암살당한 사건이다. 이들 언론인의 공통점은 크렘린이 부정부패와 인권 침해에 어떻게 연루되어 있는지를 공개했다가 목숨과 바꾸는 대가를 치렀다는 것이다. 또한, 러시아 정부는 최근 정부의 정기 모임을 언론에 공개하지 않기로 했다.

오바마 행정부의 러시아 전문가들과 유럽의 러시아 담당자들은 러시아의 권력 구조가 푸틴에서 메드베데프로 옮겨졌다고 관측하고 있다. 총리를 맡고 있는 전임 대통령 푸틴과 메드베데프 현 대통령의 통치 형태를 '양두정치'라고 지칭하고 있는데, 이것은 현 러시아 권력의 실체를 파악하지 못하기 때문에 나오는 표현이다.

푸틴은 차기 대통령 선거가 임박했던 2008년 2월 국가평의회를 소집하고 2020년까지의 러시아 장기 발전 계획을 발표했다. 이른바 '2020 푸틴 계획'에 따르면, 2020년까지 러시아는 세계 제5위의 경제 대국으로 부상하게 될 것이며, 그때 가면 러시아의 1인당 국내총생산(GDP)은 3만 달러가 될 것이라는 구상이다. 이때 푸틴의 연설은 고별사라기보다는 새로 집권한 지도자가 제시하는, 향후 10여 년에 걸친 장기 발전 계획에 관한 것이었다. 이날 연설에서 푸틴에게서 이임을 앞둔 지도자의 모습은 찾아볼 수 없었다.

메드베데프는 2008년 11월 대통령 취임 후 행한 첫 연차교서 연설에서 대내외 현안과 관련한 종전의 입장을 정리했다. 그는 연방의회 대의원들을 상대로 정의와 자유, 민주주의, 시민사회 등에 대해 강연했으며, 스스로를 자유주의자로 부각시켰다. 그러나 메드베데프는 자유와 정의를 보장하고 러시아 국가와 사회를 지탱하고 있는 헌법의 수호를 장황하게 역설한 뒤 느닷없이 대통령의 임기를 현재의 4년에서 6년으로 연장하는 방안을 제의하고 나섰다.

대통령 임기 연장을 집권 1년 안에 내놓은 배경은 자신의 재임을 위함이 아닌, 푸틴의 지시에 의한 것이다. 푸틴이 서두른 이유는 메드베데프에게 기회를 주기 위해서가 아니라 자신의 재집권을 공식화하기 위한 것이었다. 세종연구소 정한구 박사는 〈푸틴-메드베데프 체제의 출범과 러시아 정치의 장래〉라는 제목의 논문에서 이렇게 주장한다.

"러시아의 경우를 굳이 양두마차로 비유하는 것 자체가 과장되고 부적절하게 비칠 수 있을 것이다. 그러나 러시아의 경우에 문제는 푸틴이 여느 총리가 아니라는 점이다. 그는 2008년 초까지도 대통령으로 봉직한 전직 대통령일 뿐만 아니라, 퇴임 후에도 러시아 정계의 최고 실력자로 군림하고 있다. 그는 거대 여당인 통일 로시야당을 이끌고 있을 뿐만 아니라 그에게 충성하는 '실로비키 세력(러시아의 정치·경제를 주무르는 과거 KGB 등 정보 기관 출신들을 일컫는 말로, 푸틴 역시 KGB 출신이다)'이 아직도 정·관계의 중요한 자리에 포진하고 있고, 그에 대한 국민의 지지도 계속해서 높게 나타나고 있다."

누가 러시아를 통치하고 있는지를 보여주는 증거로서 먼저 들 수 있는 것이 '사람'이다. 메드베데프 대통령은 현재 푸틴의 사람들로 둘러싸여 있다. 메드베데프에게는 푸틴의 과거 KGB 사람들에 맞설 자신의 사람들이 없다. 크렘린 내 푸틴의 사람들로는 대통령 비서실의 수석 비서관인 블라디스랄프 수르코프, 알렉세이 크로모프,

FSB(구KGB)의 수장으로 국가안보이사회 의장직을 맡고 있는 니콜라이 파트루세프 등이 있다.

푸틴의 총리실을 보아도 누가 러시아를 통치하고 있는지를 단적으로 알 수 있다. 현 부총리는 세르게이 이바노프로 전 국방장관이고, 실로비키의 실질적인 수장격으로 이고르 세친 전 대통령 비서실장과 전 총리와 금융감독위원장을 역임한 빅토르 주브코프가 있다. 푸틴은 주브코프를 자신의 멘토로 여기는 인물이다. 푸틴은 주브코프의 사위를 국방장관에 임명한 적이 있다. 모든 재정 정보에 접근이 가능한 주브코프는 러시아 정부 내에 있는 누구라도 그 보직에서 끝내버릴 수 있는 인물이다. 여기에는 대통령도 포함된다.

러시아 전문가 디미트리 시도로프에 따르면, 메드베데프가 실질적인 러시아의 통치자가 되기 위해서는 3가지 조건이 충족되어야 한다. 첫째, 푸틴이 그렇게 하도록 보장해주어야 한다. 둘째, 푸틴 진영에 필적할 수 있으며 메드베데프에게 충성을 맹세하는 주지사들과 국방 및 안보 분야의 거물급들이 있어야 한다. 셋째, 메드베데프는 올리가르히(러시아 재벌)의 지지를 받아야 한다. 이 3가지 조건 중에 첫 번째와 두 번째 조건은 충족시킬 수 없는 현실이다. 그리고 러시아 재벌 가운데 메드베데프를 선호하는 부류들이 있다고는 하지만, 모스크바의 대다수 재력가들은 푸틴이 다시 대통령직에 복귀해주기를 바라는 것으로 알려져 있다. 실제로 친(親) 크렘린 사업가들은 메드베데프가 푸틴처럼 중재자의 역할을 제대로 수행하지 못하는 것을 최대의 약점으로 보고 있다.

푸틴 집권기에 형성된 러시아 정치 체제의 특징은 '신권위주의적 안정화(neo-authoritarian stabilization)'이다. 이 체제는 민주주의 헌정 질서를 부인하지 않는다. 다만 민주주의 질서가 그 잠재력을 충분히 발현하는 것을 허용하지 않을 뿐이다. 이 때문에 푸틴-메드베데프 체제하에서 러시아가 성숙한 민주주의로 발전할 가능성은 적다. 또 러시아 정치에서 과거 전제정치 역사의 연속성 내지는 경로 의존성이 유난히 크다는 점에서 현 권위주의 체제가 변화될 가능성은 별로 없다. 앞으로 경제적 어려움이 가중된다면 이 역시 러시아 민주화에 장애가 되리라는 것이 일반적인 전망이다. 뿐만 아니라 푸틴이 주도하는 현재 집권 세력 아래에서는 경제가 호황이어도 러시아의 진정한 민주화는 요원한 일이다.

현재 푸틴은 총리직에 있으면서도 권력을 충분히 행사하고 있지만 그의 권력욕에는 비단 푸틴 한 사람만의 이해가 걸려 있는 것이 아니다. 2012년에 푸틴을 대통령 자리에 다시 돌아오게 하는 것이 실로비키의 계획이다. 러시아 정부는 이미 체첸 공화국과 그루지야를 공격하며 무력행사를 마다하지 않았다. 경제적으로는 천연가스를 외교 카드로 사용하고 있다. 이러한 양상은 앞으로 더욱 뚜렷해질 것이다.

옛 소련의 영화를 되살리기 위한 노력의 일환으로 데드베데프 대통령은 2009년 "러시아 전진(Russia Forward!)"이라는 슬로건으로 현대화를 주창했다. 러시아가 현대화에 성공하면 다시 세계 리더가 될 수 있다는 주장이다. 하지만 소련의 마지막 서기장을 지낸 미하일 고르바초프는 민주적인 개혁 없이는 현대화는 불가능하다고 잘라 말했다.[16] 즉, 러시아의 현대화는 정치 자유화와 기구 개편 없이는 불가능하다는 것이다.

실로비키의 나라

옐친은 자신의 후계자로 푸틴을 지명했고, 푸틴은 2000년 3월 대선에서 승리했다. 푸틴은 강력한 러시아 건설을 기치로 내걸고 정보기관의 역할 강화를 더욱 세차게 밀어붙였다. 이와 함께 KGB가 화려하게 부활했다. 물론 현재는 FSB(Federalinaya Sluzhba Bezopasnosti-연방보안국)라는 새로운 얼굴이다. 이른바 '네오 KGB'라고 말할 수 있다.

푸틴은 집권 이후, 권력 강화를 위해 올리가르히, 각 지역 주지사, 언론, 의회, 야당과 시민단체를 약화시키고 권력을 공고히 하는 전략을 추진했으며 이를 앞장서서 수행한 인물들은 옛 KGB 출신이다. 러시아 언론은 이들을 실로비키(siloviki : 제복을 입은 사람들)라고 부른다. 사회학자인 올가 크리슈타놉스카야 러시아 과학아카데미 엘리트연구소 연구원은 "실로비키는 한마디로 말해 힘센 사람을 의미한다"면서 "이들은 옛 KGB와 현 FSB 출신뿐만 아니라 보안기구와 군부 출신으로 구성됐다"고 밝혔다. 그는 현재 정부 고위관료 중 25%는 실로비키이며, 이들과 밀접한 관계를 맺고 있는 인물까지 포함한다면 75%가 범(汎) 실로비키라고 말할 수 있다고 분석했다.

FSB를 중심으로 하는 실로비키가 추구하는 이념은 국가우선주의이다. 이들의 정신은 민족주의와 애국주의다. 실로비키의 반유태주의(anti-Semitism)를 포함한 반서방주의는 러시아 국민의 정서에 부합하는 것이다. 이들의 최우선 목표는 강력한 러시아를 건설, 과거의 영광을 되찾는 것이다. 이들은 이를 위해 무엇보다 먼저 고도로 집중된 중앙권력을 통해 정치·경제적 힘을 축적하고 있다. 실로비키는 현재 정부의 법 집행기관·정보기관·군부 등을 통제하고 있으며, 에너지부와 국세청도 손아귀에 넣었다. 이와 함께 연방재산기금과 금융감독원 등은 물론 주요 국영은행도 장악하고 있다.

또 실로비키는 주요 기간산업을 운영하는 국영회사의 최고위직을 대부분 차지했다. 옛 소련 붕괴 과정에서 벼락부자가 된 올리가르히에 반감을 보이던 러시아 국민은 대부분 실로비키의 이런 권력 독점에 반대하지 않고 있다. 그 이유는 실로비키는 혼란을 초래한 민주적 절차보다는 법과 질서, 안정을 우선하는 정책을 추진했기 때문이다.

2007년부터 러시아의 고등학교 교사용 역사 교과서에는 제2차 대전 때의 스탈린 리더십을 찬양하고 연합군의 배신을 규탄하는 내용이 기술되었다. 이 교과서는 물론 크렘린 당국이 편찬했다. 2009년에는 안보 기구 요원들로 구성된 역사위원회가 구성되었다. 이 위원회는 제2차 대전을 일으킨 책임이 나치뿐만 아니라 소련에도 있다는 국내외의 비판을 반박하는 일을 한다. 이런 움직임은 잔혹한 독재자 스탈린과 그가 군림한 소련 시대가 푸틴에 의해 서서히 부활하고 있음을 보여준다.

실로비키는 또 경제민족주의 정책도 밀어붙이고 있다. 이들은 과거 올리가르히였던 보리스 베레조프스키 로고바스 그룹 총수와 블라디미르 구신스키 미디어-모스트그룹 회장, 미하일 호도로코프스키 유코스 회장 등을 러시아의 부를 외국에 팔아먹은 민족 배신자로 규정했다. 심지어 푸틴 대통령은 이들을 제거해야 할 계층이라고 비판하기도 했다. 실로비키는 이들을 축출하고 기업을 차지한 후 그동안 철저하게 '국익'을 위한 경영을 해왔다.

특히 실로비키는 석유와 천연가스 등 천연자원은 러시아의 국부라는 논리를 내세워 외국의 투자와 지분 참여를 제한하거나 비싼 로열티를 부과하는 정책을 시행했다. 세계화에 반대하고 국내 산업 보호를 강력하게 주장해온 이들은 주요 기간산업을 국유화해야 한다고 목소리를 높이고 있다. 실제로 옐친 대통령 시절 민영화된 러시아의 주요 국영기업이 다시 국가 소유로 환원되었다.

또 푸틴이 대통령 재임 시인 2004년 이래로 러시아의 모든 주지사들은 푸틴이 임명한 실로비키들이다. 민주적 투표가 아닌 권력자의 지명에 의하다 보니 푸틴에게 충성해야만 하고, 모스크바의 지시대로 움직인다. 즉, 크레믈린은 러시아 주지사들을 꼭두각시로 만들어 놨다. 따라서 이들은 크레믈린의 지시가 없으면 움직이지 않는다.[17]

실로비키가 내세우는 가장 강력한 정책은 바로 외교안보 분야다. 이들은 미국과 나토 회원국을 영원한 적으로 보고 있다. 때문에 이들은 러시아가 앞으로 과거 소련이 보유했던 강력한 군사력을 복원해 국제무대에서 영향력을 확대해야 한다고 주장하고 있다.

2007년 8월 21일 모스크바 인근 주콥스키에서 유럽 최대 규모의 에어쇼가 열렸다. 러시아 항공업체 640개와 해외 250개사가 참여했는데, 러시아에서는 신형 엔진과 레이더를 장착한 수호이(Su)32와 Su-35, 성능이 향상된 미그-29OVT, 미그-35 등 첨단 전투기들을 대거 선보였다.

개막식에 참석한 블라디미르 푸틴 러시아 대통령은 "군용 항공기 생산 분야에서 러시아는 주도적 위치를 유지하겠다"는 뼈 있는 한마디를 던졌다. 1992년 소련 해체 후 최대 규모로 열린 이 에어쇼를 군사대국으로서의 과거 영광을 되찾겠다는 러시아 정부의 의지를 과시하는 상징으로 삼겠다는 것이다. 경제상황이 호전됨에 따라 러시아 군비증강도 더욱 가속화되고 있다. 미국이 주도하는 북대서양조약기구(NATO)의 확대와 미사일방어(MD) 구축 등으로 수세적 입장이었던 데서 벗어나 보다 공세적으로 미국에 맞서겠다는 계산이다.

체제우선주의의 함정

부정부패 척결과 재산공개라는 얕은 수

글라스노스트(개방)와 페레스트로이카(개혁) 정책을 도입하여 냉전 종식의 일등공신으로 역사에 남은 고르바초프 서기장 이후부터 옐친 대통령 집권기까지 러시아는 서방세계에 새로운 민주적 동반자로 간주되었다. 그러나 구소련 KGB 수장이었던 푸틴 집권 이후 2000년부터 그 양상이 바뀌었다. 구소련의 영화를 회복하고자 하는 야망에 가득 찬 푸틴과 그를 추종하는 실로비키 그룹은 체제 유지를 위한 것이라면 어떤 조치도 불사하고 있다.

체제 유지의 한 방편으로 푸틴의 권력을 외형적으로 승계한 메드베데프는 부패 척결을 국정 최우선 과제로 내세우면서 부패방지법을 개정하고 공직자 재산공개법을 만들어 자신이 먼저 재산을 공개했다. 그런데 공개된 메드베데프 대통령의 재산은 부인 스베틀라나와 함께, 모스크바의 4000평방피트 크기의 아파트, 영부인 소유의 1999

년에 출고된 독일 폭스바겐 골프 승용차, 부인 계좌에 4,500달러의 잔고, 그리고 부부 공동 계좌에 7만 달러 잔고가 전부였다. 소련 최대 국영 가스회사 가즈프롬 전 회장의 재산 공개 치고는 뭔가 상당 부분이 빠진 것 같다는 인상을 준다.

게다가 푸틴 총리의 재산 공개는 실소를 자아내기에 충분했다. 푸틴의 재산은 1961년과 1965년에 제작된 소련제 볼가 승용차 두 대, 800평방피트 규모의 아파트, 0.149에이커의 토지, 상 페테르부르크 은행의 주식 230주가 전부였다. 이를 두고 러시아 전문가 드미트리 시로도프는 "이 정도 재산은 러시아 기준으로 물론 극빈자에 해당하지는 않지만 러시아 엘리트 그룹에는 속할 수 없는 수준이다"라고 비꼬았다. 실제로 두 차례 러시아 대통령직을 역임한 인물임을 감안할 때 (전두환 전 대통령 재산 공개만큼이나) 납득할 수 없는 재산 공개였다.

한편 러시아 반체제 인사 스타니스라프 벨코브스키는 독일 주간지 〈슈피겔〉과의 인터뷰에서 푸틴의 재산은 400억 달러에 이른다고 밝힌 바 있다. 그런데 아직 푸틴 진영은 벨코브스키의 대담한 공개에 대해서 위증 같은 어떤 법적 조치도 취하지 않고 있다. 이렇게 아무런 반응 없이 푸틴 진영이 침묵하는 것에 대하여 벨코브스키 또한 제거자 명단에 올려진 것이 아니냐는 추측을 낳고 있다.

실로비키 VS 반체제 연대

기업에 대한 국가의 간섭, 다시 말해서 정치권력의 자의적인 간섭은 푸틴이 대통령으로 재직 중이던 2003년 10월 러시아 최대 정유회사 유코스 회장 호도르코프스키의 체포에서 뚜렷이 나타났다. 이 사건은 그간 진전을 보여 온 러시아 민주주의의 후퇴였고, 동시에 권위주의적 철권통치로의 전환이었다. 이를 기화로 러시아의 부와 권력은 유코스를 국영 석유회사인 로스네프트(Rosneft)가 접수하는 방법으로 실로비키에게 재분배되기 시작했다.

푸틴은 집권 중 국제고유가에 따른 경제 회복에 힘입어 실로비키에게 커다란 이권을 나누어줄 수 있었다. 2007년 러시아는 원유 수출만으로 연 1,400억 달러를 거두어들였으며, 이에 천연가스 수출을 보탤 경우 수익은 2,000억 달러에 이르렀다. 현재 푸틴은 총리직에 있으면서도 권력을 충분히 행사하고 있지만, 그의 권력욕은 비단 푸틴 한 사람만의 이해가 걸린 것이 아니다. 2012년에 푸틴을 대통령 자리에 다시 세우는 것은 기득권을 지키기 위한 실로비키의 계획인 것이다.

호도르코프스키 회장은 한 인터뷰에서 "실로비키는 통합보다 고립을, 투명성보다는 비밀을, 그리고 법치보다는 탄압을 선호한다"고 비판했다. 인권 변호사이자 반체제인사인 반리유밀라 알렉세바에 따르면 "호도르코프스키는 양심수가 아니라 정치 탄압의 희생자이다"라고 했다. 호도르코프스키 처리 문제에 대해서 크레믈린은 국내외 여론을 의식할 수밖에 없는 상황이다.

외국 정부 가운데 특히 영국 정부가 호도르코프스키 사건 진행추이에 대해서 지대한 관심을 보이고 있는 이유 중에 하나는 영국에 망명 중인 KGB요원 알렉산더 리트비엔코를 2006년 러시아 암살자가 방사능 물질로 독살한 사건에 이어 2008년 호도르코프스키 회장을 포함하여 여러 반체제인사들의 변호를 맡고 있는 러시아 인권 변호사 카리나 모스칼렌코에 대한 독살 미수 사건 때문이다. 영국정부는 이 사건에 연루되어 혐의를 받고 있는 러시아 암살자의 송환을 요구하고 있다. 모스칼렌코 변호사는 유럽 인권 재판소에서 러시아 정부를 상대로 30건의 소송에서 승소한 바 있어 크레믈린은 그녀를 눈엣가시로 여겨왔다.

2003년 호도르코프스키 유코스 회장을 구속할 때만 해도 러시아 국내 여론은 갑작스런 부를 축적한 러시아 신흥 재벌 올리가르히에 대해서 반감이 있었기 때문에 푸틴 정부의 행동을 정의로운 일로 여겼었다. 그러나 지금은 정치 공작의 희생양으로서 호도르코프스키는 러시아 국민들의 동정심을 불러일으키고 있는 상태다.

또 다른 커다란 악재가 크레믈린을 기다리고 있다. 즉, 유코스의 전 경영진이 호도르코프스키 회장 사건을 유럽 인권 재판소에 가져갔기 때문이다. 만약 유럽 인권 재판소에서 러시아가 법을 소급해서 적용했고, 불법적으로 340억 달러에 이르는 벌금을 유코스에 부과했다고 판결하여 러시아 정부가 유코스의 주주들에게 변상을 하라고 명할 경우, 크레믈린은 난관에 처하게 된다. 이럴 가능성이 적지 않기 때문에 크레믈린은 유럽 이사회(Council of Europe)에서 탈퇴 여부에 대해서 고민하고 있다.

러시아 정치 분석가 키릴 로고프는 크레믈린의 실용주의자들은 이런 악재를 피하기 위해서 호도르코프스키와 협상을 통해서 기소유예

를 시키거나 형량을 줄여주는 방법을 통해 유럽 인권재판소의 유코
스 소송을 취하하도록 만드는 것을 고려하고 있다고 전한다. 로고프
는 이 방법이 현실적이고 바람직해 보이지만, 이를 실현하기 위해서
메드베데프는 푸틴을 설득해야 함은 물론 유코스를 붕괴시켜 반사이
득을 취한 실로비키와 맞서야 될 것으로 예상한다.

호도르코프스키 회장의 형기는 2011년 9월에 만료되는데 이 시점
은 푸틴진영에 또 다른 두통거리가 되고 있다. 왜냐하면 차기 대통령
선거 수개월 전이라는 타이밍 때문이다. 푸틴이 다시 대통령에 출마
하려는 시점에 러시아 민초들의 인기를 힘입어 호도르코프스키가 직
접 대통령 후보로 나오거나 다른 후보를 지원할 것에 우려를 하고 있
는 것이다.

동서양을 막론하고 역사는 기존 체제를 기득권층의 방법대로 유지
하려는 시도에 대해서 관대하게 손을 들어주지 않았다. 이런 점에서
시베리아의 차가운 감옥에서 민주적이고 투명한 러시아 정부의 탄생
을 꿈꾸는 호도르코프스키 회장이 반체제인사들과 연대하여 남아공
의 만델라처럼 대통령에 당선되어 연장된 6년 임기의 첫 수혜자가
될 가능성도 배제할 수 없다.[18]

크레믈린까지 번진 산불 재앙

러시아의 이례적인 폭염으로 2010년 5월부터 번지기 시작한 산불로 인하
여 짙은 스모그가 모스크바를 뒤덮었다. 모스크바 시민들은 마스크를 착

용하고 다니는 것이 일상이 되었고, 연속 34일간 30도가 넘는 러시아의 전례 없는 폭염은 산불을 더 방대한 지역으로 번지게 만들었다. 산불 연기는 지상뿐만 아니라 지하철 안에까지 스며들어, 마치 지구종말을 연상케 하는 영화 장면처럼 모스크바 시민들을 공포로 몰아넣었다.

5월 러시아 당국은 백여 군데 19만 헥타르의 모스크바 근처 광범위한 지역이 산불의 화염에 싸여 있고, 산불로 인한 사망자는 50명이고, 부상자는 500명이라고 발표했다. 한 달 뒤인 6월에는 500곳에서 산불이 진행 중이라고 했고, 8월 초 800곳에서 산불이 나서 50만 헥타르가 화재 피해 지역이라고 했다. 이러한 수치는 러시아 정부가 아니라 외신들의 보도에 이은 러시아 당국의 발표라는 데 문제가 있다.

화재가 발생하고 몇 일간 러시아 정부는 산불의 여파가 모스크바에 얼마나 심각한 위험이 되는지를 인정하지 않았다. 로이터통신 8월 6일자의 제목은 '산불 숨기기(Covering Up the Wildfires)' 였다. 즉, 크레믈린은 산불 재난을 진화 위해 노력하기보다는 산불 피해 규모를 감추려는 연막전술에만 연연하고 있다고 비난했다.

러시아 정부가 1986년 체르노빌 핵발전소 누출사건으로 방사능 오염된 지역이 산불 피해 지역이라는 것을 인정한 것은 7월 말이었다. 실제 위험이 서방언론을 통해서 알려진 것은 6월 중순이었다. 환경 단체 그린피스의 블라디미르 추프로브는 "우리가 걱정하는 것은 체르노빌 사태의 재발이 아니라 방사능으로 오염된 지역에 산불로 인해 방사능 분진들이 퍼지게 되면 소방수와 지역 주민들이 위험에 노출되게 된다는 것이다"라고 밝히고 있다.

이처럼 그린피스가 체르노빌 산불의 피해에 대해서 우려를 표명했을 때, 러시아 당국자는 "체르노빌의 숲의 불길에 싸였다고? 그런 터무니없는 소문 퍼트리지 말라. 체르노빌은 아주 평온하다"라고 말한 것으로 전해진다. 그럼에도 러시아 당국이 이렇게 중대한 문제를 쉬쉬하는 이유는 산불 피해 보상을 청구하는 사람들이 늘어날 것에 대한 우려 때문이라고 그린피스의 환경주의자들은 지적했다. 러시아 산림청도 모스크바 주변의 모든 산불은 진화되고 있다고 발표하는 등, 러시아 정부는 사실 전달보다는 피해 규모 축소에 급급한 모습을 보여주었다.

그러나 러시아 정부가 산불 재난의 피해 규모를 숨기고 조작한다는 사실이 일반 러시아 국민들에게 전달되지 않는다고 하더라도, 많은 러시아 국민들이 현 푸틴-메드베데프 정부에 갖는 신임도는 바닥에 이르렀다는 것이 현지의 서방 외교관들의 관측이다.

러시아 정부가 이번 산불이 번지는 것을 제대로 막지 못한 데에는 푸틴이 대통령 재임 시절 7만 명의 산림관리자들을 해고하며 산림청의 기능을 사실상 마비시켰기 때문이라는 비판이 일고 있다. 세계에서 가장 넓은 면적을 지닌 러시아의 전체 소방관 숫자는 2만 2,000여 명으로, 훨씬 면적이 작은 독일의 2만 7천여 명보다도 적다. 더욱이 러시아 소방 장비의 낙후성을 제쳐 놓더라도, 독일은 자원 소방관으로 100만 명 동원할 능력이 되는데 러시아에는 자원 소방관이라는 제도 자체가 존재하지 않는다.

러시아의 산불 진화의 실패를 두고 독일 〈슈피겔〉은 러시아가 이런 규모의 재난을 다루기에는 너무 지나치게 중앙에 집중된 행정 구조라고 지적했다. 〈디타케스자이퉁〉은 전권을 휘두르는 정치 리더십은 자연에 관한

한 제한된 영향력을 갖고 있음을 보여주는 사례라고 비꼬았다. 진짜 재난은 정부의 기본적인 역할도 못하는 상황에서 푸틴이 러시아 권력을 장악하고 있다는 점이라고 힐난했다. 〈프랑크푸르트알게마이네자이퉁〉은 푸틴 총리는 산불 피해 지역을 돌며, 피해자와 소방수들과 악수하는 모습을 보여주면서 자신이 러시아의 최고 소방수와 재건자라고 내세우고 있다. 하지만 비판적인 사람들 눈에는 푸틴이 대통령 재임 8년간 만들어놓은 체제의 약점이 이번 재난을 통해서 드러나고 있다고 지적했다.

2010년 여름은 무척이나 긴 산불 재앙으로 환경뿐만 아니라 러시아 경제에도 장기적으로 부정적인 영향을 끼칠 것이다. 물론 정치권도 예외는 아니다. 체제유지에 급급해 실로비키로 주축이 된 러시아 권력체제는 비민주적이며 비효율적이라는 사실이 이번 재난 대처 과정을 통해서 여실히 드러났다.

기만과 은폐 그리고 조작이 실로비키의 속성인 이상, 산불과 폭염으로 인한 정확한 사망자 수조차 알 수 없는 지경이다. 러시아 병원 의사들에게 일사병을 사망 원인으로 진단하지 말라는 금지령까지 내려진 사실은, 현 러시아 정권이 비밀유지에만 익숙한 권력체계여서 투명성과는 거리가 먼 것을 다시금 보여주고 있다.

부시 대통령의 실정 중에 하나가 카트리나 재난에 대한 적절한 대응 미흡이었던 것처럼, 푸틴 총리를 실세로 한 데드베데프 정부의 산불 피해 규모 축소와 때 늦은 재난 대책 마련은 러시아 국민들의 원성과 불신을 키웠다. 언론통제는 가능하지만 산불 같은 자연재해는 통제할 도리가 없는 것이 모든 권력자들의 모습이다. 결국 2011년 예정된 차기 대통령 선거에 푸틴이 출마하고, 유코스의 호로도코프스키 회장이 형 만기를 끝내고 출마하거나, 반정부 인사를 지지할 경우 실로비키는 부정과 무력이 아니고서는 정권을 지키기 힘든 상황을 맞을 가능성이 있다.[19]

제4장

G2 : 미국과 중국의 패권 경쟁

후에 다른 국가들이 경제 부진으로 허덕일 때 중국 경제는 12% 성장률을 보였다. 따라서 위안화 절상을 통해서 중국이 그간 덕을 본 부분을 다른 국가들과 나눠야 한다는 것이 전반적인 시각이다. 이에 대해서 중국 무역성 대변인은 지난 2년간 위안화가 달러에 대해서 변동을 보이지 않고 고정시킨 것이 중국에 불공평한 경쟁력 우위를 유지하는 데 도움을 줬다는 미국의 주장은 잘못된 것이라고 반박한 바 있다.

ECONOMIC WARFARE
IN A NEW BIPOLAR SYSTEM

IMF에서의 중국의 위상 및 한계

너무 적은 투표권 지분

유럽 재정위기로 중국은 세계 경제에서 영향력을 크게 확대시킬 수 있는 기회를 맞았다. 중국 입장에서는 직접적인 지원이 아닌 국제통화기금(IMF) 등을 통한 간접적인 방식을 택하며 국제사회에서 중국의 위상을 높이게 되었다. 현재 3.72%를 차지하고 있는 중국의 IMF 내 지분을 4%까지 확대할 계획이다. 중국의 IMF 내 지분은 아시아 지역 금융위기가 촉발됐던 지난 1997년~1998년 사이 기존의 두 배 가량 늘어난 122억 달러를 보유하여 지분으로 순위 4위를 기록하고 있다. 하지만 미국의 지분 16.7%에 비하면 세계 2위의 경제대국 중국의 위상은 미약하여, 중국 입장에서는 불만요소가 되고 있다

현재 IMF의 운영구조는 지금의 국제관계가 아닌 1944년 설립 당시의 국제 역학관계를 그대로 반영하고 있다. IMF헌장을 개정하려면 85%의 찬성이 필요하다. 미국은 16.7%의 투표권 지분(voting shares)

을 갖고 있고, 유럽 선진국가와 공조를 통하여 여전히 IMF를 좌지우지하는 입장이다. IMF는 유럽출신이 전통적으로 사무총장직을 맡지만 미국 재무부가 주된 조정기관이어서, 경제력이 약한 국가들은 IMF 내에서 영향력이 미미하다.

그간 미국 주도의 IMF 운영체계를 개혁하자는 의견을 수렴하여 2006년 싱가포르 모임에서 투표권 지분에 대한 조정이 있었지만, 약간의 변화가 눈에 띌 뿐이다. 예를 들어 미국의 투표권 지분이 17%에서 16.7%로 줄어든 반면, 중국은 2.9%에서 3.6%로 높였고, 한국과 싱가포르가 합쳐서 1.2%에서 1.7%로 늘렸다.

서구 세계의 투표권 지분은 52.7%에서 52.3%로 약간 경감됐을 뿐 여전히 과반수 이상의 결정권을 갖고 있다. 반면 멕시코를 포함한 브릭스(BRICs, 브라질·러시아·인도·중국) 국가들은 10.1%에서 11.1%로 미미하게 늘었을 뿐이다.[1] 이처럼 IMF 운영체제는 실질 경제력과 영향력 행사 면에서 불균형을 이루고 있는 것이 현실이다.

중국 공산당 대변지인 〈광명일보〉 2009년 3월 16일자 논설에서, "미국과 유럽은 중국이 세계 최대의 외환보유 국가로서 IMF에 기여할 수 있기를 희망한다. 하지만 IMF 내에서 중국의 투표권은 4% 미만이다. 따라서 중국을 포함한 브릭스는 IMF 개혁을 계획하고 진행할 분명한 자격이 있다."[2]라고 IMF 내 중국의 불리한 위치를 토로했다.

2010년 10월 G20 경주 회의에서 IMF 지분 개혁으로 신흥국 대표 주자인 중국은 IMF 내 지분 순위가 6위에서 3위로 올라선다. 브릭스

네 나라는 모두 10위 안에 들어가게 된다. 인도는 11위에서 8위로 올라간다. 지금까지는 중국과 러시아만 10위 안에 있었다. 하지만 이는 그간 SCO와 브릭스의 불만을 일부 수용한 것뿐이다.

중국의 주소천(周小川, 저우샤오촨) 인민은행장은 "G20 경주 회의에서 합의된 IMF 개혁을 적극적으로 지원하겠다"고 했다. 중국 관영 신화통신도 "신흥국들의 IMF 지분이 높아진 것은 중대 진전"이라고 환영의 뜻을 밝혔다고 전한다. 합의 내용 자체만으로는 긍정적인 평가와 호의적인 보도가 나올 일이 아니라는 점에서 미국과 중국의 이면 합의 사항이 있었을 것이라는 정보가 월스트리트에 돌았다.

사실 G20 경주 회의 결과는 중국에게 득보다는 실이 컸다는 것이 대체적인 평가다.[3] 왜냐하면 환율 부분에서 미국이 원하는 대부분을 양보한 것에 비해 국제통화기금(IMF) 지분을 늘린 것은 미미한 성과이기 때문이다. 이번 합의는 미국과 중국이 대립을 하면서도 경제문제에 관한 한 '공생' 할 수밖에 없는 현실을 보여준다.

미국은 세계 최대 채권국인 중국의 돈으로 사실상 경제를 꾸려가고 있는 반면, 중국은 미국을 수출시장으로서 자국 성장의 동력으로 삼고 있다. 만일 양국이 환율 전쟁으로 극단으로 치달으면 결국 공멸할 수밖에 없다는 것을 두 나라가 모두 인식하고 있다. 즉, 미국 경제가 다시 침체에 빠지면 중국 경제도 함께 어려워진다는 사실에 서로 타협할 수밖에 없는 것이다.

IMF 쿼터 이전과 관련한 일정을 보면 오는 2013년까지 쿼터 공식의 포괄적 검토를 진행하고 2014년 1월까지 IMF 쿼터 일반검토를 마무리 짓는다. 문제는 앞으로 4년 안에 기축통화로서 미국 달러화의 위상이 현재와 같지는 못할 것이라는 점에서 IMF의 균열 또는 중국 주도하의 대체 국제기구의 등장도 간과할 수 없다.

위안화 절상 문제

위안화 절상은 미국의 승리를 의미할까?

2010년 4월 22일 오바마 행정부와 함께 브라질과 인도의 중앙은 행장은 위안화 절상이 필요하다고 역설하며 중국을 압박하는 데 가세했다. 시기적으로 워싱턴에서 열리는 G20 회의에 앞서 이 같은 압박을 가한 것이었다. 인도중앙은행은 인도가 중국에 수출하는 것보다 중국이 인도에 수출하는 액수가 훨씬 많은 것은 환율 관리의 차이를 드러낸 것이라고 주장했다. 브라질 은행장도 세계 경제의 균형을 유지하기 위해서는 중국의 환율 절상이 절대적이라고 언급했다.

가이트너 미 재무장관은 중국을 '환율 조작국(currency manipulator)'으로 지명하여 더 강한 압력을 가했다. 하지만 호금도(胡錦濤, 후진타오) 주석은 4월 13일 오바마 대통령에게 중국은 위안화에 대한 환율 조정 결정을 외부 압력에 의해서 취하지 않을 것임을 분명히 했다. 종전에 유럽과 일본으로부터 위안화에 대한 절상 요구를 들어오던 차에, 브라질과 인도가 가세한 것은 중국으로서 간과할 수 없는 부분이었다.

중국은 브라질이 이끄는 메르고소르 무역 블록의 회원국들인 아르헨티나, 우루과이, 파라과이에 대한 수출이 2년 전에 비해 7.3% 상승한 48억 달러 늘어났다. 반면 브라질은 이웃 국가들에 대한 수출이 같은 기간에 18%나 감소한 96억 달러였다. 이에 브라질은 중국산 타이어와 스테레오 스피커를 반덤핑 상품으로 지목하고 나섰다. 지난해 브라질이 중국에 수출한 상품 중에 콩과 철강석은 200억 달러로 전체 수출의 66%를 차지했다.

금융위기 후에 다른 국가들이 경제 부진으로 허덕일 때 중국 경제는 12% 성장률을 보였다. 따라서 위안화 절상을 통해서 중국이 그간 덕을 본 부분을 다른 국가들과 나눠야 한다는 것이 전반적인 시각이다. 이에 대해서 중국 무역성 대변인은 지난 2년간 위안화가 달러에 대해서 변동을 보이지 않고 고정시킨 것이 중국에 불공평한 경쟁력 우위를 유지하는 데 도움을 줬다는 미국의 주장은 잘못된 것이라고 반박한 바 있다.

그러던 차에 2010년 6월 1일 G20 워싱턴 회담을 앞두고 중국은 갑작스럽게 환율 개혁 의지를 표명했다. 전문가들은 중국의 환율 개혁 의지 표명과 관련 '다소 위안화를 절상하더라도 중국의 성장 기조를 해치지 않을 것'이라고 판단할 만큼 세계 경제 회복과 중국 경제 체력에 대한 자신감이 반영된 것으로 해석했다. 중국의 중앙은행인 인민은행은 홈페이지를 통해 "위안화 환율 체제를 한층 개혁하고 위안화 환율의 유연성을 확대하기로 결정했다"고 밝혔다. 중국은 지난

2005년 7월 이후 공식적으론 '복수통화바스켓에 근거한 관리변동환율제'를 표방했으나, 2008년 금융위기가 시작되자, 23개월 동안 달러-위안 환율을 6.83위안대에 고정, 사실상 달러 페그제처럼 운용해왔다.

골드만삭스의 짐 오도넬 수석 이코노미스트는 2009년 6월 19일 블룸버그 TV와의 인터뷰에서 인민은행의 발표를 두고 "티머시 가이트너 미 재무장관의 작은 승리"라고 평가했다. 가이트너 재무장관은 취임 직후부터 중국이 환율을 조작하고 있다고 지적하는 등 중국의 심기를 건드려왔다. 다만 2009년 4월 상반기 환율 보고서에서 중국을 환율 조작국으로 지명하는 것을 연기했고, 미-중 전략경제대화에서는 위안화 환율에 대한 지적을 회피했다. 미국 내에서도 위안화 저평가에 대한 반발이 높은 상황이지만 중국에 지나친 압력을 가할 경우 중국과의 관계가 악화될 수 있다는 판단에서였다.

오바마 대통령은 "중국이 위안화 환율 체제를 개혁하기로 한 것은 건설적인 행보"라며 "글로벌 경제의 균형과 회복을 보장하는 데 기여할 수 있다"고 밝혔다. 도미니크 스트로스 칸 국제통화기금(IMF) 총재도 중국의 환율 재평가가 중국의 국내 투자와 가계 수입을 늘릴 것이라고 긍정적으로 평가했다. 그러나 실제로 중국의 위안화 환율 체제 개혁은 미국의 압력에 굴복했다기보다는 중국 외환 보유고에 있어서 달러 비중을 줄이려는 의도가 더 컸다. 〈파이낸셜타임스〉에 따르면, "위안화 절상 움직임은 위안화의 국제화에 일환이고, 외국 기관들이 위안화로 결제하면 그들에게 투자할 자리를 주는 것이다"라고 분석했다. 결국 중국 위안화가 세계가 인정하는 기축통화로 가기 위한 수순을 밟고 있는 것이라는 말이다.

얽히고설킨 환율 시스템 개혁

독일 정부의 경제 자문역을 맡고 있는 보핑거 교수는 달러, 유로, 위안 3개 화폐를 합친 '3극 체제(tri-polar system)'로 국제 기축통화를 삼자는 제안을 한다. 고정된 환율 대신에 3개 화폐의 가치가 이자율의 차이에 따라 결정되는 방식이다. 예를 들어 유로존이 미국보다 이자율이 높으면 유로는 달러에 대해서 평가절하하는 것이다. 다른 화폐를 사용하는 국가들은 이 세 화폐 중에 자국 화폐를 고정시키고, 전체 시스템은 IMF가 모니터하여 이기적인 통화정책을 펼 수 없도록 하는 방안이다. 그러면 환투기자들이 특정 화폐가 유리한 이자율을 지니더라도 화폐가치는 평가절하되기 때문에 케리 거래가 더 이상 투자가치를 갖지 않게 된다는 논리다. 이론적으로는 매우 설득력 있는 제안인데, 그렇다면 중국은 이 제도를 위해 자국 통화를 국제 감시기관에 넘길 용의가 있을까?

중국은 위안화가 국제적으로 더욱 중요한 화폐가 되는 것에 지대한 관심이 있다. 국제통화제도에서 선도적 위치를 점유한다는 것은 자국화폐에 대한 자율권을 포기할 수 있는 좋은 명분이 된다. 사실 이 제도를 실행하는 데 있어 걸림돌이 되는 건 중국이 아니라 미국이다. 미국은 이미 기축통화를 발행하고 있는 국가다. 따라서 미국이 '3극 체제'를 수락한다는 것은 영향력의 손실을 의미하기 때문에 설득력이 별로 없어 보인다.

그럼에도 불구하고 보핑거 교수에 따르면 미국조차도 '3극 체제'에서 이득을 볼 수 있다고 믿는다. 미국에 관한 보핑거 교수의 주장은 다음과 같다.

"현재 미국은 달러 환율에 대해서 조정하지 못하고 있다. 달러는 외국 정부들이 자국 경제에 유리한 환율로 만들고자 하는 대상이다. 미국 제조업이, 특히 자동차 산업이 큰 대가를 치른 부분이 바로 달러의 국제 환율이었다. 만일 달러가 국제 통화 제도 내에서 제대로 규제된다면, 미국은 현재 환율에 관한 한 무정부적 상황에서 보다 더 효과적으로 중국에 압력을 행사할 수 있다."

한편 보핑거 교수의 3개 화폐의 공동 기축통화안을 보면, 유로화가 과거 독일 마르크의 다른 이름으로 부상하고 있다는 사실에 주목하게 된다. 그리고 달러의 무제한적 발행이 정점에 이르러 더 이상 기축통화의 위상을 유지할 수 없는 상황이 온다 해도 서구 세계에는 유로라는 대체 화폐가 존재한다. 그렇게 되면 세계 기축화폐는 유로와 위안의 쌍두체제가 될 수도 있다.

외환 대체제로서의 금

금을 사들이는 중국

최근 자금 동원력이 있는 투자자들은 안전자산을 매입한다는 의미에서 원자재 투자에 나서고 있다. 투자의 대상이 되는 대표적 원자재는 금, 농산물, 원유다. 특히 금은 금융위기 이후 일반인들뿐만 아니라 몇몇 중앙은행들로부터 주목을 받고 있다. 이 같은 현상이 벌어지는 이유는 주요 화폐 환율에 대한 불안과 함께 인플레이션 시대에 투자하기 안전한 원자재가 금이기 때문이다. 또한 경제 침체에서 금을 사들이는 주된 요인은 대부분의 국가들이 수출을 늘리기 위해서 자국 화폐의 절하를 원하기 때문이다.

이런 점에서 금 또한 버블 현상을 보이고 있다. 금은 1980년 온스당 835달러를 기록할 때 투기 대상인 적이 있었다. 하지만 그 이후 20년 동안 액면가가 2/3나 하락했었다. 2000년 금값은 온스당 273 달러로 최저가를 기록한 바 있다.[4] 〈머니모닝〉 2010년 8월 17일자는 중국이 세계 경제에서 차지하는 비중이 커지는 이유는 세계 금값에 중국이 미치는 영향 때문이라고 설명한다. 국제 금값은 2010년 6월 온스당 1,258달러까지 기록했고 여전히 오를 조짐을 보이고 있다.

추가적인 금 시세 상승은 중국에서 그 이유를 찾을 수 있다. 먼저 중국은 국내에서 금 구매에 대한 자유화 조치를 강구하고 있어, 세계에서 저축에 가장 관심을 보이는 중국인들은 금 구매를 통해서 저축을 할 태세다. 이는 중국 정부가 부추기는 바이기도 하다. 중국의 중앙은행인 중국 인민 은행은 전통적으로 보유화폐 가치의 10%를 금으로 보유해왔다. 그러나 중국의 외환 보유고가 2조 달러를 넘어서게 됨에 따라 금이 차지하는 비중이 급격히 떨어졌다. 2010년 3월 말에는 중국인민은행이 보유한 금은 무게로 1054 톤으로서 외환 보유고의 1.5%에 불과했다.

미국 달러화의 불안정성에 우려를 표하고 있는 중국인민은행은 금을 보유함으로써 달러가치의 하락 리스크를 줄이려고 주력하고 있기 때문에 금 구매는 앞으로도 늘어날 전망이다. 하지만 국제 금값에 변동을 주지 않고 금 보유량을 늘리려는 중국 정부에게는 몇 가지 직면한 문제가 있다. 첫째, 세계 금광의 연 생산량은 2,500톤이고 가치는 1,100억 달러라는 점이다. 생산량 중 2,000톤이 반지와 목걸이 그리고 치과용 등 산업용으로 사용되고 투자 대상은 500톤 정도다. 둘째, 기존의 채광된 금 16만 3,000톤의 총 가치는 6조 달러다. 따라서 중국과 같은 금 보유국은 쉽게 세계 금 시장을 요동치게 만들어, 금값을 통제할 수 없을 정도로 인상시킬 수 있다는 점이다.

2009년 중국 투자자들은 73톤의 금을 구매했고, 현재 시세로 26억 달러 가치이다. 그런데 이 73톤도 이젠 대단한 양처럼 보이지 않는다. 왜냐하면 중국 투자자들은 두 배가 넘는 147톤을 2010년 1/4분기에 사들였기 때문이다. 중국 정부는 일반 개인 투자자들에게 금과 은에 대한 투자를 장려하고 있다. 과거 중국 당국은 투기적인 중국 증시와 부동산 시장의 대안으로서 금의 투자를 권했었다. 하지만 이제는 금이 미국 달러나 기타 외환보다도 더 보편적인 투자 옵션으로 자리 잡고 있다. 중국 증시가 부진을 보일 경우, 투자의 방향이 금으로 바뀔 가능성이 크다.

게다가 폭스콘인터네셔널(Foxconn International Holdings) 같은 중국 내 외국회사에 근무하는 중국 노동자들에 대한 최근 일련의 대폭적인 임금 인상은 중국의 구매력과 함께 인플레이션을 동시에 촉발하게 된다. 실제로 폭스콘은 30만 중국 직원들에게 30%의 임금 인상을 제공했다. 현재 중국 개인이 외환을 구매하는 것은 금지된 상태이고, 중국의 투자자들은 미국 달러와 유로화마저도 불신하고 있기 때문에 중국의 인플레이션은 금값의 급격한 상승을 촉발하게 된다.

미국 이외의 국채 매입

달러로부터의 탈출을 준비하다

2010년 4월 30일자 〈뉴욕타임스〉에 따르면 중국은 그 동안 늘어나는 부채로 인해 미국 대신 유럽 국채에 대한 투자를 늘려왔다. 그런데 그리스 재정위기로 인해 유로화 가치가 급락하면서 외환보유고 평가 손실이 발생하고 있다. 중국은 달러가치 하락을 우려, 달러화 비중을 축소하고 상대적으로 안전하다고 평가된 유로화 자산을 늘려왔다. 중국의 3월 기준 외환보유고 중 달러 표시 자산의 비중은 70%, 유로화 표시 자산 비중은 20~25% 정도를 차지하고 있다. 따라서 그리스 재정적자 위기로 인해 달러화 대비 유로화 가치는 10%가량 하락했다. 이로 인한 중국 외환보유고 장부상 평가 손실은 이미 수백억 달러에 달할 것으로 추산된다. 이는 곧 위안화 가치 문제와도 연결된다. 달러화 대비 유로화 가치 하락은 곧 위안화 대비 유로화 가치 하락과도 같다.

세계 제조업과 수출의 쌍두마차인 독일과 중국은 자금 운영에서 차이점이 있다. 독일의 최대 무역 수지 흑자 대상국은 미국으로 규모는 300억 달러에 이른다. 비교가 되는 점은 독일은 중국처럼 외환보유고를 쌓아두지 않는다는 것이다. 2000년에서 2008년 사이에 독일의 외환보유고는 오히려 감소했다. 중국이 외국인 직접투자(FDI)의 가장 큰 수혜국인 반면, 독일은 FDI의 주요 수출국이다. 2008년 중국으로 FDI로 940억 달러가 유입된 반면, 독일은 1,100억 달러 규모의 FDI 투자를 했다. 실제로 독일의 순수 FDI는 독일 보유 자본의 1/3을 차지하고, 이 중에 절반 이상이 EU 내에 투자되고 있다.

2009년 독일을 제치고 세계 1위의 수출대국으로 부상한 중국은 보유 외환의 상당부분이 미국 정부가 발행한 채권에 투자되어 있다. 중국은 미국정부와 패니매와 프레디맥 같은 국책 모기지 회사의 가장 큰 채무자다. 중국의 2조 5천억 달러가 넘는 외환 보유고의 대부분이 달러로 표시된 채권에 투자되어 있는 것이 문제다. 반면, 독일은 무역 흑자로 얻은 외환을 생산성향상과 고용 창출 그리고 기술개발에 투자하고 있다.[5]

이런 취약점을 인식한 중국 정부는 외화 보유고 다변화 차원에서 2010년 들어 집중적으로 달러 자산을 처분하는 반면 한국, 일본 그리고 유럽 국채를 사들이고 있다. 8월 20일 〈월스트리트저널〉이 한국과 일본, 미국 재정·금융 당국의 통계를 취합해 제시한 수치에 따르면 중국의 한국 국채 보유액은 2010년 6월 말 기준 34억 달러로 지난해 말의 16억 달러 대비 두 배 이상 늘어났다. 한 달 뒤인 7월 말 기준 한

국 국채 보유액은 37억 달러로 또다시 3억 달러어치 증가했다. 2010
년 상반기 중국의 일본 국채 순 구매액도 203억 달러로 1년 전의
6900만 달러에 비해 크게 늘었다.

오마바 행정부가 미국경제를 지탱하기 위한 수단으로 채권 발행을
사상 최대로 늘린 가운데, 중국의 미국 채권 처분은 미국 정부의 자금
조달을 더욱 어렵게 하고 있다.[6] 이럼으로써 미국에 대한 중국의 레
버리지는 더욱 커지고 있다. 현재 중국의 외환보유액 가운데
60~70%는 달러화 자산인 것으로 추정되고 있지만 정확한 통계치는
없다. 중국은 또 위안화와 말레이시아 링깃화의 현물 환거래도 8월
19일부터 시작했다. 그동안 중국은 달러, 파운드, 엔, 유로, 홍콩 달
러에 한해서만 직접 외환거래를 허용해왔다.

중국은 2조 5000억 달러의 외화를 보유하고 있어 외화보유 자산을
조금만 바꿔도 관련 통화는 물론 국제금융시장에도 상당한 충격을
야기한다. 중국의 외환보유고는 전 세계 외환의 30.7%로 선진 7개국
(G7)의 외환보유고 전체를 합친 액수보다 1.93배나 되며 2010년 2분
기에만 811억 달러나 늘어났다.[7]

이처럼 중국이 미국 채권 이외에 다른 국가의 채권을 사들이는 것
은 외화 보유고에서 달러 비중을 낮추는 방편이다. '달러로부터의 탈
피'는 위안화의 위상을 새로운 기축통화로 끌어올리기 위한 중국 정
부의 최우선적 정책인 것이다.

금값의 향방과 금의 주인들

세계 금 보유국/기관 현황

순위	국가/기관명	보유량(톤)
1위	미국	8,133
2위	독일	3,406
3위	IMF	2,966
4위	이탈리아	2,451
5위	프랑스	2,435
6위	중국	1,054
7위	스위스	1,040
8위	일본	765
9위	러시아	668
10위	네덜란드	612
11위	인도	557
12위	유럽중앙은행	501
13위	대만	423
14위	포르투갈	382
15위	베네수엘라	363
16위	사우디아라비아	322
17위	영국	310
18위	레바논	286
19위	스페인	281
20위	오스트리아	280

출처 : World Gold Council, 2010년 2/4분기말 현재

옆의 표는 세계 20대 금 보유 국가 또는 기관들을 보여준다. 이 표에서 3가지 점에 주목할 필요가 있다.

첫째, 미국과 중국의 금 보유량이 8배의 차이를 보이고 있다는 점이다. 국내총생산(GDP) 규모에서 볼 때, 2009년 현재 미국은 14조 달러였고, 중국은 4조 9,000억 달러로 양국의 차이는 3배이지만, 금융 자산뿐만 아니라 금 보유량에서도 미국은 아직 중국보다 절대 우위에 있다는 사실이다. 만약 브레튼우즈 시스템이 붕괴되지 않고 지금도 적용되었다면 '금값이 온스당 6,300달러에 거래되고 있을 것' 이라는 소시에테제네랄의 분석은 최대 금 보유 국가인 미국의 자산 활용 측면에서 시사하는 바가 있다.

둘째, 중국의 금 보유량은 세계 2위인 독일의 1/3 수준이다. 게다가 20위 안에 든 SCO와 친 SCO로 분류되는 국가들인 중국, 러시아, 대만, 인도,

베네수엘라의 전체 금 보유량은 3,065톤으로 독일 보유량 3406톤보다도 적다. 하지만 여기서 주지할 점은 표에 나타난 금 보유는 해당 국가 중앙 은행, 국제통화기금(IMF), 유럽중앙은행(ECB) 등 정부와 국제 기구가 주체이고, 총 보유량은 채굴된 세계의 금 16만 3,000톤 중 1/4에 불과한 3만 8,235톤이라는 사실이다. 즉, 이 표에는 기관 투자가나 개인 소유의 금에 대해서는 설명하고 있지 않다. 하지만 앞서 말했듯 금융위기가 휩쓸고 간 지난 18개월 동안 대형 은행들이 4조 6,800억 달러를 실물 사재기에 쏟아부었다는 점을 되짚어 보면, 상당 액수가 금 매입에 투자된 것으로 보인다.

셋째, 금융 강국인 영국의 금 보유량이 다른 서구 국가 수준에 훨씬 못 미친다는 점을 주목해야 한다. 2009년 1월 영국 정부 문서 공개를 통해서 고든 브라운 전 총리가 재무장관으로 있던 1999년에서 2002년 사이에 영국 보유금의 절반에 해당되는 395톤을 처분했다는 사실이 밝혀졌다.[8] 문제는 당시 이 금을 팔아서 조성한 금액은 35억 달러였는데, 만일 10년 뒤에 팔았다면 105억 달러를 받았을 것이라는 사실이다.[9] 결과적으로 당시 브라운 재무장관은 국제 금 시세의 동향을 제대로 못 파악해 70억 달러에 이르는 손해를 국고에 입힌 것이다. 이 금액은 아이슬란드가 IMF로부터 받은 구제금융 액수 21억 달러보다 3배 이상 되는 막대한 규모다. 참고로 우리나라는 외환 보유 세계 4위라고 하지만 금 보유 국가 20위 안에는 들지 못한다.

세계 금값은 2010년 6월 최고가를 경신한 후 8% 정도의 하락을 보였지만, 이는 금값이 잠시 조정 국면을 거치고 있는 것으로 전문가들은 해석한다.

향후 금값의 추이에 대한 〈머니모닝〉 2010년 8월 17일자의 전망은 2012년 6월에 온스당 2,000달러를 돌파할 가능성과 함께, 또 다른 시나리오로 2012년 6월 이전에 금값이 1978에서 1980년 사이에 오른 것처럼 뛸 경우, 온스당 4,000달러도 가능하다고 보고 있다. 참고로 일반 투자가들이 금에 투자할 수 있는 방법은 다음 3가지가 있다.

1. 골드트러스트(SPDR Gold Trust Exchange-Traded) 펀드를 통한 방법
2. 금광의 주식을 사는 방법(Market Vectors Gold Miners ETF)
3. Chicago Mercantile Exchange on gold futures를 통한 방법

제5장

신 양극체제에서의 패권 충돌

아랍연맹이 경제 협력 같은 비정치 분야에서는 상당한 성과를 거두었다고 평가하지만, 연맹 내의 정치적 문제에서는 사우디아라비아 등 보수적인 왕국들 간의 이권다툼과 내재된 갈등으로 진전을 보이지 못하고 있다. 특히, 이스라엘과 팔레스타인에 관한 문제에서조차 아랍연맹은 한목소리를 내지 못하고 있다. 더욱이 아랍연맹의 주축 국가인 이집트와 사우디아라비아가 친미 성향을 보이면서 아랍 세계의 분열의 골은 점점 깊어지는 양상이고, 국내적으로도 반정부 및 반왕실 세력들을 키워 내정에 불안요소가 되고 있다.

ECONOMIC WARFARE
IN A NEW BIPOLAR SYSTEM

둘로 나뉜 이슬람 세계

아랍 통합의 한계

이슬람 세계는 전 세계 56개국으로 총인구는 약 16억 명에 이른다. 종교적으로 같은 가치를 나누는 이 거대한 축이 오스만투르크 시절처럼 결집력을 발휘한다면 국제적 위상이 지금보다 훨씬 더 높아 질 것이다. 하지만 이슬람 세계의 현실은 국제 역학 구도에 각각 다르게 대응하는 각국의 지도자들에 의해서 사분오열된 상태다.

이슬람 세계가 본격적으로 국제무대에 등장한 시기는 많은 아랍 국가들이 영국과 프랑스의 통치하에 있다가 제2차 대전이 끝나고 독립을 맞은 시점부터다. 이슬람 세계의 대표적인 통합을 위한 노력으로는 1945년의 아랍연맹(Arab League) 창설, 1981년의 걸프협력이사회(Gulf Cooperation Council) 창설, 그리고 1989년의 아랍마그레브연맹(Arab Maghreb Union) 창설을 들 수 있다. 하지만 이 중에 걸프협력이사회(GCC)를 빼고는 별다른 성과를 거두지 못했다.

　석유가 주요 에너지 자원으로 이용되면서 원유를 부존자원으로 가진 아랍 국가들은 경제적 이득을 통해 국가 발전의 토대를 마련하게 되었다. 그러나 문제는 석유를 통한 경제적 이득에 따라 오히려 이슬람 세계가 가진 나라와 못 가진 나라로 나뉘고, 또 친서방 국가와 반서방 국가로 갈라진 데 있다. 여기에 1948년 재건국된 이스라엘은 아랍 세계의 단합이 아닌 분열 요소로 작용하고 있다.[1] 이러한 상황을 잘 파악하고 있는 러시아와 중국은 반서방 국가들인 시리아, 이란, 리비아 같은 중동 국가와 관계를 돈독히 하고 있다.

　22개 회원국을 가진 아랍연맹의 창설 목적은 중동의 평화와 안전을 확보하고 아랍제국의 주권과 독립을 수호하기 위한 지역협력기구를 만드는 것이다. 그 일환으로 1950년 4월 13일 '공동방위 및 경제협력에 관한 조약'이 조인되면서 군사적 방어 조치에 대한 조정권도 갖게 되었다. 그러나 1956년 2차 중동전쟁, 1967년 3차 중동전쟁, 그리고 1973년 4차 중동전에서 이스라엘을 공동의 적으로 간주하는 아랍연맹의 연합군은 형성되지 않았다. 무엇보다도 이스라엘이 네 차례에 걸친 인근 아랍 국가와의 전쟁에서 승리한 요인은 영국, 프랑스, 미국 같은 서방세계가 이스라엘을 지원해주었다는 것이다.

　아랍연맹이 경제 협력 같은 비정치 분야에서는 상당한 성과를 거두었다고 평가하지만, 연맹 내의 정치적 문제에서는 사우디아라비아 등 보수적인 왕국들 간의 이권다툼과 내재된 갈등으로 진전을 보이지 못하고 있다. 특히, 이스라엘과 팔레스타인에 관한 문제에서조차 아랍연맹은 한목소리를 내지 못하고 있다. 더욱이 아랍연맹의 주축 국가인 이집트와 사우디아라비아가 친미 성향을 보이면서 아랍 세계의 분열의 골은 점점 깊어지는 양상이고, 국내적으로도 반정부 및 반왕실 세력들을 키워 내정에 불안요소가 되고 있다.

통합의 진전 : 걸프협력이사회

걸프협력이사회(Gulf Cooperation Council, GCC)는 이란 이라크 전쟁 발발의 영향으로 1981년 아라비아 반도에 위치한 6개국(사우디아라비아, 바레인, 쿠웨이트, 오만, 카타르, 아랍에미레이트)에 의해 창립되었다. 예멘은 2016년 가입 예정이다. 창립 목적은 회원국에 대한 안보 문제를 공동으로 대처하자는 것이다. 아랍연맹과 아랍마그레브연맹과는 달리, GCC는 6개 회원국 간의 농업, 산업, 투자, 안보, 무역 등의 광범위한 분야에서 협력을 통해 실질적인 성과를 보여왔다. 그 예로 1982년 걸프 표준화 기구(Gulf Standards Organization)와 1984년 걸프투자회사 설립을 들 수 있다.

총 3,300만 인구의 GCC는 7,000억 달러의 국내총생산(GDP) 경제 규모를 지닌 친서방 아랍 국가군이다. GCC 중 바레인과 오만을 제외한 4개국이 OPEC 회원국인데, GCC 국가들은 세계 석유매장량의 45%를 보유하고, 세계 원유 공급의 20%를 차지하여 지난 30년간 원유 수출로 급속한 경제발전을 이루었다. 또한 GCC의 경제는 사우디아라비아, 아랍에미레이트, 카타르 3개국의 외자유치와 해외투자를 통해서 주도되고 있다. 아랍에미레이트의 투자 기관인 아부다비펀드(Abu Dhabi Fund)의 자산은 1조 달러에 이른다.

GCC는 단일 통화인 칼레지(Khaleeji)를 2010년까지 도입하는 것을 목표로 했으나 아랍에미레이트의 거부로 본래의 취지인 통합 진척의 결실을 보지 못하고 있다. GCC는 경제 분야뿐만 아니라 국방 측면에서도 진척이 있었다. 회원국의 국방부 장관과 합참의장의 모임을 통해서 1982년 2개 여단 규모의 '반도 방패군(Peninsula Shield Force)'을 창설했다.

1983년과 1987년 사이에 GCC은 6개 회원국 육군과 공군이 참가한 합동군사훈련 기회를 여러 차례 가졌다. 사우디아라비아와 쿠웨이트는 바레인의 공군력 증강을 위해 최신 전투기 구입해줬고 호르무즈 해협의 방어능력 향상을 위해서 오만에 군사원조를 제공하기도 했다. 하지만 1991년 걸프전 때 쿠웨이트의 방어를 지원한다는 합의를 이집트와 시리아와 함께 이루었지만 실제로 군사적 조치는 없었다. 더구나 2003년의 이라크 전쟁에도 GCC가 군사적으로 개입한 적은 없다.

대외관계에 있어서 유럽연합은 GCC의 가장 중요한 무역파트너다. EU와 GCC는 1989년 상호 경제협력을 증진시킨다는 데 동의서를 교환했다. 이들의 관계가 특히 밀접하게 된 이유는 이라크 전쟁에 대한 후속 조치로 EU는 지중해 지역 국가와 중동 지역에 대한 전략적 파트너십 관계를 원했기 때문이다. 2005년 EU와 GCC는 테러리즘에 대한 자금지원을 막는다는 데 합의하여 테러와의 전쟁에 공조하는 모습을 보였다. GCC 국가 중 아랍에미레이트, 카타르, 바레인은 유럽 대형 은행과 거래를 통해 의존도가 늘어나면서 더욱 친서구

성향을 보이고 있다.

두바이에 드리운 검은 그림자

두바이 위기는 단순히 아랍 세계에서 금융 중심, 물류 중심, 관광 중심을 이루려는 야심 찬 아랍에미리트연합(UAE)의 꿈을 접게 만든 것만이 아니다. 아랍 세계뿐만 아니라 더 나아가 이슬람 세계의 통합과 단결에 찬물을 끼얹는 촉진제 역할을 하고 있다. UAE는 7개 부족 국가가 묶인 나라로, 수도 아부다비의 통치자가 대통령을, 두바이의 지도자가 부통령을 맡고 있다.

모하메드 알 마크툼 부통령은 미국에 대한 이해가 누구보다 깊었고, 미국을 활용하기 위해 아랍권 내부에서 비판을 받을 정도로 친미 정책을 펴왔다. 모하메드 부통령은 두바이를 금융과 정보통신의 중심지로 만들어서 2015년까지 1인당 GNP를 4만 4,000달러까지 늘리겠다는 꿈을 키워왔다. 하지만 투기적 부동산 사업과 부채에 의존한 무리한 팽창으로 그 꿈은 한풀 꺾였다.

전 세계 49개 항구를 운영하는 두바이월드와 인공 섬 팜 주메이라(Palm Jumeirah)의 건축회사인 나킬(Nakheel)은 두바이 위기를 불러온 대표적인 회사다. 두바이월드의 2008년 말 총 자산 규모는 996억 달러였고 매출액은 142억 달러였다. 두바이월드는 지금 담보 능력 이상의 빚을 차용한 대가를 톡톡히 치르고 있다.

한때는 모하메드 UAE 부통령을 두바이를 새로운 도시로 바꿔놓은 '두바이 기적'의 주인공이라고 치켜세우는 언론 보도들이 있었다.

하지만 실상은 이 도시가 노예 노동에 의해서 건설된 도시라는 비판을 받고 있다. 이를 두고 영국 일간지 〈인디펜던트〉의 논설위원인 요한 하리는 "두바이는 재정적으로 파산한 것뿐만 아니라, 이미 도덕적으로도 파산한 상태다"라고 힐난했다. 방글라데시나 인도, 필리핀에서 온 저임금의 노동자들에게 비인간적인 대우를 해가며 지은 도시가 두바이라는 말이다. 이들 노동자의 근무 조건과 주거 환경을 보면 노예에 가깝다고 한다.

아부다비는 이미 2009년 2월에 61억 파운드의 채권을 발행해 UAE 중앙은행을 구제한 바 있다. 아부다비가 두바이의 체면을 살려준 것은 UAE의 국제적 위신과 신용이 달린 문제였기 때문이다. 아부다비가 재정이 탄탄한 이유는 UAE를 구성하는 7개 에미리트 중에 전체 원유 보유량의 95%를 차지하고, 전 세계 원유 보유량의 8%를 차지하는 비중 때문이다. 하지만 아부다비를 받쳐주는 오일 머니는 국제 원유가가 60% 이상 하락한 상태여서 과거만큼 풍족한 상태가 아니다. 반면 두바이는 오일 머니로 세워진 것이 아니라 부동산 투자와 관광산업에 의존하고 있어 세계 금융위기에 직접 노출되어 있었다.

아부다비의 구제 금융을 통해서 두바이 위기는 당장은 최악의 사태를 피한 것처럼 보이나, 실제로는 끝의 시작일 뿐이다. 두바이 위기는 UAE 내에서 장기적으로 아부다비의 위치를 강화시킬 것이 분명하다. 권력의 편재에서 건전하지 못하며, 이는 내분의 소지를 키우는 환경을 만들어내고 있다. 더불어 UAE의 불안정은 GCC에도 부정적인 영향을 미치게 된다. 그리고 수치로 계산할 수 없는 두바이 위기의 손실이 있다. 두바이를 세우는 데 헐값으로 노동력을 제공하며 공헌한 이웃 이슬람 국가 국민들의 배신감이 너무도 커서 결국 아랍 세계를 분열시키는 데 일조했다는 사실이다.[2]

도하의 약진

두바이가 경제적 위기에 처하자 도하가 그 자리를 차지하려는 움직임을 보이고 있다. 세계 원유 생산의 1%를 차지하는 인구 60만의 카타르는 수입원의 80%가 석유와 천연가스다. 카타르의 천연가스 매장량은 러시아와 이란 다음 3번째로 많다. 카타르는 재산 관리, 개인 금융, 보험 사업 등에 맞는 금융 인프라의 허브가 되기 위해 총력을 기울이고 있다. 도하의 국제적 위상은 2006년 아시안 게임을 유치할 만큼 상승했다. IMF통계에 따르면 카타르는 2009년에 일인당 국민소득이 8만 4,000달러로 룩셈부르크를 추월하여 세계에서 가장 높은 수치를 보였다.

도하의 교육 도시는 카타르 대학교 이외에 국제적으로 명성 있는 조지타운 대학교, 코넬의대, 버지니아 영연방 대학교, 텍사스 대학교, 카네기 멜론 대학교를 유치했다. 또한 록펠러 재단의 후원을 받고 있으며 미국에서 최대 규모를 자랑하는 90년 전통의 가장 오래된 싱크탱크인 브루킹스연구소(Brookings Institution)가 2008년에 도하 사무소를 열었다. 도하의 브루킹스연구소는 2010년 미국과 이슬람 월드 포럼(US-Islamic World Forum)을 카타르 정부와 공동 주최하며 친서구 이슬람 세계의 친목과 단합을 공고히 했다.

바레인 : 떠오르는 중동의 금융 허브

중동 지역의 보험 분야는 전 세계 프리미엄의 1%를 차지하고 있다. 스탠다드앤푸어스에 따르면 전 세계 일인당 평균 보험 프리미엄이 550달러라면, 중동 보험 시장은 200억 달러의 잠재력을 가졌다. 보험회사들은 중동 지역의 급속히 증가하는 국내총생산(GDP), 인구 증가, 그리고 정부개혁에 힘입어 향후 수년 동안 보험 분야가 가장 빨리 성장하는 분야가 될 것으로 기대하고 있다.

특히 바레인의 보험산업은 최근 몇 년간 두 자릿수의 높은 성장세를 보이며, 바레인 금융 분야 확대를 보여줬다. 바레인은 현재 165개 보험사들이 영업하고 있다. 바레인 국내 보험 프리미엄 총액은 2006년 3억 800만 달러 규모로 전년 대비 22%의 성장을 보였다. 2008년에 보험회사의 고용은 24.5%가 증가했다. 바레인이 중동 지역 보험산업의 노른자위로 떠오르는 데는 바레인에 위치한 아랍보험그룹(Arab Insurance Group, ARIG)이 결정적 역할을 했다. 아랍보험그룹(ARIG)은 걸프 지역의 보험산업을 대표하는 기구다. 바레인에서 중동의 보험산업의 교두보를 삼고 있는 외국 보험회사들은 AIG, ACE, Allianz Group, Hannover Re and Lloyd's brokers PWS 등이 있다.

바레인에 상주하는 외국인들에 대한 생명보험과 재산보험의 수요가 늘어 소매보험 또한 급속한 증가세를 타고 있다. 이 덕분에 바레인은 아랍 세계에서 가장 발달된 생명보험 시장을 구축하게 되었다. 여기에 증가하는 중산층과 인구 증가에 힘입어 주택매매가 활기를 띠면서 소매보험도 늘어나고 있다.

바레인은 이슬람 세계의 증권인 단기 정부 채권 수쿡(sukuk)의 본산지다. 바레인 중앙은행은 이 혁신적인 금융 상품을 소개하는 데 주도적 역할을 했다. 이슬람의 은행 분야의 총 자산 규모는 2000년 19억 달러에서 2006년 103억 달러로 400%에 이르는 괄목할 만한 성장을 보였다. 바레인은 국제 시장에 수쿡(sukuk)을 도입한 이래 이슬람 금융의 선도적 위치를 차지하고 있다. 이슬람의 은행산업의 총 자산액은 2008년 기준으로 159억 달러다. 바레인에는 29개 이슬람 은행들이 자리 잡고 있는데, 이는 중동에서 이슬람 금융 기관 중에 가장 높은 집중도를 나타낸다.

특히 바레인은 이슬람 금융 개발과 관련된 기관들을 유치했다. 현재 '이슬람 금융 기관 회계 및 감사 기구(Accounting and Auditing Organisation for Islamic Financial Institutions)', '이슬람 은행과 금융 기관 총 이사회(General Council for Islamic Banks and Financial Institutions)', '국제 이슬람 금융시장과 국제 이슬람 평가국(International Islamic Financial Market and the International Islamic Rating Agency)'[3] 등이 바레인에 위치해 있다.

바레인은 국부펀드인 바레인 멈탈라카트(Mumtalakat) 지주회사를 통해서 해외 투자를 선도하고 있다. 35개 기업들을 포트폴리오로 하는 바레인 국부 펀드 멈탈라카트의 자산 가치는 2008년 7월 기준으로 100억 달러에 이른다. 멈탈라카트의 포트폴리오에 참여하는 35개 바레인 기업 중 대표적인 회사는 걸프에어(Gulf Air), 바텔코(Batelco), 알루미늄바레인(Aluminium Bahrain), 바레인부동산투자사(Bahrain Real

Estate Investment Company), 그리고 바레인국제투자서키트(Bahrain International Investment Circuit)가 있다. 멈탈라카트는 국내 경기 부양을 위한 투자에 우선을 두고 있고, 국외 첫 투자는 2007년 F1 경주 자동차로 알려진 영국의 맥라렌그룹(McLaren Group)의 지분을 30% 소유한 것이었다.[4]

아프가니스탄 :
지정학적 이해 충돌 지역

굴곡의 역사

아프가니스탄의 근대사는 세 번에 걸친 강대국의 침공으로 얼룩져 있다. 식민 제국주의 시대에 프랑스와 함께 세계 정복의 쌍두마차였던 영국이 1839년에서 1842년 사이에 아프가니스탄을 침략했지만 정복에 실패하고 물러났다. 이어 냉전시대인 1979년에서 1989년까지 소련군이 아프가니스탄을 점령했다. 9.11 사태 이후에는 아이러니하게도 미국을 위시한 북대서양조약기구(NATO)가 냉전시대 미국 편이었던 탈레반을 상대로 '테러와의 전쟁' 을 펼치고 있다.

2009년 창설 60주년을 맞은 나토(NATO)는 냉전 중에 출범해서 냉전 후에도 존속하고 있다. 냉전하의 나토 존재 명분은 바르샤바조약기구와 대결구도였지만, 냉전 종식 후에는 9.11 사태에 따른 테러와의 전쟁이다. 하지만 집단안보 체제인 나토에 위협이 되는 대상은 국가가 아닌 테러집단이고, 이러한 이유로 알 카에다의 본거지인 아프가니스탄에서 나토 작전의 성공 여부는 나토 장래 위상에 중요한 변수다.

나토의 아프간 전쟁 참가

냉전시대가 종식을 맞은 뒤에 기존의 적성 국가였던 바르샤바조약기구의 폴란드, 체코, 헝가리가 1999년 나토에 가입했다. 구소련의 위협이 잠정적인 점에서 바르샤바조약기구 회원국들의 나토 가입은 세계 안보 구도를 바꾸는 역사적 사건이었다. 게다가 미국에 대한 알카에다의 공격인 9.11 테러는 나토에게 다시금 존재 명분을 주었다. 그리고 발트 3국(에스토니아, 라트비아, 리투아니아)과 루마니아, 불가리아가 2004년에 가입함으로써 나토는 더 많은 옛 적성 국가들을 포용하여 규모가 확대되었다.

나토의 아프가니스탄 파병은 나토 헌장 5조를 발동시켰기 때문이다. 나토 헌장 5조는 "어느 한 회원국이 공격을 받으면 전체 회원국에 대한 도발로 간주해 모든 회원국이 공격당한 회원국을 방어한다(an armed attack against one or more of them in Europe or North America shall be considered an attack against them all)"는 조항이다. 9.11 사태로 인한 테러와의 전쟁은 국가가 아닌 테러집단의 공격에 대해서도 나토 헌장 5조를 확대 적용한 것이다.

미국의 입장에서 이라크보다 아프가니스탄 우선 정책을 펴는 배경은 다음과 같다. 우선 9.11의 주동자인 빈 라덴의 알 카에다 조직은 근거지를 아프가니스탄에 두고 있다. 빈 라덴이 건재한 상황에서 테

러와의 전쟁은 명분이 있으며, 알 카에다가 미국과 '테러와의 전쟁'
에 동조하는 국가들에 위협요소가 되는 한 아프간 전쟁은 여론의 지
지를 받을 수 있다. 더불어 성조기 아래 독자적인 작전이 아닌 나토
깃발 아래서 연합 작전을 펴기 때문에 리스크를 줄일 수 있다. 미군
전사자 숫자도 이라크의 4,416명(2010년 8월 기준)에 비해 아프가니스
탄에서는 1,249명이어서 자국의 반대 여론에 대한 부담도 상대적으
로 적다.

미국이 아프가니스탄에 전력을 집중하는 데는 다음 세 가지 요인
이 있다. 첫째, 미군 전력의 분배 측면이다. 미군의 최대 전력 동원 능
력은 동시에 두 전쟁을 치르는 것이다. 아프가니스탄과 이라크에서
전쟁을 벌이고 있는 미국은 더 이상 또 다른 전쟁에 개입할 여력이 없
다. 이란과 북한과의 잠재적 무력 출동을 염두에 두자면 아프가니스
탄과 이라크에서 지속적인 전쟁을 펼 수가 없다.

둘째, 아프간 전쟁은 국제법상 적법한 무력 행위다. 오마바 행정부
가 '아프가니스탄 우선 정책'을 천명하는 또 다른 이유는 다름 아닌
유엔의 승인을 받은 아프가니스탄에서의 작전은 국제법상 적법성을
띤다는 것이다. 다시 말해, 이라크 전쟁은 유엔 승인 없는 미국과 영
국의 일방적 침공이었으나, 아프가니스탄은 유엔에서 인정한 국제안
보지원군(International Security Assistance Force, ISAF)의 작전 지역이다.

셋째, 아프가니스탄은 지정학적 중요성을 띤다. 아프가니스탄은
이란과 구소련 3개 공화국(투르크메니스탄, 우즈베키스탄, 타지키스탄), 그
리고 중국과 국경을 맞대고 있어서 나토의 주축으로서 미군의 주둔

은 이들 국가에 대한 견제와 압력효과가 있다.[5] 나토군의 아프가니스탄 주둔이 알 카에다의 제거만이 아닌 이란과 SCO 회원국에 대한 견제 포석인 점에서 장기화될 조짐이다. 왜냐하면 아프가니스탄에서 나토의 철군은 '힘의 공백(power vacuum)'이 생겨 SCO가 그 자리를 대신할 수 있기 때문이다.

더군다나 아프가니스탄에서 알 카에다가 완전히 제거된다 해도 탈레반의 토대가 되는 지역별 군벌을 무력화시키는 것은 불가능한 일이다. 이런 군벌이 존재하는 아프가니스탄에서 나토가 훈련시킨 정부군과 경찰이 전국적인 안보와 치안을 유지할 수 있느냐는 물음에는 회의적일 수밖에 없다.

나토는 아프가니스탄 카자이 대통령의 역할에 대해서 회의적이지만, 현 대통령을 대신할 마땅한 인물이 없는 것도 문제다. 그리고 더 큰 문제는 나토 주둔군들이 이슬람 종교와 문화에 대한 존경심을 보이지 않는 데 따른 아프가니스탄 국민들이 불만이다. 과거 영국제국과 소련의 침공으로 가뜩이나 반외세적 정서를 갖고 있는 아프카니스탄 국민들은 자신들의 종교와 문화를 이해하지 못하는 나토에 적극적 지지를 보내지 않고 있다.

러시아는 과거 소련의 아프가니스탄 정복 실패에 대한 콤플렉스를 갖고 있다. 러시아 입장에서는 아프가니스탄에서 나토가 승승장구하는 것을 환영할 이유가 전혀 없는 것이다. 러시아는 상해협력기구 (SCO)를 통해 나토에 대한 견제를 시작한 상황이다. 나토의 아프가니스탄 주둔에 대해서 중국은 미국의 포위 정책의 일환으로 해석하고,

러시아는 러시아의 남진 차단용 정책으로 해석한다. 이 때문에 상해 협력기구(SCO)에서 양국이 협력적 전략 관계를 다지고 있는 것이다.

더욱이 알 카에다가 파키스탄 국경 지역으로 거점을 옮기고 있는 상황에서 나토가 아프가니스탄과 파키스탄 정부의 도움을 받더라도 국경의 산악지대에서 알 카에다를 상대하기는 전술적으로 힘들다. 리차드 홀부르크 특사가 이 두 나라를 담당한다는 점에서 미국 정부의 신 전략의 핵심은 아프가니스탄과 파키스탄 접경 지역을 '단일 작전구역(single theater)'으로 다루고 있음을 알 수 있다. 문제는 파키스탄 영토 내에서 미군이 작전을 펴는 데는 한계가 있다는 점이다. 홀부르크 특사는 미군이 현재로서는 파키스탄 국경을 넘을 수 없는 상황이어서 무인 항공기에 의한 제한적 공격 수단에 의존하고 있다고 말했다.[6]

▌오바마 행정부의 신 아프간 전략

2009년 12월 1일 버락 오바마 미국 대통령은 아프가니스탄에 3만 명의 미군 병력을 증파할 것임을 공식적으로 밝혔다. 브뤼셀 나토 본부에서는 힐러리 클린턴 장관이 나토 회원국들의 아프간 증원을 촉구했다. 게이츠 국방장관 대신 군이 외교사령탑을 맡은 클린턴 국무장관이 나선 이유는 브뤼셀의 나토 본부에 회원국 대사들이 대표 사무실이 있기 때문이다. 물론 많은 회원국들은 군 출신을 대사로 보낸다. 미국 국무장관은 대통령 승계 서열 4위로 6위인 국방장관보다 상위에 있다.[7]

종전의 전략과 신 아프간 전략은 세 가지 측면에서 차이점이 있다.

첫째, 나토 창설 60주년인 2009년 4월 당시만 해도 나토가 이끄는 국제안보지원군(International Security Assistance Force, ISAF)이 언제까지 아프간에 주둔할 것인지 예상할 수 없었지만, 이번 신 전략에서는 철수 시작 시점을 2011년 7월로 명시하고 있다. ISAF는 2001년 유엔 안보이사회의 결의안에 따라 설립되었다. ISAF에는 나토 28개 회원국을 포함해 총 41개국이 참여하고 있었는데, 한국과 그루지야가 추가되어 43개국으로 늘어났다.

둘째, 아프간 전쟁 발발 당시 미군의 우선순위는 알 카에다가 미국 본토와 우방국들을 공격하지 못하게 하는 것이라고만 밝혔지만, 이번 신 전략에서는 아프간 국민을 보호하는 것이 목표라고 천명했다.

셋째, 신 아프간 전략에서 가장 주목되는 대목은 바로 증원의 목적이 '승리'에서 '성공'으로 바뀐 수사의 변화다.

철군 시점이 신 전략에 명시된 점을 두고, 나토 회원국들은 아프간에 7,000명의 병력을 증파하는 데에 대해서는 협력하기로 했지만, 미국의 18개월 데드라인에 대해서는 견해 차이를 보이고 있다. 또한 18개월 후 얼마의 병력이, 얼마의 기간에 돌아올 것이라는 구체적인 내용이 들어 있지 않다. 분명한 것은 18개월이 되는 2011년 7월은 오마바의 재선을 위한 대통령 선거가 시작되는 시점이라는 것이다. 이 점에서 신 아프간 전략은 정략적인 계산을 한 외교 정책 수립이지 군사 작전에 입각한 전략이 아니라는 분석이 가능하다.

실제로 아프간 미군 및 나토 사령관이었던 맥크리스털 장군은 효율적인 작전을 위해서 기존의 6만 8,000명 외에 최소한 4만 명의 추가 증원을 워싱턴에 요청했었다. 전세를 반전시키려면 8만 명을 증원해야 한다는 것이 군사 전문가들의 분석이다. 결국 3만 병력은 탈레반 소탕 작전보다는 소극적인 방어적 작전을 펼칠 것임을 시사한다. 이 점에서 아프간 전쟁에서 군사적 승리를 기대하기에는 무리가 따른다.

2009년 12월 게이츠 미국 국방장관은 카불을 방문해 카르자이 대통령을 만났다. 이 자리를 빌어 카르자이 대통령은 아프간 보안군이 외부의 재정적 도움 없이 자립하려면 15년은 걸릴 것이라고 말하면서 미국의 장기적 재정 지원을 요청했다. 올해 대통령직을 재임하면서 취임사에서 나토의 작전을 아프간 보안군이 인계 받으려면 5년이 소요될 것이라고 했던 데서 말을 바꾼 것이다. 현재 카르자이 정부에 대한 나토 진영의 신뢰가 떨어진 상황에서 이 같은 요청은 미국을 두 가지 측면에서 당혹스럽게 하기에 충분하다.

먼저, 카르자이 대통령의 재집권에 이은 장기 집권은 부정부패로 가는 길을 열어주게 된다는 것이다. 그리고 미국을 비롯한 ISAF군이 2011년부터 철군을 시작하더라도 카르자이 정부가 탈레반을 상대하려면 장기간의 재정적 지원이 필요하다는 것인데, 설령 재정적 지원이 있더라도 카르자이 대통령이 제대로 지원금을 사용할지에 대해서는 의구심이 드는 것이다.

알 카에다와 탈레반의 은신처가 아프간과 파키스탄 국경 지역에 있기 때문에 ISAF가 성공적으로 군사 작전을 펼치기 위해서는 파키스탄의 협조가 필수적이다. 하지만 오마바의 신 아프간 전략에 대한 파키스탄의 입장은 오히려 우려를 드러낸다. 파키스탄 〈자사라트〉 신문은 논평에서 아프간 미군 증원은 탈레반에 아무런 영향을 주지 않을 것이라고 했다. 왜냐하면 증원은 오히려 파키스탄으로의 탈레반 이동 또는 은신이라는 결과를 낳을 것이라고 판단하기 때문이다.

파키스탄의 샤 마무드 퀴레시 외무장관은 ISAF와 파키스탄의 정보 공유가 부족할 뿐만 아니라, 파키스탄과 아프간 정부 간의 협조도 잘 이루어지지 않고 있다고 지적했다. 그리고 파키스탄 안보 전문가인 메두드 샤는 이번 증원으로 미군이 파키스탄 국경을 넘어오게 됨으로써 파키스탄은 더 큰 딜레마에 직면하게 될지도 모른다고 걱정했다.

홀브루크 특사는 BBC와의 2009년 12월 6일 인터뷰에서 신 아프간 전략의 성공을 위해서 파키스탄보다 중요한 나라는 없다고 언급했다. 아프간 정부의 협조를 구하는 것보다 파키스탄에 의존하는 것이 더 현실적인 방안이라는 미국 정부의 입장을 보여주는 대목이다. 전세를 반전시키려면 8만 명의 증원이 있어야 된다는 군사 전문가들의 분석을 떠올려보면, 3만 병력은 탈레반 소탕보다는 사상자를 줄이기 위한 도시 방어 정도의 임무를 수행할 것으로 예상된다.[8]

대규모 천연자원 매장 발표의 의미

블룸버그 통신 2010년 6월 14일자는 아프가니스탄에 천연자원이 대량으로 묻혀 있는데, 그 추정 가치가 1조 달러에 이른다는 펜타곤 내부 자료를 인용했다. 미국 정부 당국자들은 이 정도 자원이면 오랜 전쟁으로 피폐한 아프가니스탄 경제를 살리기에 충분하다고 보고 있다. 이 펜타곤 내부 자료는 아프가니스탄이 '리튬의 사우디아라비아(Saudi Arabia of lithium)'가 될 것이라고 예측했다.

미군 중앙사령부의 페트리우스 장군은 "아프가니스탄에서 발견된 광물은 대단한 잠재력을 지닌 것으로 그 의미가 중차대하다"라고 언급했다. 아프가니스탄에 다량의 광물이 있다는 것은 이미 알려진 사실이지만, 탈레반의 영향권에 있는 위험 지역이 많아 전체적인 매장량은 알 수 없었다.

미국지질협회가 2006년부터 아프가니스탄에서 시행해온 조사에 근거한 펜타곤의 분석에 따르면 1조 달러의 자원 가치 중에 철광석은 4,200억 달러로 비중이 가장 크고, 두 번째 가치가 있는 광물은 동으로 2,200억 달러에 이른다. 한편 아프가니스탄 광산청은 리튬과 코발트 그리고 금 같은 귀금속의 경제적 가치가 얼마나 될지에 대해서는 추가적인 조사가 필요하다고 밝혔다.

그런데 일부에서는 이번 발표가 나온 타이밍을 두고 의혹을 제기하고 있다. 왜냐하면 나토의 주력인 미군이 탈레반에 대한 공세를 취하고 있는 시점에 이 발표가 나왔기 때문이다. 더군다나 발견된 광물을 채굴하려면 엄청난 투자가 있어야 하고, 실제로 채광하기까지는 수년이 소요될 것을 감안하면, 이번 발표가 몇 가지 목적을 담고 있다는 추측이 가능하다.

첫째, 미군에게 아프가니스탄에서 탈레반과 전투하는 명분을 실질적으로 제시하기 위한 것이라는 추측이다. '테러와의 전쟁'이라거나 '아프가니스탄에 민주주의를 심는다'는 등 종전의 참전 명분은 형이 상학적이어서 미군 장병들에게 호소력이 적었다. 하지만 '막대한 가 치의 광물이 탈레반 손에 들어가면 세계 평화에 더욱 위협이 된다'는 메시지는 대외적인 명분은 물론 미군의 사기 측면에서 큰 도움이 된 다는 분석이다.

둘째, 2009년 오바마 대통령의 신 아프간 전략에서 명시했듯이, 승 리가 아닌 성공이 아프가니스탄 군사 작전의 궁극적인 목표라는 점에 서 아프간 자원을 개발하고 이익을 취한다는 것이 설득력이 있다.

셋째, 2011년 7월 철군 시점을 구체적으로 밝힌 상태에서, 이라크 의 경우처럼 그 시점 이후 자원 개발에 참여한 서방의 다국적 기업이 아프가니스탄에 자리 잡게 되면 혹시라도 기업 활동이 위험에 처할 수 있다. 그럴 때 이들을 보호해주기 위해서 언제라도 다시 병력을 투 입할 명분이 된다.

이라크의 유전 개발에 참여한 주요 업체가 BP, 엑손 모빌, 쉘 등 서방 다국적 기업인 점을 감안하면 아프가니스탄의 자원 개발도 나 토에서 중추적인 역할을 하고 있는 미국을 위시한 나토 핵심국이 될 것이라는 전망이다. 참고로 이라크에서 미군이 완전 철군하는 시점 은 2011년 말이다.

중국에 자원 개발 주도권을 빼앗기지 않으려는 포석

〈월스트리트저널〉은 아프가니스탄 광업부가 가장 부패한 정부 부서라는 점을 들어 매장된 대량의 광물을 개발하는 작업을 진행하는 것에 조심해줄 것을 당부하고 있다. 더불어 미군 해병대 대변인 터나 소령은 미국지질협회가 아프가니스탄 영토의 2/3는 더 조사를 해야 한다고 밝히며, 펜타곤과 국무부에서 채산성을 모르는 상태에서 매장량을 발표한 것은 서두르는 감이 있다고 지적했다.

하미드 카르자이 아프가니스탄 대통령은 이 광물 자원이 32년간 전쟁을 치러온, 세계에서 두 번째로 가난한 나라의 경제를 안정시키는 데 필수불가결하다고 말했다. 그동안 전쟁과 재원 부족으로 인해 수도 카불 서쪽에 있는 매장량 18억 톤의 하지각 철광산과 카불 남쪽에 있는 매장량 1,100만 톤의 아니나크 동 광산의 개발이 방해 받아 왔다는 사실도 덧붙였다.

문제는 아프가니스탄 정부가 자원 개발 기회를 서방 기업에 독점적으로 제공하지 않고 있다는 점이다. 아니나크 동 광산의 개발권은 이미 2007년 중국의 국영기업 장지동회사(Jiangxi Copper Co.)에 주어졌다. 이 점에서 미국이 채광이 시작되지 않은 자원에 대한 개발 주도권을 서둘러 차지하기 위해서 이번 발표에 나섰다는 관측도 있다. 그런데 정작 아프가니스탄 광업부는 이에 대한 정보를 미국으로부터 받은 바 없다고 밝혔다.

더군다나 미국은 카르자이 대통령이 이끄는 정부 각료들의 부패 문제가 해결되지 않고 있다고 보고 있어, 막대한 이권이 걸린 아프가니스탄 광물 자원 개발을 진행하기까지는 넘어야 할 장애물이 많다.[9]

아프리카 : 천연 자원 확보에 따른 이해상충 지역

중국의 적극적인 진출 이유

중국의 아프리카 교역은 지난 10년간 10배가 증가하는 놀라운 상승세를 보였다.[10] 문제는 아프리카 천연자원과 에너지 자원에 대한 중국의 공략이 미국의 이해관계와 충돌하고 있다는 점이다.[11] 중국의 대외 FDI의 3/4이 자원이 풍부한 아프리카 5개국(수단, 알제리아, 잠비아, 남아공, 나이지리아)에 집중되고 있다.[12] 특히 나이지리아 원유에 대한 중국과 서구 진영의 맞대결은 앞으로 갈등의 불씨를 안고 있다.

중국은 아프리카를 중동 오일공급원을 대신하는 에너지와 광물질의 공급원으로만 생각하고 있는 것이 아니다. 중국에게 아프리카는 커다란 무기 수출시장이다. 중국산 무기를 도입하는 아프리카 국가들은 무기체계를 중국에 의존하다가 외교관계까지 덩달아 의존하게 되는 것이다. 아프리카 무기 수입의 60%는 유럽 국가가 차지하고 있지만, 소형 무기 시장은 중국이 독점하다시피 하고 있다. 게다가 스웨덴 국방 연구소(FOI) 보고서에 따르면 중국은 케냐, 이집트, 보츠와나, 모로코 같은 국가를 K-8이나 JF-17 같은 경전투기 잠재 시장으로 여기고 있다.

무기 판매와 석유 개발 대행으로 중국은 아프리카 국가들과 종속 관계를 조직적으로 진행시켜 왔고, 그 결실이 바로 2006년 11월 중국 아프리카 협력 포럼의 개최다. 북경에서 개최된 제 1회 '중국-아프리카 협력 포럼(Forum on China-Africa Cooperation, FOCAC)'에 48개 아프리카 국가의 정상들이 참석했다.

중국은 에너지와 철강 수요가 국내생산으로 충족이 안 되는 상황에 이르렀기 때문에 공격적 해외 기업 인수와 합작을 통해서 물량 확보에 나섰다. 이를 위한 외교의 일환으로 2006년 11월 온가보(溫家寶, 웬자바오) 총리는 7개 아프리카 국가(콩고, 이집트, 가나, 앙골라, 남아공, 탄자니아, 우간다)를 순방했고, 2007년 초 중국 외무장관 이조성(李肇星, 리쟈오싱)은 보츠와나, 에리트리아, 중앙아프리카 공화국, 차드, 기니아 대통령을 방문했다. 중국은 경제사정이 어려운 아프리카에 부채 탕감, 수입관세 인하, 인적 교류와 교육 제공 등 패키지 협력 방안으로 접근하고 있다.

중국 국영 기업인 CNOOC는 나이지리아 원유 보유량의 1/6 분량인 60억 배럴의 원유를 구매할 계획이다. 금액으로 300억 달러에서 500억 달러에 이르는 막대한 규모다. 이 계약은 나이지리아의 23군데 원유 시추 공사를 진행 중인 세계 최대의 원유회사 엑손모빌(Exxon Mobil), 로열더치셸(Royal Dutch Shell), 세브론(Chevron), 토털

(Total)과 이해가 상충된다.[13]

중국은 자국의 경제 성장을 위해서 나이지리아를 포함한 아프리카의 원유 수급이 절박한 상황이다. 중국의 1일 원유 소비량은 1998년 420만 배럴 소모에서 2009년 850만 배럴 소모로 지난 10년간 두 배 이상 증가했다. 해외 원유 수입은 전체 소모의 45%를 충당하고 있다.

중국이 아프리카에 관심을 갖는 이유는 오일만이 아니다. 중국은 철강석, 니켈, 동, 코발트, 보크사이트, 은, 금 등 다른 천연 자원도 사들이고 있다. 2009년 중국은 아프리카의 최대 무역국으로 1천 70억 달러의 교역량을 기록하며 미국을 앞질렀다. 중국이 투자하고 있는 아프리카 국가 수는 49개국에 이른다. 중국은 아프리카와 유대를 공고히 하기 위한 방법으로 많은 국제회의를 주최하고 있다. 대표적인 모임으로 '터치로드 중국-아프리카 투자 포럼(Touchroad China-Africa Investment Forum)' 과 '중국-아프리카 협력 포럼(FOCAC)' 이 있다.

이런 가운데 몇몇 서방 정부기관들은 중국이 아프리카 주민들은 안중에도 없이 마구잡이로 자원을 점유하고 있다고 우려의 목소리를 내고 있다. 특히, 중국이 국제사법재판소에서 전범으로 고소한 수단의 오마르 바시르 대통령을 비롯해 미국과 유럽에서 기피하는 지도자인 짐바브웨 무가베 대통령과도 긴밀한 관계를 유지하고 있는 것을 못마땅해 하고 있다.

미국의 헤리티지 재단 보고서에 따르면 중국이 수단과 짐바브웨의 독재 권력을 지원하는 것은 독재자의 잘못된 정책을 합법화하는 역할을 한다고 비판했다. 중국은 수단과 짐바브웨에 재정 지원뿐만 아니라 군사 지원도 제공하고 있다. 미국 국방부에 따르면 수단은 2003년과 2007년 사이에 중국으로부터 79억 달러에 해당되는 무기를 수입했다고 밝혔다. 이에 대해서 남아공 주재 종건화(鍾建華, 종지안화) 중국 대사는 로이터 통신과의 인터뷰에서, 중국과 아프리카 관계는 상호적으로 이득이 되는 것이어서 중국의 이익만을 위한 것이라는 모함은 공정하지 못한 것이라고 반박했다.

로이터통신에 따르면 중국 지도부가 아프리카에 진출한 자국 기업들이 현지 문화에 대한 이해 부족으로 중국의 이미지를 실추시키고 있는 것에 대해서 우려를 표명했다 전했다. 하지만 종건화 대사는 중국이 아프리카에 진출한 것은 저렴한 오일과 천연자원을 얻기 위함만이 아니라면서, 지난 30년간 중국 경제가 성장한 것처럼 앞으로 아프리카가 중국의 모델을 답습하게 될 것이라고 전망하며, 이를 성취하도록 돕는 것이 중국의 역할이라고 강변했다.[14]

중국은 자신들의 투자 덕분에 아프리카가 지난 5년간 5%의 경제 성장을 이룰 수 있었다고 자평하고 있다. 하지만 서방 인권단체들은 중국의 아프리카 진출은 중국만을 위한 것이며, 현지의 부정부패를 눈감아 주어서 결국 부패된 정권을 강화시키는 역할을 했다고 주장한다. 〈머니모닝〉의 피츠 제럴드 편집장은 중국 지도자들은 인권과 핵 문제 등은 전혀 개의치 않고 있다고 말하며, 그들에게 중요한 것은 다른 국가가 어떻게 여기든 중국에 오일을 제공하는 것뿐이라고 말했다.

이에 대해 종건화 대사는 중국의 경제 성장을 위해서 아프리카의 천연자원을 탈취한다는 것은 공정하지 못한 시각이며, 아프리카 정부들도 동의하지 않는다고 반론했다. 종 대사는 중국의 산업 및 상업은행(ICBC)은 남아공에서 가장 자산 규모가 큰 은행인 스탠더드 은행에 56억 달러를 투자하여, 20% 지분을 소유하고 있고, 이를 통해서 보츠와나의 발전소 건설을 위해 8억 2,500만 달러 규모의 금융 지원을 한 예를 들면서 아프리카 투자로의 중국의 다변화를 설명했다. 즉, 중국의 아프리카 교역 형태가 천연자원의 수입과 완제품의 수출만이 아닌 자본의 수출로도 이어지고 있다는 점을 부각시킨 것이다.[15] 한편 중국과 앙골라 양국 간 교역규모가 2008년 253억 달러에 이르면서, 앙골라는 아프리카에서 중국의 최대 교역국가가 되었다. 금융위기에도 불구하고 농업, 식료품, 목재, 정보 통신 분야에서 양국의 무역은 늘어났다.

2009년 9월 상해에서 열린 '터치로드 중국-아프리카 투자 포럼'에서, 이 포럼의 창설자인 하열휘(何烈輝, 헤리에후이)는 아프리카를 개발되지 않은 가난과 질병 그리고 폭력의 땅으로 생각하는 것은 잘못된 선입견이라고 말하고, 아프리카의 모든 국가들이 가난한 것은 아니며, 몇몇 아프리카는 일인당 국민소득이 중국보다 높다고 주장했다.[16] 터치로드 중국-아프리카 포럼은 2008년에 18개국이 참가해서 처음으로 개최된 바 있다.

2009년 11월 이집트에서 개최된 제 4회 중국-아프리카 협력 포럼(FOCAC)에서는 온가보 총리가 직접 참석해서 8개 항목의 협력증진 방안을 제시했다. 구체적인 분야는 기후변화, 과학 기술 협력, 농업

분야 협력, 의료지원, 교육 및 인적자원 개발, 문화 교류가 거론되었다. 그 중 100억 달러 규모의 부채 탕감 및 재정 지원이 중국의 아프리카 공략의 핵심 내용이었다.[17]

중국은 아프리카의 유일한 G20 회원국인 남아공에 대한 외교에 박차를 가하고 있다. 2010년 8월 24일 북경에서 양국의 교류와 우호 관계를 상징하는 정상회담이 호금도 주석과 제이콥 주마 대통령 간에 열렸다. 이 자리에서 종합적 전략관계(comprehensive strategic partnership)로 양국관계를 격상하는 데 합의했다.[18] 중국과 남아공이 국교를 수립한 지 12년 만에 보인 다각적 교류의 산물이다.

이처럼 중국의 적극적인 아프리카 공략은 자원 확보 차원의 경제적 이유 이외에 국제 정치적 입지를 강화하기 위한 방편이다. 서구 제국주의 열강들의 식민지였던 아프리카에서 중국의 증대하는 위상을 통해서 신 양극체제라는 국제 질서 속에 벌어지는 지각변동을 감지하게 된다.

코카서스 : 에너지 안보의 이해관계 충돌 지역

체스판이 된 그루지야

2008년 그루지야의 남오세티아 침공은 단순한 영토 분쟁이 아니었다. 러시아의 반격으로 그루지야가 남오세티아를 점령하는 데는 실패했지만, 분쟁의 불씨는 코카서스 일대에 걸쳐 남아 있다. 미국 뉴욕 대학의 스테판 코헨 교수는 코카서스를 미국과 러시아의 대리 전쟁터라고 꼬집고 있다. 물론 이는 당장 그루지야를 가리켜서 한 말이지만, 이미 러시아군이 10년 넘게 진주해온 체첸공화국, 그루지야로부터 탈퇴한 남오세티아와 압카지아 그리고 인구세티아 자치공화국의 분쟁이 모두 해당된다.

코카서스는 동쪽으로 카스피 해, 서쪽으로는 흑해와 아조프 해를 경계로 한 지방이다. 코카서스 산맥은 카스피해 남서 해안의 아프세론 반도에서 흑해 북동 해안인 쿠반 강어귀까지 약 1,200㎞ 뻗어 있다. 유럽에서 가장 높은 산인 엘브루스 산(5,633m)이 코카서스 산맥에 있다. 지정학적으로 코카서스 산맥은 터키의 이스탄불(과거 콘스탄티노플)이 유럽과 아시아를 나누는 것처럼, 유럽과 아시아 두 대륙을 나누는 경계령이다. 남쪽은 터키·이란과 국경을 경계로 삼고 있다.

면적은 약 44만㎢로 한반도의 두 배가 넘는다. 남오세티아가 1999년 독립을 선언했지만, 그루지야는 그것을 인정하지 않았다. 하지만 지난해 그루지야가 남오세티아를 침공한 것을 계기로 러시아는 남오세티아와 압카지아를 동시에 독립국이라고 선언했다. 푸틴 총리는 8월 12일 압카지아를 방문해서 5억 달러 상당의 안보 지원금을 약속했다. 이 자리에서 푸틴 총리는 그루지야의 사카시빌리 대통령이 있는 한 코카서스에서 군사 충돌이 다시 일어날 가능성을 배제할 수 없다고 밝혔다.

문제는 사카시빌리 대통령이 2004년 대통령에 출마했을 때 압카지아와 남오세티아를 그루지야 영토로 복귀시키겠다고 공약한 것을 이행하려고 하기 때문에 2008년 남오세티아에 대한 침공을 시도했다는 점이다. 결과적으로 볼 때 러시아 메드베데프 대통령과 프랑스 사르코지 대통령 간의 휴전 협약으로 일단 잠잠해진 상태일 뿐이다.

러시아가 군사적으로 개입할 것을 알면서도 사카시빌리 대통령이 선거 공약을 과감하게 밀어붙인 배경에는 미국이 있다. 이미 부시 행정부는 체니 전 부통령을 통해 압카지아와 남오세티아의 다수를 차지하고 있는 그루지야인들에 대한 보호 차원에서 그루지야를 두둔하는 입장을 밝혔고, 오바마 행정부 역시 같은 입장임을 바이든 부통령을 통해서 재확인한 바 있다.

그루지야 입장에서는 옛 소련이 강점하기 이전에 역사적으로 그루지야 영토였다는 명분을 갖고 있고, 러시아 입장에서는 소련 시절 스탈린이 현지인들을 타지로 강제 이주시키고 러시아인을 대거 두 공화국에 이주시켰기 때문에 자국민 보호 차원이라는 명분을 띠고 있다. 이민족 간의 인위적인 동반 거주지였다는 점에서, 또 러시아 정교와 이슬람교의 종교적 대립이라는 측면에서 북아일랜드 문제와 흡사하다.

미국이 그루지야 편을 드는 두 가지 이유가 있다. 먼저 지정학적으로 터키와 국경을 맞대고 있는 그루지야를 나토 진영으로 편입하면 러시아 남하 정책을 차단할 수 있다. 이미 아프가니스탄에 테러와의 전쟁이라는 명분으로 나토군이 들어간 상태에서 그루지야까지 나토 영향력 아래에 두면 좀 더 공고하게 러시아를 견제할 수 있게 된다. 두 번째 이유는 에너지 안보 차원에서 유전이 있는 아제르바이잔과 크라스노다르 · 스타브로폴 지역에서 출발하는 원유 파이프라인을 지속적으로 확보할 수 있기 때문이다.

코카서스의 지역 분쟁은 체첸과 인구세티아에서 나타난다. 체첸공화국은 반(反) 러시아 깃발을 들고 지난 10년간 독립 항쟁을 펼쳐왔으나 그 뜻을 이루지 못했다. 러시아 정부는 2009년 4월 체첸 반군에 대한 10년간의 대 테러 작전을 종료한다고 선포했지만, 체첸 반군은 여전히 저항하고 있는 상태다. 게다가 체첸과 국경을 맞대고 있는, 친 러시아 정권이 권력을 잡은 인구세티아 자치공화국은 이슬람 무장 봉기 세력에 대해 공세를 강화하고 있는 상태다.

　　냉전 시대 미국과 소련의 힘겨루기가 최고조에 달했던 1962년 쿠바 미사일 위기 때처럼 미국과 러시아의 긴장감이 그루지야를 중심으로 한 코카서스에서 재현되는 양상이다. 쿠바 위기 때는 소련이 미국에 인접한 쿠바를 통해서 세력 확장을 시도한 반면, 이번에는 반대로 미국이 나토 확대라는 명분으로 그루지야를 교두보로 삼고 러시아 남하 정책을 차단하려는 의도가 깔려 있다. 동시에 이란을 더욱 압박할 수 있는 전략적 포석이다. 하지만 나토 회원국 터키와 국경을 맞대고 있는 그루지야가 나토 회원국이 되는 것을 러시아로서는 좌시할 수 없는 상황이다.

　　안보와 경제적 측면이라는 복잡한 국제 관계 속에 코카서스의 주도권 경쟁은 '문명의 충돌' 요소가 추가되면서 '신 냉전시대'로의 진입을 예고하고 있다.[19]

발칸반도 : 역사적 갈등이
잠재된 지역

코소보 독립 선언과 얽히고설키는 국제관계

코소보는 2008년 독립을 선언했고, UN 회원국 중 69개국이 이를 인정했다. 하지만 러시아, 중국, 인도, 브라질, 그리고 유럽연합 회원국인 스페인과 그리스는 코소보의 독립 인정을 거부하고 있다.

이에 대해서 예레미치 세르비아 외무장관은 코소보 문제가 UN, EU 그리고 나토를 갈라놓고 있다고 지적하며, 세계의 2/3가 코소보를 독립국가로 인정하지 않고 있음을 언급하며 커다란 이견을 보이고 있음을 부각시켰다.

국제사법재판소는 2010년 7월 22일 세르비아로부터의 코소보의 2009년 독립 선언이 국제법을 위반한 것이 아니라고 발표했다. 하지만 세르비아는 2008년 코소보의 독립 선언 당시 이를 결코 인정할 수 없다고 천명한 바 있다. 유태인과 아랍인들이 예루살렘을 서로의 성지로 여기듯이, 세르비아인들은 코소보를 건국의 정신적 태동지로 여기고 있다. 코소보는 1999년 나토가 이끈 폭격 이래로 UN 관할하에 있어 왔다.

세르비아의 예레비치 외무장관은 세르비아는 코소보의 독립을 지금도, 1년 뒤에도, 10년 뒤에도 결코 인정할 수 없으며, 독립을 강행할 시에는 좌시하지 않을 것이라고 못 박았다. 세르비아 코스투니카 총리는 세르비아 영토 내에 괴뢰정부의 탄생을 간접적으로 승인하는 것 자체가 모욕적인 일이라고 표현하며, "코소보는 오직 세르비아에 속하는 우리 영토이기에 결코 그 누구에게도 줄 수 없는 문제다"라고 강조한 바 있다.

코소보 문제는 국제무대의 주요 국가들을 둘로 갈라놓고 있다. 러시아 푸틴 총리는 자신의 대통령 임기를 끝내는 마지막 기자회견에서 스페인과 프랑스 경계에 있는 바스크 지역에 대한 독립을 지지하지 않으면서, 코소보의 독립을 지지하는 유럽연합의 이중적 잣대를 비판했다. 푸틴은 이 자리에서 "유럽연합이 코소보는 특별한 경우라고 주장하는 것은 날조이며 거짓이다"라고 강하게 반박했다.

구 유고슬라비아 해체 이후, 지금의 유고슬라비아는 세르비아와 몬테네그로의 두 공화국으로 구성된 연방 국가이다. 코소보와 보이보다나는 세르비아 내의 주로서 1990년과 1989년까지 자치지구였다. 코소보는 단독 정부를 구성했지만 세르비아와 유고슬라비아는 이를 인정하지 않고 있고, 미국은 세르비아와 몬테네그로 연방을 인정하지 않고 있는 상태다. 코소보의 인구는 알바니아계가 90%를 차지하고, 10%의 소수만이 세르비아계다. 알바니아계는 코소보의 대다수를 차지하지만 유고슬라비아 내에서는 소수민족이다.

조 바이든 미 부통령은 국제사법재판소가 코소보의 독립이 적법하다는 발표를 내기 전에 세르비아 보리스 타디치 대통령에게 전화를 걸어 미국은 민주적이고 다민족의 코소보를 전적으로 지원한다고 전달했고, 동시에 미국과 세르비아의 강한 유대를 확인했다고 알려졌다. 이는 물론 세르비아를 설득하기 위한 방편이기도 하지만, 한편으로는 나토의 맹주 입장에서 경고성 조치로도 해석되고 있다.

세르비아 예제미치 외무장관은 반기문 UN사무총장을 만난 자리에서 코소보의 일방적인 분리 선언이 지역 분쟁을 해결하는 방법이 되어서는 안 된다는 것을 전달했다. 문제는 국제사법재판소의 발표는 법적으로 구속력을 띠지 않는다는 점이다. 즉, 코소보의 독립 인정은 국제사법재판소의 의견이지 판결이 아니라는 것이다. 하지만 국제사법재판소의 의견은 커다란 법적 무게를 싣고 있다는 점에서 의미를 지닌다.

《The Balkans : 1804 to 1999》의 저자 미샤 클레니는 〈뉴욕타임스〉 2010년 7월 27일자 기고를 통해, 2008년 코소보의 일방적인 독립선언에 대해서 국제법을 위반한 것이 아니라는 국제사법재판소의 의견은 러시아와 미국에게 더 이상 간섭하지 말라는 중요한 메시지를 전달하고 있다고 밝혔다. 즉, 코소보 독립 문제는 유럽연합의 조력을 받아 세르비아와 코소보가 해결해야 한다는 것이다.

국제사법재판소의 의견은 국제법상 독립을 원하는 것은 문제가 없으나, 코소보가 완전 주권국가가 아니기 때문에 국내법에 결부되지 않는다는 단서를 달고 있다. 코소보의 독립을 69개국이 지지했지만, UN 회원국이 되기 위해서는 적어도 100개국의 승인이 따라야 한다. 코소보의 일방적 독립 선언을 반대하는 국가들은 코소보 사례가 전 세계의 분리주의 운동을 더욱 부추기게 될 것이란 점을 반대 이유로 들고 있다.

유럽연합 캐서린 애쉬톤 외무장관은 "유럽연합은 세르비아와 코소보 간의 대화를 용이하게 할 준비가 되어 있다"라고 즉각 성명을 발표하며, 그 대화가 유럽의 협력과 진보를 고무시킬 것이라고 덧붙였다. 이 성명은 '코소보는 자국의 미래를 미국에 의존하지 말라' 는 메시지를 담고 있다. 동시에 '세르비아도 러시아에 코소보 독립 문제를 호소하지 말라' 는 뜻을 포함하고 있다.

유럽연합은 이미 발칸반도 국가들도 회원국이 될 자격이 있다고 천명한 상태이기 때문에, 만일 유럽의 앞마당과 같은 발칸문제를 해결하는 데 실패한다면, 유럽 역외의 문제에 영향력을 행사하는 데 위축될 것이 분명하다는 분석이다. 세르비아 정부는 유럽연합의 대부분의 회원국들이 코소보의 독립을 인정하고 있음에도 이를 영토 침범으로 보고 있다.

세르비아와 코소보가 유럽연합 회원국이 되기를 희망하는 상황에서, 서로 평화적 협력의 길을 택할지 아니면 또 다른 무력 충돌로 유럽에서 아웃사이더가 될지 귀추가 주목된다. 10년 전만 해도 유고 연방에서 독립한 크로아티아와 분리 독립을 반대한 세르비아는 서로 적대적인 관계였지만 이제는 조직 범죄에 대한 공동 협력을 펴는 등 협조적인 관계로 발전한 것을 보면, 코소보와 세르비아의 관계가 비관적이지만은 않다는 의견도 있다.

그러나 코소보 문제에서 분명히 드러나는 것은 세르비아 편을 드는 국가군이 중국과 러시아가 주축이 된 상하이협력기구(SCO)와 친 SCO 국가들이라는 사실이다. 즉, 중동 문제와 한반도 문제에 이어 발칸 문제에서도 친 나토 진영과 SCO가 대립각을 세우는 양상이다.[20]

코소보 분쟁의 역사적 배경

발칸반도는 다른 인종과 종교가 혼재함으로써 오랜 분쟁의 역사를 갖고 있다. 1389년 오토만 제국의 지배하에 들어 500년간 무슬림 영향권에 놓였었고, 세르비아, 크로아티아, 보스니아, 무슬림, 기독교, 그리스 정교 간의 반목으로 분쟁이 끊이지 않은 지역이다. 근대사에 있어서 1914년 오스트리아의 프란츠 페르디난트 왕세자가 사라예보에서 암살당한 것이 제1차 세계 대전의 원인이 되었고, 오토만 제국의 붕괴로 이어져 발칸반도는 세르비아 정부의 통치에 의한 유고슬라비아가 되었다.

제2차 세계 대전 당시 나치 지배하에서 독일군과 항전을 이끌었던 티토가 전후 유고슬라비아의 지도자로 등장하고, 6개 공화국으로 구성된 연방국가가 된 것이다. 유고슬라비아는 슬로베니아, 크로아티아, 세르비아, 보스니아-헤르체고비나, 몬테네그로, 마케도니아, 그리고 자치주로 코소보와 보이보디나로 구성된 연방국가였다. 1980년 티토 대통령 사망 후 코소보 독립운동이 늘어나면서 무슬림과 기독교의 충돌이 벌어졌다.

1989년 소련연방의 붕괴는 유고슬라비아 경제와 사회에 직접적인 영향을 줘 1991년 크로아티아와 슬로베니아가 독립을 선언하게 만들었다. 세르비아 군대는 무력으로 이를 저지하고자 했고, 보스니아-헤르체고비나에서 전쟁이 발발하게 되었다. 유럽연합은 1992년 크로아티아와 슬로베니아의 독립을 인정했다. 하지만 보스니아는 대규모 인종 학살의 전쟁터가 되고 말았다. 밀로세비치 대통령은 1995년 나토의 평화유지군을 받아들이는 데이톤 협약에 동의했지만, 데이톤 협약은 코소보 문제를 별개시함으로써 코소보 사람들은 세르비아의 압제 속에 놓이게 되었다.

1996년 밀로세비치 대통령이 재선되고 코소보 학교에서 알바니아어의 사용을 허용했지만, 알바니아인들에 대한 압제는 계속되었다. 코소보 해방군은 독립을 찾기 위해서 세르비아에 대한 테러 공격을 감행했다. 이에 대해서 세르비아군은 잔인한 보복으로 코소보에서 수많은 민간인 사상자를 냈다.

코소보 해방군의 목표는 코소보를 알바니아와 통일시키는 것이다. 따라서 알바니아가 코소보 해방군을 지원하는 것을 저지하기 위해서 세르비아는 알바니아에 대한 공격 가능성도 배제하지 않고 있다. 결국 발칸반도의 또 다른 전운이 감돌고 있다.

코소보인들을 보호하기 위한 협정체결에 거듭 실패하자, 나토군은 유고슬라비아에 대해서 1999년 3월 24일에서 같은 해 6월 11일까지 79일간의 폭격을 감행해서 결국 세르비아가 코소보인들의 안전 귀환을 보장하는 휴전에 동의하게 만들었다. 나토의 코소보 보호를 위한 폭격은 나토 역사상 두 번째 실전 참가다. 첫 번째는 1995년 보스니아 헤르체고비나를 보호하기 위한 공습이었다. 나토의 코소보 폭격은 유고슬라비아군이 코소보로부터 철수함으로써 나토의 승리로 종결되었다. 1999년 6월 12일 밀로세비치 대통령의 동의하에 나토군(KFOR)이 코소보에 주둔하기 시작했다. 나토 신속배치군이 주력부대로서 영국, 독일, 이탈리아, 스페인 그리고 미국이 참여하고 있다.

제6장

신 양극체제의 최전방 : 한국의 선택

신 양극체제에서 한국은 국제 정치적으로는 파토(PATO)에 속하지만, 경제적으로 친 상해협력기구(SCO) 국가들과도 교역해야 하는 상황이기 때문에, 정치적 입장과 경제적 이해관계에 있어서 균형 있는 전략이 요구된다.

ECONOMIC WARFARE
IN A NEW BIPOLAR SYSTEM

국제 안보 차원의 대응

신 양극체제에서의 외교적 균형

한국은 실질적으로 파토(PATO) 내에 속해 있다. 따라서 6자 회담에서 상해협력기구(SCO)의 주축 국가인 러시아와 중국의 협조를 얻어내기가 점점 더 어려워지는 상황이다. 나토는 2004년 유럽 이외의 지역에서 교류와 협력을 강화할 국가를 이른바 '접촉 국가(contact countries)' 라고 분류하고 일본, 호주, 뉴질랜드, 싱가포르와 함께 한국을 여기에 포함시켰다. 부시 행정부는 2006년부터 구체적인 협력 제안을 내놓았다. 미국은 그해 나토 정상회의에서 나토와 한국, 일본, 호주, 스웨덴, 핀란드 5개국 간 협력관계 구축을 공식 제안했다. 이는 장기적인 관점에서 테러와의 전쟁을 최우선 순위에 두고 있는 미국이 한국 등 동맹국의 국제적 역할을 최대한으로 끌어올려 패권을 강화하려는 세계전략의 일환이다.

스헤페르 전 나토 사무총장은 "전 지구적 위협이 상존하는 상황에서 나토는 어느 때보다 다른 나라의 도움에 의존하고 있다"며 "한국과 일본 등은 장래에 나토의 작전에 중요한 기여를 할 수 있을 것이다"라고 언급했다. 한국과 나토의 협력관계가 구체화될 경우, 합동 군사훈련의 실시를 전제로 한다는 점에서 주한미군의 작전 반경은 한반도를 넘어서는 전략적 유연성을 가지게 된다. 이는 한미동맹 관계의 미래 위상에도 긍정적인 효과를 준다. 게다가 주한미군과의 연합훈련만이 아닌 나토의 다국적군과의 합동훈련은 한국군의 작전 능력을 향상시킨다는 점에서는 고무적인 일이다.

한국과 나토는 2008년 처음으로 정책협의회를 가졌고, 아프가니스탄 안정화, 핵 비확산, 테러리즘 등에 대해 의견을 교환하고 군인 연수, 교육 등 인적 교류 강화에 대해서도 논의한 바 있다. 나토의 역할 확대에 따른 한국과의 안보협력은 '21세기 신 양극체제'에서 협력의 질을 높여준다. 하지만 동시에 중국을 위시한 SCO 국가와의 협력이 뒤로 밀려서는 안 된다.

친 SCO에 속하는 대표적인 국가인 이란에 대한 UN의 제재 결정으로 곤경에 처하게 된 나라는 다름 아닌 한국이다. 한국의 제재 결정과 상관없이 금융거래가 사실상 전면 중단되면서 자동차, 철강, 정유 등 한국 실물경제가 타격을 피할 수 없게 됐다. 반면에 중국은 이란제재에 찬성하고도 이란과 경제협력을 확대해, 한국 기업의 경쟁력이 상대적으로 약화되는 피해가 예상된다.

중동산 원유를 많이 쓰는 한국 정유업체도 원유 공급에 비상이 걸렸다. 한국이 수입하는 원유의 10%가 이란에서 나온다. 이처럼 이란

의 경우에서 보듯이, 한국은 안보의 안정장치를 얻기 위해서 나토와
유대를 공고히 하고, 경제의 안정장치를 확보하기 위해서 SCO를 동
시에 상대해야 되는 다각적이면서 균형 있는 경제외교안보 정책을
구사해야 한다.

금융 안보 차원의 대응

환율 전쟁과 보유 외환의 포트폴리오 전략

그리스 재정 위기로 유로화에 대한 안정성이 위협받고 있는 상황에서 외환 투자자들이 미국 달러를 안전한 도피처로 찾는 것은 당연한 일이다. 그런데 과연 달러가 안전한 통화인가? 단기적으로는 달러가 강세로 보이지만 결국은 오일가격처럼 등락을 거듭할 것이다.

2010년 5월 한 달 기간에 달러는 11% 평가절상되는 모습을 보였기에, 달러의 위축을 논한다면 이상하게 생각할지도 모른다. 하지만 우선 미국의 14조 달러에 달하는 재정 적자와 소비의 증가 추세는 달러의 약세를 부추길 요소들이다. 둘째로 중국을 비롯한 외국 중앙은행들은 외환 보유고에서 달러와 달러로 거래되는 채권과 증권의 비중을 줄이는 추세다. 물론 외국 중앙은행들은 달러를 소매상들처럼 덤핑할 수도 없고 그러지도 않을 것이다. 하지만 분명한 것은 달러 수요가 줄어드는 현상은 부인할 수 없는 사실이며, 달러의 가치도 하락할 수밖에 없다는 것이다. 참고로 석유수출국기구(OPEC)도 달러 이외의 외환으로 거래하고 있는 추세다.

〈머니모닝〉의 키스 제랄드 수석 전략가는 달러를 안정된 투자 외환으로 보기보다는 단기적 투기 수단으로 삼는 것이 현명한 판단일 것이라고 조언하고 있다.[1] 앞서 언급한대로 중국 중앙은행은 보유하고 있는 외화 2조 5,000억 미국 달러를 다른 외환이나 미국 이외의 다른 국가 채권 또는 금으로 바꾸고자 한다. 한 가지 염두에 둬야 할 점은, 달러가 하락하면 유럽연합과 일본 같은 미국의 주요 교역 대상국의 화폐도 하락을 모면하기 힘들다는 점이다. 즉, 유로가 달러에 대한 가장 안전한 대체 화폐라고는 하지만 달러 하락으로부터 무풍지대는 아니라는 것이다.

그럼 앞으로 달러 대신 투자할 만한 화폐는 무엇이 있을까? 프랭클린템플톤하드커런시펀드(Franklin Templeton Hard Currency Fund)사의 매니저 마이클 해젠스텝은 스웨덴 크루나와 폴란드 즐로티화가 무역흑자와 생산성 향상에 힘입어서 앞으로도 강세를 보일 화폐로 지목했다. 해젠스텝은 투기적인 성격을 띠고 있는 아시아 화폐에 대해서도 관심을 갖고 있다. 또한 스위스 프랑 이외에 오일과 천연자원에 대한 늘어나는 수요 덕분에 무역흑자를 기록하고 있는 노르웨이와 캐나다 화폐를 달러를 대신하는 외환으로 추천하고 있다.

블룸버그 통신 2010년 7월 30일 보도에 따르면, 미국의 달러화가 전 세계 중앙은행들의 외환보유고에서 차지하는 비중이 지난 10년간 최저치를 기록했다고 보도했다. 블룸버그는 국제통화기금(IMF) 발표를 인용, 2010년 1/4분기 달러화가 세계 중앙은행들의 외환보유고에서 차지하는 비중이 61.5%로 10년 만에 가장 낮은 수준을 보였다고 전했다. 블룸버그에 따르면 2010년 4분기 달러와 유로의 비중은 각각 62.2%와 27.3%를 기록했다. 일본 엔은 3.14%, 영국의 파운드는 4.34%로 4분기에 비해 조금 늘었다.

IMF는 "달러와 유로, 엔, 파운드, 스위스 프랑을 제외한 나머지 통화의 비중은 3.65%로 지난 4분기의 3.12%보다 늘며 역대 최고치를 기록했다"고 밝혔다. 세계 중앙은행들은 특히 캐나다와 호주 달러, 노르웨이 크루나의 보유량을 크게 늘린 것으로 나타났다.

현명한 외화투자와 보유외환의 포트폴리오는 한국정부에서 우선시해야 하는 사안이다. 각국 외환에 대한 면밀한 추이분석과 전망을 통해서 보유하고 있는 미국 달러를 금이나 수익성 있는 화폐로 대체하는 작업에 착수하는 일은 빠르면 빠를수록 좋다. 중국이 금을 외환보유 대안으로 삼고 있듯이 한국도 금 보유량 확대 방안을 세워서 실천해야 한다.

바람직한 외환 포트폴리오 전략은 국제 분쟁 발생 시 달러가 강세면 유로화를 사고, 유로화가 강세인 경우는 홍콩 달러, 호주 달러 그리고 중국 위안화를 매입하는 것이다. 무엇보다도 중국이 보유 외환 중 미국 달러를 사용해 부동산과 현물을 사들이는 빠른 속도를 봤을 때, 한국도 외환 보유고에서 달러 비중을 최대한 빨리 줄이는 것이 중요하다.

한국투자공사의 활성화

중국은 2007년 9월 약 2,000억 달러의 초기 자본으로 국가투자공사(State Investment Company, SIC)를 설립해 다양한 금융상품은 물론 실물 자산(석유 등 상품이나 지분출자)에 투자하고 있다. 국부증식에 대한 중국의 원대한 야망을 엿볼 수 있는 대목이다. 한국은 중국보다 앞선 2005년에 200억 달러의 운영 자본으로 외환 자산의 투자 수익률을 높이기 위한 한국투자공사(KIC)를 설립했다. 자본 규모나 정부의 지원 면에서는 중국에 미치지 못하지만 일단 국부증식을 위한 준비는 갖춰 놓은 상태다.

한국투자공사는 운영실적에 따라 향후 투자규모를 500억 달러까지 늘릴 계획이다. 하지만 여기에는 우리나라의 적정 외환보유액 규모가 1,500억 달러라는 재경부의 주장이 깔려 있어 외환보유액의 적정규모, 안정성, 유동성 등과 관련하여 한국은행과의 갈등이 있다. 한국경제연구원 배상근 경제학박사는 "KIC의 독립성이나 투명성 등을 둘러싼 우려도 있다. 전문가들로 구성하고, 운용자금의 특성에 대한 이해를 바탕으로 중장기적인 관점에서 수익률보다는 리스크 관리에 중점을 두고, 독립적으로 투자자산을 운용해서 수익을 극대화해야 한다"고 주장한다.

우리나라는 세계 4위 수준의 많은 외환보유액과 공공기금 등 공공부문의 여유자금이 풍부함에도 불구하고 이를 체계적으로 관리할 수 있는 전문기관이 없었다. 이에 정부는 한국투자공자를 싱가포르 투자청(Government of Singapore Investment Corporation, GIC)과 같은 국제적인 대형 투자기관으로 육성하여 우리나라의 여유자금을 관리하는 중심축으로 운영하겠다는 것이 KIC의 설립 배경이다.

설립 당시 정부는 한국투자공사의 운영상 철저한 독립성과 상업성을 보장할 것이라고 했으나, 정권 교체 이후 지속적인 운영의 의지가 없어진 듯하다. 연속성은 정부기관 효율성의 근간이다. 국제적인 투자기관들과의 대등한 경쟁기반을 마련하기 위해서 정권 교체와는 상관없는 운영이 보장되어야 한다. 이명박 정부 이후 집권당이 바뀌어도 정부기관과 산하단체의 고유의 업무 영역은 보호받고 단체장의 지위도 보장되어야 한다.

나는 이명박 정부 출범 100일을 기해서 〈매일경제신문〉의 기고를 통해서 정부기관의 연속성의 중요성에 대해서 다음과 같이 피력한 바 있다.

"행정부처의 통합과 폐쇄 문제도 작은 정부를 지향한다는 측면에서 환영할 만한 일이지만, 효율성을 담보로 한 정부구조 조정은 오히려 장기적으로 비용만 더 들고, 차기 정부가 다시 정부구조를 개편하게 되면 업무의 연속성과 일관성에 차질을 빚게 된다. 정당 이름이 선거 때마다 바뀔 수 있는 것이 한국 정당정치의 특징이라고 할 수 있지만, 행정부처의 구조조정은 선진국에서는 거의 벌어지지 않는 관행이다. 정부기관 구조는 이윤 추구를 목적으로 한 기업 구조와 다르다. 다시 말해 정부기관은 경영주의 생각에 따라 있다가 맘에 안 들면 없애고, 다시 필요하면 만들 수 있는 기업의 부서가 아닌 것이다. 행정부처의 존재 목적이 세금 납세자인 국민의 안녕과 복지에 초점을

맞추어야 하는 효율적 지속성을 생명으로 한다는 점에서 기업 활동
과는 엄연히 다른 것이다."[2]

동북아 금융허브의 핵심 수단인 한국투자공사는 주요 투자은행 등
으로부터 질 높은 시장정보를 획득하고, 자산위탁을 통해 해외의 유
수한 금융기관의 국내 유치를 촉진시키는 역할을 하고, 한국의 대외
신임도를 안정적으로 관리하는 기능을 담당하기 위해서는 갈 길이
멀다. 한국투자공사(KIC)는 한국은행의 외환보유고 200억 달러를 위
탁 받아 출범한 정부계 펀드로 외환보유고가 자산이다. 그런데 총
200억 달러의 '종자돈'을 갖고 출발한 KIC는 각종 규제와 한국은행
의 견제로 설립 목적에 맞는 기능을 아직 못하고 있다는 지적도 있다.

게다가 한국투자공사가 상당한 투자손실을 냈다는 사실은 이미 다
알려졌는데도 한국은행의 보도자료에는 이에 대한 언급이 전혀 없다
는 지적이 나오고 있다.[3] 즉, KIC의 활성화를 위해서는 먼저 운영에
대한 투명성을 높여야 한다.

자본유출입 규제 방안

벤 버냉키 미국 연방준비제도이사회(FRB) 의장은 2010년 5월 한국은
행 창립 60주년 기념 국제 컨퍼런스에 녹화 영상 메시지를 보내 "한
국은행도 중기적으로 미 연방준비이사회나 다른 나라의 중앙은행처
럼 '완화적 정책'에서 벗어나는 것을 고려해야 할 것"이라고 말했다.
버냉키 의장은 출구전략의 시기와 관련해서는 "나라마다 경제 여건
이 다르므로 출구전략의 적절한 시점도 나라마다 다를 수 있다"며

"각국 중앙은행은 이러한 중요한 결정을 내리기 위해 경제 상황을 주의 깊게 관찰해야 할 것"이라고 강조했다.

그는 또 "금융개혁은 중앙은행이 직면한 또 하나의 중요한 과제"라며 "이번 금융위기의 충격은 선진국에서 발생했지만 충격이 급속히 전파됐고 신흥시장에서 급격한 자본유출의 형태로 나타났다"고 지적했다. 그리고 덧붙여 "위기 때 발생한 자본유출과 최근의 자본유입 등에 대한 대책이 중요한 과제로 떠올랐다"며 "아울러 국제금융시스템을 강화하고 적절한 금융규제와 금융기관 자본 및 유동성의 개선 등을 위해 국제협력 확대가 중요하다"고 말했다.

장클로드 트리셰 유럽중앙은행(ECB) 총재도 영상 메시지에서 "금융위기가 신흥 시장국의 경제적 위상을 높이고, 글로벌 지배구조로 통합할 필요성을 부각시키는 계기로 작용했다"며 "주요 20개국(G20) 회의가 재무장관 및 중앙은행 총재뿐 아니라 각국 정상 차원에서 추진력을 발휘할 수 있는 협의체로 정착되는 것이 매우 중요하다"고 말했다.

이처럼 버냉키 의장은 각국의 출구전략 시기는 각국 정부의 판단에 따른다는 책임을 강조하고 있다. 더불어 국제 금융시스템의 불안정성을 개선하기 위한 금융 규제의 필요성은 인정하면서도 그 방법은 현재로서는 국제 협력이라는 점에서 뚜렷한 해결책을 내놓지 못하고 있다. 트리셰 총재는 국제 협력 방안을 G20을 통해서 진행하는 것이 바람직하다고 제안하고 있다.

G20이 탈출구가 될 수 있는가

G20의 활용

G20 서울 정상회의 준비위원회와 외교 통상부 소속 전문가들이 공동으로 쓴 《글로벌 경제질서 재편과 G20 정상회의》에 따르면 "G20의 등장은 한편으론 기존의 중심 국가들이 변화된 환경에 대응하기 위해 포섭의 전략을 취하되 집단적 협력 방식을 통해 신흥경제 강국들과 타협과 공존을 모색함으로써 국제경제의 안정과 자유주의적 '글로벌 경제 거버넌스 시스템'의 지속을 추구하는 것으로 해석될 수 있다"고 평한다.

이 책은 G20에 대해서는 크게 두 가지 입장으로 나뉜다. 첫째, '포섭전략론'이 있다. G20이 신흥 경제 강국들을 포함하지만 본질적으로는 미국 헤게모니와 G-8 체제의 연장선에 있으며 기존의 신 자유주의적 '글로벌 경제 거버넌스 시스템(GEGS)'을 유지하고자 신흥국들을 포섭하려는 전략의 일환에 불과하다는 시각이다. 두 번째는 '신

체제론'이다. G20이 여러 한계를 가졌음에도 불구하고 세계 경제 권력의 이동과 신흥 경제 강국들의 권력 상승을 반영하며, 그런 추세가 미국의 헤게모니 약화와 함께 지속되면서 GEGS의 중심적 역할을 할 것이라고 보는 시각이다.

현실적으로 두 입장의 문제의식을 절충하면 G20의 등장에 대해서 이해할 수 있다. 기본적으로 향후 미국의 패권이 과거처럼 유지될 수는 없지만, 그렇다고 빠른 시일 안에 쇠퇴하거나 다른 세력에 의해 대체되는 것도 아니며 변화와 조정 과정을 거치면서 상당 기간 존속할 것이라고 보는 것이다. 이에 대해 위 책에서는 다음과 같이 말하고 있다.

"G20 국가 간 상호 평가 등의 절차를 통한 거시경제 공조, 신흥 개도국을 위한 금융안전망 제공과 더불어 G20이 다루어야 할 중요한 요소 하나는 개도국 지원이다. G20이 세계 경제협력을 위한 진정한 최상위 포럼이 되기 위해서는 G20에 참가하지 못하는 국가에 대한 배려가 반드시 필요하다. G20이 이 나라들의 입장을 고려하지 않는다면, 현재 G7이 '선진국들만의 클럽'이라고 비난 받는 것처럼, G20도 역시 '그들만의 클럽'이라는 비난을 면치 못할 것이다. 비록 그 국가들이 현재 세계경제에서 차지하는 경제적 비중은 작지만, 그들의 필요는 생존과 연계되어 있다는 면에서 가장 긴요하다고 할 수 있다. 또한 개도국의 성장이 세계 경제성장의 새로운 동력이라는 점에서 개도국 지원은 지속 가능한 성장을 위해서 G20이 다루어야 할 필수 과제라고 평가할 수 있다."

《글로벌 경제질서 재편과 G20 정상회의》에서는 한국이 의장국으로 선정된 배경에 대해서 설명하고, G20 내외에서 네트워킹의 중요성을 다음과 같이 기술하고 있다.

"경제·무역 규모 등에 비추어볼 때 한국이 지닌 균형 잡힌 대표성과 세계 경제 권력이 아시아로 이동하는 추세, 과거 최빈국에서 단기간에 OECD 회원국으로 성장한 개발 경험, 90년대 말 외환위기 극복 경험을 바탕으로 선진국과 개도국 간 가교 역할을 훌륭히 소화해낼 수 있을 것이라는 기대감이 깔려 있다. 이러한 기대에 부응하기 위해 선진국이나 개도국 어느 한편에 치우치지 않는 접근이 필요하다. 따라서 각국이 주장하는 내부의 논리와 배경 등에 대한 충분한 지식과 이해가 필요하다. 또한 그들의 입장을 충분히 이해하고 공감할 필요도 있다. 회의장에서뿐 아니라 회의장 밖에서도 네트워크 형성을 위해 끊임없이 노력해야 하며, G20 국가뿐 아니라 G20에 포함되지 못한 국가와의 네트워크 형성에도 힘을 써야 한다."

외국 자본의 유출입을 규제할 수 있는 장치와 규제가 허술한 상태에서 G20 회원국 간의 공조는 절실하다. 그런데 이 같은 네트워킹의 중요성을 인식하면서도 G20 서울 정상회의 준비위원회는 문제점을 노출했다. 우선 G20행사를 청와대에서 좌지우지하다 보니, 국가적 행사를 기획하는 준비위원회의 핵심 인사 인선에서 국가경제정책을 총괄하는 선임 부처인 기획재정부와 외교 전략을 짜야 할 외교통상부 같은 정부부처가 소외되었다는 사실이 언론을 통해 보도됐다. 이러한 납득하기 힘든 준비위원회 구성에 대해서 〈조선일보〉 유영신 경제부장은 "글로벌 금융위기 이후 국제공조 협의체인 G20 재무장관 회의를 주도해오고 G20 정상회의 실무를 맡아온 정부부처들을 준비위 요직에서 빼버린 것은 석연치 않은 이유가 있었고, '힘겨루기의 결과'로 보는 시각이 많다. 갑자기 한국 측 실무대표 파트너들의 얼굴이 바뀐 이번 준비위 구성은 다른 참가국들의 눈에 이상하게 비칠 수 있다"[4]고 지적했다.

네트워킹은 한국의 해당 부서와 G20 상대국 해당 부서의 관계자들, 즉 실무진들 간에 쌓아야 한다. 정권이 바뀌건, 집권당이 바뀌건 일관된 정책은 국제 업무부서에도 똑같이 적용돼야 한다. 금융 외교 분야에 전문가를 양성하는 것 못지않게, 그 전문가가 다른 나라의 전문가와 지속적인 교류를 할 수 있는 여건을 마련하는 것이 중요하다.

G20 경주 및 서울 회의 : 표류하는 경상수지 가이드라인

2010년 10월 경주에서 열린 G20 재무장관 · 중앙은행총재 회의는 '각국이 외환시장 개입을 자제하고 환율 수준을 시장에 맡기자'는 원칙을 공동 선언문에 담았다. 미국과 중국 등이 가장 첨예하게 맞섰던 '환율 전쟁'에 대해 '각국이 외환시장 개입을 자제하자'고 합의했다.

경주 회의의 최대 이슈는 경상수지 목표제였다. 한국이 제안하고 미국이 동의를 나타내며 구체화된 경상수지 목표제는 GDP 대비 경상수지 비율을 ±4% 이내에서 조정하는 것이 핵심이다. 중국 등 신흥국은 물론 독일 · 일본과 같은 선진 흑자국들도 반대의사를 분명히 했던 경상수지 목표제는 코뮈니케에 "과도한 대외불균형을 줄이고 경상수지를 지속 가능한 수준으로 유지하는 데 도움이 되는 모든 정책수단을 추구한다"라는 문구로 명시됐다.

하지만 G20 서울 회의에서 경상수지 가이드라인 부분에 대한 인위적인 개입에 대해서는 합의를 이루지 못했다. 왜냐하면 가격 경쟁력이 있는 중국 제품에 대한 수출에 대해서 어떤 제재를 가한다는 것은 기존 국제무역체제에서는 불가능하기 때문이다. 이는 중국에게 수출 이익을 다른 나라와 나누자는 논리와 같다. 질적 경쟁력을 지닌 독일도 반대 입장이긴 마찬가지다. G20 회의에서 미국은 무역 불균형 문제와 위안화 절상으로 이어지는 환율문제를 연동해서 중국을 압박하려고 시도했으나, 오히려 독일과 브라질과 같은 수출주도형 국가들까지 반발하게 만들었다.

사실 G20 경주 재무장관회의에서 제기된 '경상수지 예시적 가이드라인'을 도출하는 데 실패한 것은 예상된 일이었다. 미국이 강력히 밀었던 경상수지 수치 목표(GDP의 4% 이내) 도입 역시 중국, 독일 등 무역 흑자국들의 반대에 부딪혔다. 독일 메르켈 총리는 "경상수지를 정부가 관리하는 식으로 통제하는 것은 유용한 방법이 아니다"며 미국의 제안을 반대했다. 더불어 메르켈 총리는 "최근의 2차 양적완화는 환율 절하 경쟁을 자제한다는 원칙에 맞지 않는다"며 미국에 유감을 표명했다.

경주 G20 재무장관회의에서 수치를 들어 제안을 했던 미국조차 제2차 양적완화 정책으로 G20 회원국들의 비난이 쏟아지자 경상수지 가이드라인 마련에서 한발 물러섰다. 결과적으로 무역 불균형과 경상수지 문제를 건드린 것이 오히려 미국의 위상, 특히 기축통화로서 달러의 위상을 격하시킨 꼴이 됐다. 결국 G20 서울 회의에서는 시장결정적인 환율제도로의 이행과 경쟁적 평가절하 자제 등 원칙에만 동의하는 선에 그쳤다. G20 서울 회의의 성과를 찾자면, 자본유출입 규제의 정당성을 처음으로 공개적으로 천명했다는 점이다.

경상수지 가이드라인 문제에서 비록 독일이 미국의 입장을 지지하지 않았지만, 그렇다고 유럽과 미국의 서구세계가 큰 이견을 보인다고 판단하면 오산이다. G20 내에서 미국과 유럽연합(EU)의 공조체제가 변함이 없음을 이번에도 확인할 수 있었다. 호세 바루소 EU 집행위원장은 논란이 된 미국의 양적완화(유동성 공급) 조치에 대해 "G20 정상회의에서 오바마 대통령에게 귀를 기울일 필요가 있다고 생각한다"며 "미국 연방준비제도가 그런 결정을 내린 배경을 이해하고 미국이 성장하면 전 세계적으로 도움이 된다"고 미국의 입장을 두둔했다.

G20 서울 회의에서 오바마 대통령은 경제위기 극복을 위해서는 일자리 창출이 긴요하다고 보고 이를 달성하기 위한 수단으로 '수출 배가 캠페인'을 추진했다. 이 배경에는 중국이 위안화 절상 노력을 보이지 않아 무역 불균형이 심화하고 있다는 인식이 깔려 있다.

무역 불균형은 자유시장 경제에서 불가피한 결과다. 자유시장 경제에서는 가격 경쟁력과 품질에 따라 상품이 팔린다. 결국 자유시장 경제에서 일자리 창출을 위해서는 제조업과 서비스업종이 살아나야 한다. 싸고 좋은 제품을 구매하는 건 소비자들, 그러니까 각국 국민들의 자유 선택의 문제이기 때문이다. 제조업의 상당 부분을 중국과 인도로 이전한 미국이 수출 배가 캠페인을 추진한다는 자체가 무리다. 중국이 위안화 절상 노력을 기울이지 않기 때문에 무역 불균형이 심화되고 있다는 인식은 분명 잘못된 것이다. 자본주의에서 부의 균등한 분배를 이룰 수 없듯이, 무역 불균형도 자유시장 경쟁 체제에서 불가피한 요소다.

IMF 개혁

IMF(국제통화기금)의 지분 6% 이상을 한국·중국 등 신흥국으로 이전하기로 한 것은 IMF에서 아시아 신흥국들의 목소리가 커진다는 걸 의미한다. 경주 회의에서는 현재 24개 IMF 이사국 중 9자리를 유럽 국가가 맡고 있는 것도 바꾸기로 결정했다. 유럽 이사국 자리 중 2개를 신흥국으로 돌리기로 한 것이다. 유럽 국가 중 어떤 나라의 이사국 자격을 없앨지는 추후 논의하기로 했다.

한국의 경우 현재 1.413%의 지분을 할당받아 18위를 기록하고 있으나, 이번에 1.8% 내외로 지분율이 늘어나면서 16위로 2단계 올라가게 된다. 구체적인 지분율은 IMF 이사회 등을 거쳐 확정되며, 이번 회의에서 2012년 IMF 연차총회 때까지 지분 이전을 완료하기로 합의했다. 당초 G20 정상들은 작년 9월 미국 피츠버그 G20 정상회의에서 5% 이상의 IMF 지분을 선진국에서 신흥 개도국으로 넘기는 것을 목표로 정했다. 그런데 경주 회의에서 이보다 많은 6% 이상의 지분을 넘기기로 결정한 것이다. 그만큼 신흥국의 위상은 높아지게 됐다. 당초 브릭스 국가들은 '7%의 지분'을 넘기라고 요구했으나, 5%

이상'을 주장하는 미국과 절충적인 타협점을 찾은 것에 불과하다.

G20 내의 친 SCO 국가군과 중국과 러시아 입장

세계 GDP의 85%를 차지하는 G20 회원국 내 각국의 상이한 입장과 목적을 파악해야 한다. 특히, 서구 세계와 견해차를 보이고, 실제로는 드러내지 않는 반감으로 세계 곳곳에서 대립각을 세우는 SCO의 주축 국가인 중국과 러시아의 의도와 궁극적 목표를 간파해야 한다. 여기에는 물론 인도, 브라질, 남아공 같은 친 SCO 국가의 공조 방향을 주시하는 것도 포함된다.

금융위기 이후 중국 지도자들은 중국의 역할이 증대될 수 있는 좀 더 규제된 국제 금융시스템을 기대한다고 밝혀왔다.[6] 이와 같은 입장의 진짜 이유는 자유방임적 세계 금융시장에서는 화교 자본이 친 유태 자본의 자금 동원력과 담합력을 당해내기 힘들기 때문이다. 이런 맥락에서 온가보(溫家宝, 웬자바오) 총리는 2009년 3월 전 인민대회에서, 금융 안정을 위해서 더 강한 금융 규제가 필요하다고 역설했다.

감욱인(謝旭人, 셰쉬런) 중국 재무장관은 2009년 3월 G20 재무장관 회의에서 온가보 총리가 주장한 국제 금융 기관들에 대한 개혁을 다시 한 번 강조했다. 행간 읽기를 통해서 감욱인 재무장관의 발언을 살펴보자.

"중국을 위해서가 아니라 (중국이 금융 대국이 되기 위해서라도) 신흥 개발도상국들의 이해에 더 관심을 기울여야 하고, 그러기 위해서는 (지금 IMF 체제보다) 신흥 공업국이 더 많은 비율로 대표해야 한다."

이 말은 서구 세계가 장악하고 있는 기존의 국제 금융 체제로는 중국의 위상을 높이기에는 역부족이라는 의미를 담고 있다.

중국 중앙은행인 인민은행 총재 주소천(周小川, 저우샤오촨)의 성명은 중국의 의도를 더욱 분명하게 보여준다. 주 총재는 한 국가에 연동되지 않은 새로운 기축통화의 창설을 요구했다. 그 목적은 개별 국가의 정책에 의해서 쉽게 영향 받지 않는 금융시스템을 만들어야 국제 경제 체제가 안정을 기할 수 있다는 논리다. 하지만 이 성명의 내막을 들여다보면, 미국에 연동된 달러화 대신 새로운 기축통화가 필요하다는 뜻으로, 달러화의 과대한 영향력을 축소시켜야 한다는 중국의 고민이 반영되어 있다.

G20 내에서 러시아는 중국과 같은 목소리를 내고 있다. 2009년 3월 16일 메드베데프 대통령은 자신의 웹사이트[7]에 '런던 정상회의에 앞서 러시아의 제안(Russian Proposals to the London Summit)' 이라는 제목의 포스트를 통해서 "현재 세계가 처한 금융 위기는 기존의 금융시스템의 운영을 형편없이 해서 벌어진 결과다. 따라서 전통적인 접근을 버리고 집단적이고 국제적으로 인정받는 새로운 금융시스템을 도입해야 한다. '구시대적이고 일방적인 세계 경제 질서(the obsolescent unipolar world economic order)' 는 몇 개의 중심 국가들의 상호 협력에 기초한 시스템으로 대체해야 한다"고 주장했다.[8]

이는 미국의 경제적 주도에 제동을 걸기 위한 러시아의 희망을 반영한 수사다. 더불어 그는 구체적인 실천방안도 내놓았는데, 가장 급진적인 방안은 국제 금융 기관이 발행하는 초국가적 기축통화의 도입이다. 이 발상은 주소천 총재가 내놓은 의견과 일맥상통하는 부분이다.

러시아 국영 텔레비전 방송인 로시야 TV는 이러한 러시아의 제안을 다루는 특집 방송을 통해서 미국 달러가 아닌 초국가적 기축통화와 낡은 IMF가 아닌 새로운 국제기구가 필요하다고 역설하며 현 러시아 정부의 입장을 대변했다. 또한 러시아가 직접적인 희생양이 된 국제 금융위기를 일으킨 장본인이 미국이라고 정면으로 비난하며, 38년 전(브레튼우즈 시스템의 붕괴 시점) 미국은 금본위환제 떠나 달러를 고정시키며, 제한 없이 최대한으로 달러를 찍어내는 만용을 부렸기에 금융위기가 온 것이라고 지적했다.

또한 국영 신문인 〈로시스카야가제타〉는 2009년 3월 16일 기사를 통해서, "현실을 직시하자. G20 회원국들이 돈과 관련되는 중요한 사안에 있어서 동의를 이끌어낼 것이라는 것은 실제로 불가능함을 인정하자"라고 G20 무용론까지 들고 나왔다.

이처럼 SCO의 중심 국가인 중국과 러시아의 기존 국제 금융시스템에 대한 시각은 지극히 부정적이어서, 새로운 시스템으로 대체하기를 열망하고 있음을 알 수 있다. 하지만 새로운 국제 금융시스템의 도입을 위해서 그들이 현재 갖고 있는 자산과 국제적 위상이 파토에 못 미치고 있음을 알고 다각적으로 친 SCO를 확대해나가고 있는 것이다. 신 양극체제에서 한국은 국제 정치적으로는 파토에 속하지만, 경제적으로 친 SCO 국가들과도 교역해야 하는 상황이기 때문에, 정치적 입장과 경제적 이해관계에 있어서 균형 있는 전략이 요구된다.

환율 전쟁

소로스가 항상 '도박'에서 이기는 이유

환율 전쟁은 글로벌 유동성이 가져온 결과다. 문제는 환율 전쟁이 단순히 각국의 중앙은행 간에 이자율과 통화량 조절에 따른 머리싸움이 아니라 단기투기성자금, 즉 핫머니가 큰 영향력을 행사하고 있다는 점이다. 국제 외환 시장에서 핫머니를 운영하는 주체는 다름 아닌 환투기 세력이다. 사실 환투기 세력에 대한 부작용을 최소화하는 것이 정부의 역할이지만, IMF도 각국 재무부도 이들 환투기 세력을 통제하지 못하고 있는 실정이다.

환투기 세력의 대표주자는 1992년 영국중앙은행을 상대로 환투기를 벌여 10억 달러의 단기 차익을 챙긴 조지 소로스다. 소로스는 1995년에 파생상품인 키코(KIKO)를 만들어 일본 엔화를 공격해 추산되지 않는 수익을 올린 바 있다. 소로스는 1998년 동남아시아를 뒤흔든 외환위기의 배후에도 있었다. 그런데 아시아 각국 중앙은행들은 이들 환투기 세력과 정면으로 맞서기 일쑤다. 환투기 세력의 파워는 타의 추종을 불허하는 자본 동원 능력뿐만이 아니다. 환투기 세력에 대해 종종 간과되는 부분은 국가 간의 공조를 뛰어 넘는 그들끼리의 가공할 만한 담합 능력이다.

유럽 재정위기에 앞서 월스트리트의 헤지펀드들이 비밀회동을 갖고 유로를 공격하기로 했다는 보도들이 잇따랐다. 〈월스트리트저널〉과 〈뉴욕타임스〉는 2010년 2월 소로스를 필두로 한 헤지펀드들이 일제히 유로 폭락 및 그리스 파산에 베팅을 하기 시작했다고 보도해 파문을 불러일으켰다. 블룸버그 통신의 익명의 소식통에 따르면, 소로스가 이끄는 소로스펀드매니지먼트(Soros Fund Management), 골드만삭스 산하의 폴슨앤컴퍼니(Paulson & Co.), SAC캐피털어드바이저스(SAC Capital Advisors), 그린라이트캐피털(Greenlight Capital) 등 대형 헤지펀드 임원들은 2월 8일 맨해튼의 타운하우스 레스토랑에서 비밀회동을 갖고 유로화에 대한 투기를 논의를 했다고 전한다.

이 비밀회동은 연구 투자 자문회사인 모네스크레스피(Monness Crespi)와 하트앤컴퍼니(Hardt & Co.)가 주선했다. 이 비밀회동의 23개 의제 중에 하나가 유로화에 대한 배팅이었다. 특히 SAC캐피털어드바이저스의 포트폴리오 담당이사가 이 배팅을 부축이며 참여를 독려했다고 전한다. 이날 저녁 회동 후 연구보고서가 모네스크레스피를 통해서 수백 명의 헤지펀드 고객들에게 전달되었다. 보고서에는 유로가 달러와 같은 1:1환율이 될 것이라는 전망을 담고 있다.

미 법무부는 2월 8일 모임이 증권거래에서 불법시하는 내부자거래처럼 담합에 해당되는지를 조사할 것이라고 한다. 하지만 여러 회사가 고의적으로 담합했다는 것을 증명하기는 어렵고, 실제로 월스트리트 금융 기관에 대해서 담합으로 기소한 경우는 거의 없다. 이 회동에 대해서 CNBC 방송이 모네스크레스피의 사장 닐 크레스피와 인터뷰를 시도했지만 성사되지 않았다.[9]

이번 환율 전쟁이 벌어지기 전에 이들이 만나서 아시아 외환에 대해서 공동 전선을 폈다는 보도는 아직 없다. 그런 모임이 있었을 것이라는 것에 심증은 가지만 실제 보도는 없는 상태다. 하지만 이들의 알리바이를 추적하면 환투기 세력의 회동이 어떤 형태로든 있었을 것이라는 점에 대해서는 의심의 여지가 없다.

환율 전쟁이 소강 국면에 들어갈 때쯤이면 월가에 정통한 블룸버그 통신 등을 통해서 이런 형태의 모임이 있었음이 흘러나오거나, 또는 환투기 세력과 가까운 금융인의 저서를 통해서 이 회동 사실이 확인될 것이다.

▍주 표적은 중국

홍콩의 〈오리엔탈데일리〉 2009년 3월 16일자는 "국가 간의 비밀 전쟁이 더 격화될 것이고, 그 전쟁은 더욱 무자비한 것이 될 것이다", "중국은 발언할 정당한 권리가 있다. 중국은 미국과 유럽에 대해서 자국의 위치를 분명히 해야 한다"고 논설에 실었다. 마치 환율 전쟁이 벌어질 것을 예상하고 있는 듯한 보도였다.

그러던 차에 10월 6일 브뤼셀을 방문 중에 온가보(溫家宝, 원자바오)

중국 총리는 헤르만 반롬푀이 EU 정상회의 상임의장 등과의 정상회담에서 위안화 절상 요구에 거부 입장을 밝혔다. 온가보 총리는 위안화의 급속한 절상은 중국기업의 파산과 일자리 감소로 이어져 사회불안을 조성할 것이며, 이 같은 중국의 재앙은 전 세계적인 재앙으로 확대될 것이라고 엄포를 놓았다. 이미 미국과 IMF는 거듭 중국에 위안화 절상에 앞장설 것을 촉구하며 압박 수위를 높여왔다.

도미니크 스트로스 칸 IMF 총재는 '환율을 전쟁을 위한 무기로 여겨서는 안 된다' 고 하며, 환율 전쟁은 전 세계적인 경제회복에 결코 도움이 되지 않는다고 지적했다. 칸 총재는 중국이 IMF 안에서의 발언권 확대를 원한다면 세계 경제에 대해 더 큰 책임도 져야 한다고 말하며 중국을 겨냥했다. 로이터통신은 미국 재무부가 10월 15일로 예정된 환율보고서에 중국을 환율 조작국으로 지정하기보다는 보고서 제출을 연기할 가능성이 높다고 '미 · 중 비즈니스 위원회' 관계자 말을 인용해 보도했다. 로이터는 미국이 섣불리 중국을 환율 조작국으로 지정해 중국과 마찰을 빚기보다는 이를 지렛대로 활용해 중국을 지속적으로 압박하는 수단으로 삼겠다는 전략이라고 논평했다.

위안화 절상 문제를 놓고 중국을 압박하는 데는 미국과 EU뿐만 아니라 서방 언론까지 가세하고 있다. 대표적인 예로 영국의 〈이코노미스트〉는 10월 15일자에서 나라별로 맥도날드 빅맥의 가격 차이를 제시했다. 중국에서 맥도날드 햄버거의 가격조차 평가절하 되어있다고 지적하며, 미국에서 3.71달러의 빅맥이 중국에서는 2.18달러여서 더

올려야 한다는 논조였다. 그러나 이는 현지의 물가에 대비하지 않고 단순히 절대 가격으로 비교한 것으로서, 서방 언론도 정부의 입장을 대변하는 공동전선에 가세해 중국을 공격하고 있는 것이다.

환투기 세력은
환율 전쟁을 기다린다

환투기 세력들 사이에 묵시적인 '믿음' 이 있다. 바로 '정부는 결코 시장과 싸워 이길 수 없다' 는 것이다. 〈월스트리트저널〉에 따르면 지난 9월 말 현재 중국을 제외한 11개 아시아 국가의 외환보유액은 2조 9,630억 달러를 기록했다. 이는 전월에 비해 3.1%가 증가한 수치다. 9월 일본이 6년 만에 처음으로 외환시장 개입에 나선 후 한국과 대만, 인도네시아, 말레이시아, 싱가포르, 태국, 필리핀 등 주요 아시아 국가들이 상당 규모의 달러를 매수한 것으로 알려졌다.

〈월스트리트저널〉은 이에 대해 "미국 달러 약세에 따라 아시아 국가들의 중앙은행들이 자국통화 강세 방어를 위해 달러를 적극 사들이고 있으며 아울러 호주 달러 매입도 크게 늘었다"고 밝혔다. 또한 자산 다각화 차원에서 유로와 금 보유를 늘린 것도 외환보유액이 급증한 이유 중 하나로 분석되고 있다. 유로화의 경우 최근 한 달간 가치가 약 7.5% 올랐고 금값도 11.9%나 상승했다.

이를 보면 환율 전쟁뿐만 아니라 금값 상승으로 이득을 보는 쪽 역시 미국과 EU 국가들이라는 사실이다. 더불어 250억 달러 자산을 운영하고 있는 소로스펀드매니지먼트(Soros Fund Management, LLC)는 SPDR골드트러스트(SPDR Gold Trut)의 네 번째 큰 투자가로서 2009년 4/4분기에 금에 대한 투자를 152% 늘리며 금값 상승을 부추겼다. SPDR펀드의 금 보유량은 1,107톤으로 중국의 보유량보다도 많다.[10] 소로스의 금 매입 시점을 보면 중국보다 한 발 앞서고 있다는 사실을 알 수 있다. 결국 시세 차액을 많이 챙길 수 있는 쪽은 소로스를 비롯한 현물 가격에 직접적 영향 행사가 가능한 시장 세력이다.

이번 환율 전쟁의 특징은 글로벌 유동성이 넘쳐나고 달러 약세 추세가 이어지면서 안전자산선호현상(초 엔고, 금값 최고치 행진 등)과 위험자산선호현상(신흥국으로의 자금 유입)이 동시에 일어나고 있다는 점이다. 안전자산선호현상과 위험자산선호현상이 번갈아 진행됐던 지금까지의 패턴이 깨진 이유에 대해서는 여러 의견이 있을 것이다. 하지만 확신한 것인 이 비상식적인 현상은 환투기 세력들이 외환뿐만 아니라 금과 에너지 매점매석을 통해 자금력을 배가시켰다는 증거라는 것이다.

이렇게 세계 금융 및 자산 시장을 휘저으며 막대한 이익을 챙기는 환투기 세력들의 포트폴리오에는 당연히 원화도 포함되어 있다. 이때 가장 문제가 되는 것은 한국 정부의 대응 방식이다. 원화가 환투기 세력에게 농락당하면 한국 정부는 수조 원, 수십 조 원씩 채권을 발행해 만든 실탄으로 환율 방어에 나선다. 하지만 우리 정부의 방어력 수준은 환투기 세력을 당해 내기엔 턱없이 부족하다. 환투기 세력들도 그걸 알고 덤빈다. 알려진 바로는 2008년 정부가 환율 방어를 위해 치른 대가(누적 손실)는 30조 원에 달한다.[11] 이 돈은 물론 국민 세금으로 갚아야 할 국가채무다. 윤영신 〈조선일보〉 경제부장은 무모한 환율 전쟁 전개의 이유를 이렇게 설명한다.

"외환당국이 시장과 싸워서 질 것을 각오하면서 환율 전쟁에 뛰어드는 이유는 수출 때문이다. 수출로 먹고 사는 나라에서 정부가 환율 방어를 하지 못해 수출이 추락하면 '실패한 정부', '무능한 장관'으로 낙인찍히게 된다. 무리한 환율 방어가 나중에 엄청난 후유증을 가져올지라도 정권의 임기 중 두 자릿수 증가율의 수출 성적표는 지켜야 하는 것이 외환 당국의 '임무'로 돼 있다. 원화 강세가 이어질 때 외환 당국자들이 초조하게 환율 방어에 나서는 것도 이런 속사정이 있기 때문이다. 바로 여기에 우리 환율 정책의 아킬레스건이 있다. '한국 정부는 어떠한 희생을 치르더라도 고환율에 집착한다'는 고정 변수를 간파한 외국인들에게 한국 외환시장은 벌거숭이처럼 취약해질 수밖에 없다."

한국 정부가 국익을 위해 적절한 환율 방어를 하는 것은 당연한 일이다. 하지만 수출 성적표에 집착해 과도하게 환율 방어에 나서다 실패할 경우 우리의 수출은 더 큰 결정타를 맞을 수 있다는 사실을 명심해야 한다. 외환 시장에서 한국 정부와 고환율 정책을 동의어로 두어서는 안 된다. 적어도 홀짝 게임에서 늘 한 가지에만 집착한다는 인상을 환투기 세력에게 심어주어서는 원화를 지키기 어렵다. 이번 환율 전쟁에서 정부가 얼마의 손실을 봤는지는 아직 알 수 없다. 손실액이 어느 정도인지 제대로 파악되는 것은 정부가 유보적인 입장을 보일 것이기에 시간이 걸리는 문제다.

환율 전쟁은 종식되지 않았다. G20 서울 회의에서는 이 문제에 대해 응급조치를 취한 것에 불과하다. 세계 주요국들은 경기회복을 위해 어떻게 해서든 수출을 늘리고 무역흑자를 내야 하는 상황에 처해 있기 때문에 환율 전쟁의 불씨가 근본적으로 잠재되어 있다. 서울 회의에서 G20 회원국들은 환율 문제에 있어서 각국 정부가 외환시장에 개입해서 환율을 높이는 것(통화 절하)을 자제하고, 경상수지 흑자가 큰 나라는 자율적으로 흑자를 줄이는 데 노력하기로 약속했다. 문제는 약속이기 때문에 지키지 않는다고 해서 받게 되는 제재가 없다는 사실이다.

금융위기를 극복하기 위해서는 기존의 무정부적 국제 환율 시스템을 통제 가능한 시스템으로 전환해야 한다는 데 G20 회원국 대다수가 인식을 같이 하고 있다. 하지만 문제는 환투기 세력에 대해서 효율적인 규제 조치나 통제 장치가 없다면, 향후 국제 외환 시장에서의 혼란은 가중되리라는 것이다.

더욱이 10월 8일 미국 워싱턴에서 열린 국제통화기금(IMF) · 세계은행(WB) 총회에서 환율 전쟁을 막기 위한 합의 도출에 실패해서 결국 이에 대한 논의는 서울에서 개최된 G20에서 다루게 되었다. 결국 G20에서 당초 금융시스템에 대한 규제를 논의하는 대신 환율 전쟁을 우선순위로 다루게 된 것이다. 이것은 바로 환투기 세력이 기대하고

바라는 것이다.[12]

예상대로 G20 서울 정상회의에서 규모가 큰 글로벌 은행을 규제하는 방안에 대해서는 각국 정상들이 시스템상 중요한 금융회사(SIFI)에 대해 강도 높은 건전성 규제를 적용해야 한다는 방침을 논의했지만, 헤지펀드를 주축으로 한 환투기세력에 대한 규제 문제는 아예 상정하지도 않았다. 서울에 모인 정상들의 '시장 결정적인 환율 제도를 이행하고 경쟁적인 통화절하를 자제한다'는 말만으로는 환율 전쟁은 진정되지 않는다. 더욱이 '경상수지를 지속가능한 수준으로 유지하는 데 도움이 되는 모든 정책수단을 추구한다'고 합의만 하고, 경상수지 가이드라인의 마련 시한을 내년 프랑스 G20 정상회의로 명문화한다는 것은 환투기세력이 더 전횡적으로 국제 외환시장을 압도할 시간을 주는 결과밖에 되질 않는다.

실상 정부는 그저 문제 해결을 위해 노력하고 있다는 모습을 국민들에게 일 년에 한번 보여주고 있을 뿐이고, 시장은 하루도 빠짐없이 그 세력을 동원해서 움직이고 있으니, 정부가 시장을 제압한다는 것은 불가능해 보인다. 환투기 세력의 자금력은 더욱 커지고 있기 때문에 그 기세는 일시 소강상태를 보일 뿐 그들이 판단하는 '적기'가 오면 언제든지 아시아 외환시장을 공략할 것이다.

한국 경제, 시간이
많이 남아 있지 않다

미국 달러의 종말 : 2015년 대혼란의 해

미국 달러가 기축통화로서 생명을 다할 날이 가까이 오고 있다. 그때가 오면 세계경제는 커다란 혼동에 휩싸이게 된다. 그 시발점은 중국이 미국 달러를 더 이상 기축통화로 인정하지 않고 SCO 내에서 위안화를 기축통화로 사용하기 시작하면서부터다. 그 시점은 2015년 전후로 예상된다. 미국이 '네비 파워'를 상실하기 시작함에 따라 기존의 G20도 유명무실하게 된다. 대혼란의 기간은 2022년까지 이어질 것이다.

따라서 앞으로 5년은 한국 경제에 정말 중요한 시기다. 이를 대비하기 위해서 시장 세력과 자금 이동에 대한 정보가 있어야 하고 정보 분석을 토대로 전략을 세워야 한다. 금융뿐만 아니라 식량, 광물, 에너지에 이르는 구체적이고 종합적인 안보 정책이 요구된다. 게다가 2022년에 이르면 미국 달러가 화폐로서 종말을 고할 것이다. 2015년에서 2022년까지 7년간 세계 경제는 1930년의 대공황 때보다 더 큰 혼란을 겪게 될 것이다. 이 7년간 국제 결제 수단은 유로화와 위안화뿐만 아니라 현물로 대신하는 물물교환의 양상도 함께 벌어지게 된다. 금을 위시한 귀금속과 철과 같은 일반 광물 그리고 오일과 식량이 결제 수단이 될 것이라는 뜻이다.

한국의 외교 역량과 정보 역량을 금융을 포함한 경제 정보에 기울여야 한다. 이를 위해서 해외 정보 수집에 노하우가 있는 재정경제부, 한국은행, 외교통상부, 국방부, 국정원 간에 상호 유기적인 정보공유 채널 구축할 필요가 있다. G20에 관련된 국가들은 물론이고, 친 SCO 국가군들에 대한 수집된 정보 분석을 바탕으로 전략을 수립해야 한다. 정권교체와 상관없이 이를 전체적으로 조율할 독립된 부서가 대통령 직속 기구로 시급히 만들어져야 한다. 5년은 짧은 시간이다.

불안한 전주곡에 귀를 기울이며

지난 20년간 세계 금융시스템이 균형을 잃은 이유는 규제 완화라는 명분하에 시장의 규모가 너무 커졌기 때문이다. 이 기간에 세계가 목격한 가장 큰 변화는 미국을 위시한 대부분 정부들의 재정 적자는 기하급수적으로 늘었는데, 시장을 이끄는 세력의 부는 오히려 증가되었다는 사실이다. 이제 정부의 기능은 시장의 영향력하에 놓여 있다. 누적되고 있는 천문학적 수치의 미국 부채는 해결할 재원을 찾을 길이 없다. 하지만 시장 세력은 건재하다. 규제하는 주체는 약해지고 규제받는 객체는 강해지는 현상이 세계 금융시스템의 현실이다.

자본주의의 강점은 사유 재산권을 인정함에 따른 생산성의 극대화다. 개인의 재산 증식 욕구, 아니 탐욕은 자본주의를 이끄는 원동력이다. 이제 그 탐욕을 제한한다는 것은 자본주의를 버린다는 뜻이나 다름없다. 혹자는 IMF 또는 G20이 규제 도입을 통해서 세계 금융시스템에 새로운 활력을 줄 것이라고 기대한다. 하지만 그것은 순진한 희망이다. 납세자들인 국민에 의해서 선출되어 대의 민주주의를 실천하는 정치인들은 애석하게도 납세자들보다 시장이 국가의 생존에 더 밀접하게 연관되어 있다고 믿는다. 따라서 국민들에게 시장을 규제하고 있다는 인상을 보여주는 것만으로 그들은 정해진 임기에 자신들의 역할을 다하는 것이라고 생각한다.

IMF도 G20도 서구 기득권의 부를 불려나가는 보이지 않는 손의 이해관계에 의해 움직이고 있다. 때문에 규제 권한을 갖고 있는 정부 조직과 국제 조직이 할 수 있는 규제의 범위는 제한적이다. 헤지펀드 같은 시장 작전세력을 규제 대상으로조차 지목하지 못하는 정부 조직과 국제 모임은 제 기능을 할 수 없다. 이 사실은 규제 받아야 할 시장이 규제 주체인 정부를 규제하고 있다는 사실을 입증하는 것이다.

G20의 각국 정상들을 보라. 그들은 임기가 끝나면 그 책임을 후임자에게 넘기게 된다. 현재 G20 정상 중에 5년 뒤에도 자국을 대표할 사람들은 몇 명 남지 않는다. 10년 뒤에는 거의 새로운 얼굴이 그 자리를 채우게 될 것이다. 유권자인 국민들은 새로운 지도자를 선출해서 다시 그 자리에 보낸다. 진척이 있을 것 같은 G20은 이렇게 지속될 것이다. 이렇듯 정부 기능의 중추인 정치 리더십은 한시적이다.

반면 시장 세력은 영구적이다. 그들은 늘 그 자리에 있다. 그냥 있는 것이 아니고 계속해서 부를 늘리며 영향력을 확대해나간다. 국제 금융시스템에 대한 효율적인 규제 메커니즘은 시장 세력이 스스로 도덕성을 회복하고 탐욕을 버리지 않는 이상, 그리고 참회하고 축적된 부를 환원하지 않은 이상 요원한 일이다.

현재의 G20은 정상 간에 개인적인 친분을 쌓고, 제한된 정보 교환의 장만을 제공한다. 환율 메커니즘에 대한 효율적 통제장치나 헤지펀드 자본의 전횡적 유출입에 대한 통제 같은 중요한 사안들은 다루지 못한 채 '각국이 협력하기로 했다'는 공동 성명서만을 발표하고 다음 모임을 기약할 것이다. 결국 세계 시장을 움직이는 큰손들에게 있어서 G20의 각국 정상들은 한 시절 은막을 풍미하는 배우에 불과하다.

그러면 과연 규제의 주체로서 정부가 제 역할을 찾고, 시장은 규제의 대상이 되기 위한 계기는 경제공황이나 전쟁 같은 거대한 소용돌이 없이도 마련될 수 있을까? 이 질문에 대한 답변은 역사의 수레바퀴를 통해 들어야 할 것이다.

천안함 사건 이후의 한반도 주변 정세

나는 이미 2009년 5월 미래전략연구원의 '21세기 나토의 위상과 역할'이라는 기고를 통해서 신 양극체제의 등장을 피력한 바 있는데, 2010년 3월 26일 천안함 사건이 발생하고 난 이후, 많은 안보 전문가들은 한반도에 신 냉전구도가 지배하고 있다는 데 의견을 모으고 있다.

주요국 금융시장에서 한국 국채의 신용도 잣대인 국채신용부도스와프 (CDS) 프리미엄은 천안함 사태 발표 이후 연중 최고 수준으로 올라서 불안한 모습을 보였다. 안보 변수가 금융 안보의 악재로 작용하고 있는 사례다. 외교안보월간지 〈D&D포커스(D&D Focus)〉 2010년 6월호에서 나는 '천안함 사건과 ISR의 실패'라는 제목으로 한국군 전력 방향에 대해서 다음과 같이 말했다.

"국방부는 북한 잠수함(정)의 침투에 대비해 초계함 등 수상함의 소나(음향탐지장비)와 레이더 체계 성능을 보강하고 백령도·연평도 등에 배치된 해·공군 레이더의 성능도 개선하는 사업에 착수키로 했다. 해군의 수상함과 잠수함, 항공기, 레이더 기지를 통합해 운영하는 개념을 발전시키는 한편 한·미 연합 대(對) 잠수함 훈련도 강화키로 했다. 수중 청음장치를 백령도 인근에 설치하는 등 대 잠수함 작전능력도 강화한다는 방침이다. 하지만 천안함 사건으로 대양해군을 지향하던 전략이 연안해군으로 돌아서는 오류를 범해서는 안 된다. 갈수록 높아지는 해적이나 테러위협 등 초국가적인 위협에 대비하고 평화유지군 파견 등에 대비하는 일을 소홀히 할 수는 없기 때문이다. 국가안보는 '소 잃고 외양간 고치는' 식으로 하거나 '둑 돌려막기' 식으로 임기응변적으로 해서는 안 된다."

6월 29일에는 상해협력기구(SCO)의 양두마차인 러시아가 대규모 극동 군사 훈련을 시작했다. '동방 2010'으로 불린 이 훈련은 러시아가 극동 지역에서 실시한 전략 전쟁 훈련이었다. 약 2만 명의 군사와 30척의 군함이 참가해 7월 8일까지 계속되었다. 러시아의 3대 함대가 이번 훈련에 참가하기 위해 모두 동해상에 집결한 것으로 알려졌다.

한반도 정세가 긴장되어 있는 상황에서 실시된 러시아의 이번 대규모 군사훈련은 러시아의 각종 합동 작전 능력 제고에 그 목표를 두고 있다고 발표되었지만, 동시에 동북아 지역에 대한 러시아의 영향력 확대 의도도 내포된 것으로 분석되고 있다.

〈이코노미스트〉 7월 29일자는 중국은 천안함 침몰이 북한의 소행이라는 데 대해서 동의하지 않으며, 따라서 북한을 비난하는 것을 거부하고 있어 미국과 미국 우방 국가들을 당혹스럽게 만들고 있다고 전한다. 게다가 천안함 침몰 원인 조사 위원회에 참여했던 스웨덴 팀이 북한이 배후 국가라는 사실을 명시한 최종 보고서에 사인을 하지 않은 것은 의문이라고 덧붙이며, 한국 내에서도 이명박 정부의 음모설이 나오는 상황이라고 보도하고 있다.[13]

유감스럽게도 이런 점에서 한국 정부가 제시한 '결정적 증거'는 결과적으로 결정적 증거가 되지 못했다. 천안함 침몰을 북한 잠수정이 저질렀다는 증거를 제시하며 해당 잠수정의 기지 출항과 귀항 시점을 언급할 때, 합동 조사단은 "서해의 북한 해군기지에서 운용하던 일부 소형잠수함정과 이를 지원하는 모선이 천안함 공격 2~3일 전에 서해 북한 해군기지를 이탈하였다가 천안함 공격 2~3일 후에 기지로 복귀"했다고 발표했다. 만약 한국 정보당국자의 발표 때 정확한 날짜와 시간을 명시했다면 북한의 목을 죄는 명확한 증거가 되었을 것이라고 생각한다. 북한이 천안함 침몰과의 관련을 전면 부인하는 상황에서 중국이 북한을 비난하기는 어려운 문제라는 건 중국과 북한의 전통적 우방관계를 감안하면 놀라운 일이 아니다.

결국 중국은 북한의 천안함 도발을 규탄하려는 유엔 안보리의 의장 성명이나 결의안 문안에서도 "천안함 '공격'이란 표현 대신 '사건'으로 표기하고, 북한을 명기해선 안 된다"고 주장했다. 이런 중국의 태도는 넓게는 태평양, 좁게는 서해와 동중국해를 무대로 미국과 중국 간의 경쟁이 서서히 모습을 드러낸 것과도 관련이 있다. 중국 전문가인 소준섭 박사는 〈시사저널〉 6월 23일자 기고를 통해서 천안함 사건 이후 중국의 입장을 다음과 같이 설명하고 있다.

"한국 정부의 눈으로 보자면, 중국은 참으로 애매모호한 태도를 보여주고 있다. 그러나 중국의 입장에서 보면 지극히 당연한 정책이다. 중국으로서는 이른바 '전략적 애매모호성'이야말로 자신의 위상을 가장 높여주는 방법인 것이다. 외교적 수사와 담론이 여러 가지로 해석될 수 있게 애매모호한 태도를 취하면 몸값이 더욱 높아지는 역설이 성립한다. 반면 어떤 분명한 결정, 혹은 일방의 편에 분명하게 서는 바로 그 순간부터 자신의 몸값은 폭락하게 된다."

중국은 북한의 맹방이자 동시에 한국과도 우호적 관계를 가지고 있는 유일한 나라다. 중국의 한반도 정책은 기본적으로 중국의 국가 이익에 기초하고 있다. 동북아 지역 질서의 재조정이라는 관점에서 한반도 문제를 '관리'함으로써 궁극적으로 자국의 이익을 지킨다. 중국 입장에서 볼 때 북한은 정치 지형적인 측면에서 유리한 형국을 형성한다. 미국에 골치 아픈 북한이 존재함으로써 미국에 대한 중국의 발언권이 강화될 수밖에 없다. 회담 등 북한 문제를 의제로 한 각종 고리를 통해 중국의 국제적 위상은 높아진다.

중국이 천안함 사건과 관련해 한국 정부와 미국 측의 주장을 받아들이지 않으면서 결과적으로 한국 내 비판 세력의 지지대 역할을 했다는 점에서 중국이 남북한의 관계에서뿐만 아니라 이제 한국 내 세력 관계에서도 캐스팅보트를 쥘 가능성이 있다는 점을 소준섭 박사는 지적하고 있다.

중국 인민해방군은 미국의 공격을 가정한 시나리오에 따라 서해에서 야간 군사훈련을 실시한 것으로 전해졌다.[14] 홍콩의 〈사우스차이나모닝포스트〉는 8월 11일 중국의 〈해방군보(解放軍報)〉를 인용해, 인민해방군 북해함대 소속 전투기들이 최근 서해와 인접한 요동(遼東)·산동(山東)반도 상공에서 미국의 가상 공격에 대비한 야간훈련을 실시했다고 보도했다. 신문은 또 "현대전에서 공중 공격은 항상 야간에 이뤄지는 점을 중시해 훈련이 새벽 1시 30분부터 두 시간 동안 진행됐다"고 언급했다. 인민해방군 예비역 장성 출신의 군사평론가 예낙웅(倪樂雄, 니러슝)은 "인민해방군이 야간 공격에 대처할 능력이 있음을 전 세계에 알리려 한 것으로 보인다"고 말했다.

한반도 주변 해역뿐 아니라 남중국해 역시 중·미 모두에게 중요한 전략적 요충지다. 미국 싱크탱크인 '신 미국안전센터' 연구원 로버트 캐플런은 〈포린어페어스〉 기고문에서 "중국 해군은 인도양으로 향하는 관문이자 세계의 화석연료 수송로인 남중국해로 더 많은 전력을 투입 중이다. 전략적 중요성을 놓고 볼 때 남중국해는 '제2의 걸프만'이다. 남중국해는 수십 년 동안 지정학의 핵심이 될 수 있다"라고 지적했다.

한반도 주변에서 실시되는 이러한 일련의 군사 훈련은 매우 이례적으로 시기가 집중되어 있고, 지점 역시 모두 한반도 주변 해역에서 진행되었다는 특징을 지니고 있다. 이러한 군사 훈련이 동북아 혹은 인근 해역에서 때맞추어 잇달아 전개되고 있는 것은 한반도가 파토와 SCO의 각축장이 되었다는 뜻이다. 동시에 천안함 사건은 북한 문제에 있어서 중국과 미국이 더 이상 공조하는 관계가 아니라는 것을 확인시킨 계기가 되었다.

천안함 사건을 보면서, 우리의 과제는 '대미 대중 관계에 대한 균형 있는 접근'이고, 이와 함께 '전략 차원에서 내부적 컨센서스를 이룩' 한 다음에 '일관성 있는 대북 정책 추진'이란 걸 어느 때보다도 더 절실하게 느낀다.

계속되는 금융 패권 전쟁

미국발 금융위기가 전자 금융 거래를 시행하는 모든 국가에 영향을 끼친 것처럼, 유럽발 재정위기도 마찬가지로 전 세계에 그 여파가 나타나고 있다. 혹자는 이러한 서구 세계의 위기들로 중국의 위상이 한층 높아질 것이라며, 중국의 주도적 역할론까지 거론하고 있다. 이는 미국과 유럽이 중국의 시장역할을 해주지 않게 되고 미국과 유럽이 중국에 대한 외국인직접투자(FDI)를 늦추거나 중단하게 되면 중국이 그 후 폭풍을 맞게 된다는 사실을 간과한 것이다. 이런 이유가 중국으로 하여금 더욱 미국 달러에서 벗어나 독자적 행보를 하게 만드는 배경이 되고 있고, 중국의 행보가 나토에 상응하는 상해협력기구(SCO) 창설과 아프리카와 남미에서 친 중국 국가군을 확보하는 것으로 나타나고 있다.

국제무대에서 헤게모니를 잡기 위해서는 군사력에 앞서 미국과 유럽연합처럼 기축통화로 공인 받을 만한 화폐가 있어야 한다. 달러와 유로화에 대한 신용도는 바로 조직적으로 짜인 신뢰할 수 있는 금융 시스템이다. 첨단 기술을 바탕으로 한 제조업이 지속 성장 가능한 경제, 그리고 신용할 수 있는 금융시스템의 구축이 바로 달러와 유로를 받쳐주기에 가능한 것이다. 중국은 자본, 노동력, 기술력만 있으면 국제무대에서 헤게모니를 잡을 수 있다고 생각하는 오류를 범하고 있다. 중국이 금융 대국이 되기 위해서 요구되는 것은 최대의 증시와 최대 은행이 아니라, 국제사회에서 기대하는 '신용의 구축'이다.

역설적인 것은 아시아와 아랍 그리고 러시아의 거부들은 그들의 자산을 미국이나 유럽계 은행에 맡겨야 안심한다는 것이다. 리먼브라더스의 몰락은 부도를 막을 자산이 없어서가 아니라, 금융시장에서 급작스런 신용도 상실의 결과로 무너진 것이다. 중국이 아무리 많은 외화를 보유한다고 해도, 또 중국이 세계 최고의 공산품을 만들어 낸다고 할지라도, 세계인들이 생각하는 중국의 신용도가 공고해지지 않은 상태에서 금융 패권은 요원한 이야기다. 중국이 금융 대국이 되기 위해서는 자국의 자본을 해외에 투자하는 지금의 패턴이나, 단순히 시세차액을 노린 투기성 외국 자본의 국내 유입에서 탈피해 타국의 개인 자본이 중국의 보험 상품을 사고 중국이 운영하는 신용카드를 세계인들이 사용할 때 비로소 가능한 것이다.

미국과 유럽은 나토라는 집단안보체제 속에서 결속을 강화해왔다.

테러와의 전쟁을 수행하기 위해서 파토 국가들을 동원하여 아프가니스탄에 병력을 파견할 수 있는 것은 그들이 적어도 여론을 주도할 수 있는 네비 파워를 지니고 있기 때문이다. SCO도 유사한 시도를 하고는 있지만, 회원국 간의 연합 군사훈련 수준에 머물고 있는 실정이다. 또한 중국이 수단과 같은 아프리카 국가에 병력을 파견하고 있지만, 문제는 중국의 파병이 국제적으로 존중받는 작전활동이거나 최소한 군사 개입에 대한 정당성을 인정받고 있는가 하는 점이다.

즉, 파토의 해외 군사력 투입은 지지를 받고 있는 반면 중국이나 러시아의 경우는 그렇지 못하다. 러시아는 단독으로 체첸과 그루지야를 침공했고, 중국은 티베트와 신장성의 독립 운동을 무력으로 진압했다. 이러한 사례는 아프가니스탄의 국제안보지원군(International Security Assistance Force, ISAF)과는 세계 여론의 반응이 다르다.

모택동과 호금도 같은 비전 있는 정치 지도자를 만난 것은 중국으로서는 행운이다. 하지만 일당 공산체제에서 체제유지를 위한 집단지도체제의 집권방식이 지도자에 대한 세대교체로 성공한 사례는 드물다. 또한 러시아의 푸틴과 실로비키의 득세는 체제유지를 위한 방편이지 러시아의 정치발전과는 무관하다. 금융 패권 경쟁에서 주도권을 잡기 위해서는 현 위치와 목적지를 제시할 수 있는 영향력, 즉 '네비 파워'가 있어야 한다.

그런 점에서 효과적 '외교 능력'과 존중받을 만한 생각의 힘 같은 '소프트 파워' 그리고 '지속성 있는 경제력'과 '명분 있는 해외 군사력 투입 능력' 면에서 중국과 러시아가 이끄는 SCO와 친 SCO 진영은 열세에 있는 것이 현실이다. SCO가 이러한 문제점들을 안고 있는 한, 통제 불능으로 넘쳐나는 달러로 인해 세계 금융시스템이 균형을 잃은 결과로 탄생한 신 양극체제에서도, 그리고 미국 달러가 종말을 맞이한 상태에서도 서구의 금융 패권은 계속될 것이다.

제1장 | 신 양극체제에서의 경제 블록

1. Joseph Stiglitz, 《Freefall : Free Markets and the Sinking of the Global Economy》, Allen Lane, 2010, p.xii.

2. Ibid, p.xix.

3. Bloomberg, 2010년 8월 19일. http://www.bloomberg.com/news/2010-08-19/u-s-budget-deficit-forecast-increased-by-cbo-to-1-066-trillion-for-2011.html.

4. Prosecutors Said to Drop Probe of Ex-AIG Executive , Bloomberg, 2010년 5월 22일. http://www.bloomberg.com/apps/news?pid=20601087&sid=auksbwRhTw7w&pos=2.

5. Andrew Ross Sorkin, 《Too Big To Fail》, Allen Lane, 2009, pp.63-64. 폴슨과 가이트너를 중심으로 한 미국 행정부와 월스트리트의 거물들 간의 친분에 대해서는 이 책의 pp.39-65 참조.

6. 조명진, 〈오바마 행정부 : 변화와 연속성〉, 미래전략연구원, 2008년 12월 19일.

7. How Goldman Sachs Helped Greece to Mask its True Debt, Spiegel. 2010년 2월 2일. http://www.spiegel.de/international/europe/0,1518,676634,00.html.

8. 조명진, 〈'잡식성 공룡'은 죽지 않는다?〉, 시사저널, 2010년 4월 28일.

9. Money Morning, 2010년 4월 28일.

10. 나토의 작전영역은 기존의 유럽에서 아프가니스탄, 이라크, 코카서스와 중앙아시아로 넓혀나가고 있는 가운데, 미국 주도의 국제질서를 대신하는 기구로

발전시키려는 것이 미국의 의도로 여겨진다. 〈NATO : striving to regain ground〉, SIPRI Year Book 2005, p.54. 게다가 나토 총사령관 제임스 존스 장군은 나토가 아프리카도 관여할 수 있다고 함으로써 전 세계 어디든 작전반경에 넣을 수 있음을 시사했다. Atlantic News, no. 3628, November 2004, p.3.

11. http://www.reuters.com/article/idUSN2611591520100126.

12. The Economist, 2009년 3월 17일.

13. SIPRI Year Book 2009, p.190.

14. Ibid., pp.192-193.

15. http://www.hedgefundsreview.com/hedge-funds-review/news/1550868/hedge-fund-assets-triple-2013.

16. 조명진, 〈월스트리트의 '천사와 악마'〉, 시사저널, 2009년 5월 13일.

17. 조명진, 〈미국-이스라엘 관계, 정말 '최악' 일까?〉, 시사저널, 2010년 4월 7일.

18. 조명진, 〈고립 부른 '바다 위 오버 액션'〉, 시사저널, 2010년 6월 9일.

19. 조명진, 〈'모사드' 는 왜 세계 최강인가〉, 시사저널, 2010년 3월 3일.

제2장 | 미국과 EU의 금융 환경

1. 한국경제, 2009년 3월 9일. http://www.hankyung.com/news/ app/newsview.php?aid=2009030906991&sid=010501&nid=000<ype=1.

2. 조명진, 《세계 부와 경제를 지배하는 3개의 축》, 새로운제안, 2008.

3. 조명진, 〈몸집 불린 유로화 '10년 내 세계 통화'〉, 시사저널, 2009년 4월 22일.

4. 조명진, 〈그리스 위기에서 호기 잡은 독일〉, 시사저널, 2010년 3월 24일.

5. 〈유로의 위기〉, 조선일보, 2010년 5월 26일.

6. 조명진, 〈유럽 재정 위기 배후는 월가?〉, 시사저널, 2010년 6월 2일.

7. 〈Financial regulation〉, The Economist, 2010년 7월 1일.

8. Andrew Ross Sorkin, 《Too Big To Fail》, Allen Lane, 2009, pp14-15.

9. 〈Has the U.S. Lost its Grip on the Credit-Rating Business?〉, Money Morning, 2010년 7월 27일.

10. http://www.dagongcredit.com/dagongweb/uf/Sovereign%20Credit%20Rating%20Report%20of%2050%20Countries%20in%202010.pdf.

11. 〈유로의 위기〉, 조선일보, 2010년 5월 26일.

12. 주식을 전혀 갖고 있지 않는 상태에서 매도 주문을 내는 '네이키드 공매도(naked short selling)'는 한국 주식시장에서는 금지하고 있다. 주가 하락을 심화시키고 결제 불이행 위험을 초래하는 등 시장의 안정성을 저해할 소지가 있기 때문이다. 하지만 증권예탁결제원이나 증권사 등을 통해 주식을 빌려 매도하는 커버드 공매도(covered short selling)는 허용하고 있다.

13. 조명진, 〈유럽 재정위기와 독일의 대응〉, D&D Focus, 2010년 8월호.

14. 조명진, 〈아우토반 달리는 독일 경제〉, 시사저널, 2010년 8월 25일.

15. http://www.cbc.ca/news/background/oil/forces.html.

제3장 | 상해협력기구의 용트림

1. 〈World leaders and media on G20〉, The Economist, 2009년 3월 27일.

2. 역사적으로 중국은 한국을 속국(屬國)으로 보았으며, 지금까지도 그러한 시각이 남아 있다. 단적인 예로 중국은 우리나라의 수도인 서울을 여전히 '한성(漢城)'이라고 지칭한다. 중국이 한국을 독립된 주권국가로 인정한다면 당장 시정되어야 하는 시대착오적인 관행이다. 반면 우리나라는 중국 이름을 현지식 발음 원칙으로 표기하고 있다. 예컨대 과거 '등소평(鄧小平)'이라고 하던 것을 요즘은 '덩샤오핑'으로 쓰고 있다. 덩샤오핑은 '외국어'고 한국식 한자음인 등소평은 '외래어'이다. 중국은 서울을 여전히 '한성'이라고 부르는데, 우리만 중국 이름 표기를 현지식으로 하는 것은 공평하지 않다.

3. 조명진, 〈금융으로 '세계 제패'〉, 시사저널, 2009년 5월 6일.

4. 원제는 '金融的邏輯(The Logic of Finance)'이다.

5. 〈Bank's profits and losses〉, The Economist, 2010년 6월 30일.

6. 하버드대 역사학자이자 경영대학원 교수인 니얼 퍼거슨의 저서 《금융의 지배(The Ascent of Money)》에 따르면 보험이 시장 형태로 나타난 것은 1666년 런던 대화재가 나고 14년이 지난 후 니컬러스 바본이 최초로 화재 보험회사를 세운 것이 시초이다. 퍼거슨 교수는 보험산업이 동서양에서 각광받았으나 각종 전쟁과 자연 재해 등을 겪으면서 완전한 보장책이 되지 못했다고 언급한다. 특히 카트리나 재난 때 피해 보상이 보험을 통해서 제대로 이뤄지지 못한

사례를 지적한다.

7. 한겨레신문, 2010년 6월 29일자, 구체적 협상 내용은 '조기수확(우선 관세 철폐)' 리스트를 보면 양쪽이 806개 품목의 관세를 2년 안에 단계적으로 폐지하기로 했는데, 중국은 대만에 539개 품목을 우선 개방하고 대만은 중국에 267개 품목을 우선 개방하기로 해 대만에 훨씬 유리하다. 서비스 분야에서도 중국은 대만에 회계·연구개발·병원·은행·보험 등 11개 서비스 업종을 우선 개방하기로 했다. 특히 중국은 대만계 은행의 지점 설립 요건을 완화하고 개설 1년 뒤엔 위안화 영업이 가능토록 했다. 대만은 중국에 9개 서비스 업종을 개방하기로 했다. 대만산 농산물은 대 중국 수출이 허가되지만 중국산 농산물의 대만 수출은 제한된다. 중국 노동자가 대만에 취업하는 것도 금지됐다.

8. 존 나이스비트와의 이메일 인터뷰, 중앙일보, 2010년 4월 9일.

9. Fareed Zarakari's GPS, CNN, 2010년 8월 22일.

10. Minxin Pei, China's Greedy Communists, The Diplomat, 2010년 8월 16일. http://www.carnegieendowment.org/publications/index.cfm?fa=view&id=41398.

11. Obama Gains Ground on China Trade Policies as Hu Refuses to Rule Out Floating Yuan, Money Morning, 2010년 4월 13일.

12. China's Explosive GDP Growth May Force Government to Raise Yuan and Interest Rates, Money Morning, 2010년 4월 15일.

13. http://www.reuters.com/article/idUSTRE63E0CB20100415.

14. 조홍래, 〈중국 노동자들이 깨어났다〉, 시사저널, 2010년 6월 30일.

15. http://www.state.gov/r/pa/ei/bgn/3183.htm.

16. 〈Modernising Russia〉, The Economist, 2010년 3월 11일자.

17. Spiegel, 2010년 8월 6일.

18. 조명진, 〈러시아의 실세 : 푸틴과 실로비키〉, D&D Focus, 2010년 9월호.

19. 조명진, 〈크레믈린까지 번진 산불 재앙〉, 시사저널, 2010년 8월 30일.

제4장 | G2 : 미국과 중국의 패권 경쟁

1. Mark Weisbrot & Jake Johnston, "IMF Voting Shares : No Plans for Signif-

icant Changes", 2009년 5월 6일. http://alainet.org/active/30272&lang=es.

2. 〈World leaders and media on G20〉, The Economist, 2009년 3월 27일.

3. 〈환율 전쟁 '불안한 봉합'〉, 한겨레, 2010년 10월 24일.

4. 〈Once again, cheap money is driving up asset prices〉, The Economist, 2010년 1월 7일.

5. Heleen Mees, 〈Germany is not China〉, 2010년 8월 16일. http://www.project-syndicate.org/commentary/mees7/English.

6. Don Miller, 〈China Dumps the Dollar as Yields Sink〉, Money Morning, 2010년 8월 19일.

7. 서울신문, 2010년 8월 21일.

8. 1999년 IMF 회원국 간에 체결된 '워싱턴 금 협약(Washington Agreement on Gold : WAG)'은 각국 중앙은행의 연간 금 판매를 500톤으로 제한했고, 2009년에 5년 연장된 협약은 400톤으로 하향 조정했다.

9. http://www.telegraph.co.uk/news/newstopics/politics/labour/4162054/Gordon-Browns-decision-to-sell-half-of-the-UKs-gold-reserves-cost-UK-5billion.html.

제5장 | 신 양극체제에서 패권 충돌

1. 조명진, 《세계 부와 경제를 지배하는 3개의 축》, 새로운제안, 2008년.

2. 조명진, 〈아랍 세계 덮는 '두바이 먹구름'〉, 시사저널, 2010년 3월 17일.

3. http://www.bahrain.com/bahrain-islamic-banking.aspx.

4. 멈탈라트에 대한 자세한 사항은 www.mumtalakat.bh 참조

5. 조명진, 〈21세기 나토의 역할과 위상〉, 미래전략연구원, 2009년 5월 28일. http://www.kifs.org/contents/sub3/trand.php?method=info&searchKey=&searchWord=&offset=&sId=226#content.

6. 조명진, 〈미국이 아프간에 '올인' 하는 까닭〉, 시사저널, 2009년 4월 15일.

7. 오바마 대통령 유고 시 승계 순위는 '부통령(조 바이든)→하원의장(낸시 펠로시)→상원의장대행(로버트 버드)→국무장관(힐러리 클린턴)→재무장관(티모시 가이트너)→국방장관(로버트 게이츠)→법무장관(에릭 홀더)→국토안보부

장관(제닛 라폴리타노) 순이다.

8. 조명진, 〈'승리 대신 성공' 택한 오바마의 모험〉, 시사저널, 2009년 12월 16일.

9. 조명진, 〈'자원 부국' 희망에 들뜬 전쟁터〉, 시사저널, 2010년 06월 23일.

10. Jason Simpkins, 〈China Blazing Its Own Trail in Africa〉, Money Morning, 2009년 9월 30일.

11. Princeton Lyman, 〈China's Rising Role in Africa〉, Council on Foreign Relations, 2005년 7월 21일. http://www.cfr.org/publication/8436/chinas_rising_role_in_africa.html.

12. Jerker Hellström, China's Emerging Role in Africa, Swedish Defence Research Agency(FOI), May 2009, p.9 http://www.foi.se/upload/projects/Africa/China%27s%20Emerging%20Role%20in%20Africa%20−%20a%20Strategic%20Overview.pdf.

13. 〈China Blazing Its Own Trail in Africa〉, Money Morning, 2009년 9월 30일.

14. http://af.reuters.com/article/topNews/idAFJOE58E0K620090915?pageNumber=2&virtualBrandChannel=0.

15. http://www.chinadaily.com.cn/bizchina/2009−09/27/content_8742652.htm.

16. http://www.chinadaily.com.cn/china/2009−09/29/content_8748541.htm.

17. http://www.chinese−embassy.org.za/eng/zt/FOCAC4/t625494.htm.

18. http://www.chinese−embassy.org.za/eng/zxxx/t736768.htm.

19. 조명진, 〈미·러 맞붙은 '신 냉전'의 땅 코카서스〉, 시사저널, 2009년 8월 19일.

20. 조명진, 〈분열의 상처 아물지 않는 발칸〉, 시사저널, 2010년 8월 18일.

제6장 | 신 양극체제의 최전방 : 한국의 선택

1. Keith Fitz−Gerald, 〈Is it Time to Bet Against the U.S. Dollar?〉, Money Morning, 2010년 6월 10일.

2. 조명진, 〈작은 정부의 작은 줄기잡기〉, 매일경제, 2008년 6월 6일.

3. 김광수, 〈불안한 환율 방어할 외환보유고 '빨간불'〉, 한겨레, 2009년 3월 22일.

4. 윤영신, 〈용기 있는 장관이 보이지 않는다〉, 조선일보 2009년 11월 13일.

5. 한국일보, 〈[G20재무] 한국·미국 '웃고' 독일·일본 '울고'〉, 2010년 10월 24일.

6. 〈A time for muscle-flexing〉, The Economist, 2009년 3월 19일.

7. http://eng.kremlin.ru.

8. 〈World leaders and media on G20〉, The Economist, 2009년 3월 27일.

9. 〈Did Hedge Funds Conspire to Devalue the Euro?〉, Money Morning, 2010년 3월 4일.

10. 〈Soros Signals Gold Bubble〉, Bloomberg, 2010년 3월 1일.

11. 윤영신, 〈고환율 우산의 함정〉, 조선일보, 2008년 3월 28일.

12. 조명진, 〈환율 전쟁 조정하는 검은 그림자〉, 시사저널, 2010년 10월 2일.

13. 〈Strategic jousting between China and America〉, The Economist, 2010년 7월 29일.

14. 한국일보, 2010년 8월 11일.

세계경제 전쟁 속 생존전략
우리만 모르는 5년 후 한국경제

지은이 | 조명진
펴낸이 | 김경태
펴낸곳 | 한국경제신문 한경BP
등록 | 제 2-315(1967. 5. 15)

제1판 1쇄 인쇄 | 2010년 12월 5일
제1판 1쇄 발행 | 2010년 12월 12일

주소 | 서울특별시 중구 중림동 441
홈페이지 | http://www.hankyungbp.com
전자우편 | bp@hankyungbp.com
기획출판팀 | 3604-553~6
영업마케팅팀 | 3604-595, 555   FAX | 3604-599

ISBN 978-89-475-2783-5 03320
값 13,800원

파본이나 잘못된 책은 바꿔 드립니다.